靠谱
比能力更重要

没有人愿意跟不靠谱的人浪费时间!

■ 张 旭 / 著

图书在版编目(CIP)数据

靠谱比能力更重要 / 张旭著.—北京:中国财富出版社,2015.8 (2021.6 重印)
ISBN 978-7-5047-5769-2

Ⅰ. ①靠… Ⅱ. ①张… Ⅲ. ①成功心理–通俗读物 Ⅳ. ①B48.4–49

中国版本图书馆CIP 数据核字(2015)第 139444号

策划编辑	张彩霞	**责任编辑**	白　昕　杨　曦		
责任印制	梁　凡　郭紫楠	**责任校对**	杨小静	**责任发行**	杨恩磊

出版发行	中国财富出版社
社　　址	北京市丰台区南四环西路 188 号 5 区 20 楼　**邮政编码**　100070
电　　话	010–52227588 转 2098(发行部)　010–52227588 转 321(总编室)
	010–52227588 转 100(读者服务部)　010–52227588 转 305(质检部)
网　　址	http: //www.cfpress.com.cn
经　　销	新华书店
印　　刷	三河市天润建兴印务有限公司
书　　号	ISBN 978-7-5047-5769-2/B·0447

开　　本	710mm×1000mm　1/16	**版　　次**	2015 年 8 月第 1 版
印　　张	17	**印　　次**	2021 年 6 月第 2 次印刷
字　　数	260 千字	**定　　价**	55.00 元

版权所有·侵权必究·印装差错·负责调换

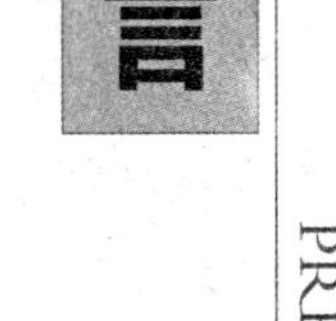

前言

PREFACE

股神巴菲特每年都会同大学生进行座谈。在一次交流会上，有学生问他："您认为一个人最重要的品质是什么？"巴菲特没有正面回答这个问题，而是与同学们玩了一个小游戏，名为"买进你同学的10%"。

巴菲特说："现在给你们一个买进你的某个同学10%股份的权利，一直到他的生命结束。你愿意买进哪一个同学余生的10%？你会选那个最聪明的吗？不一定。你会选那个精力最充沛的吗？不一定。你会选那个官二代或者富二代吗？也不一定。经过仔细思考之后，你可能会选择那个你最有认同感的人，那个最有领导才能的人，那个能实现他人利益，即使是他自己的主意，也会把功劳分给别人的人。然后你把这些好品质写在一张纸的左边。

"现在再给你一个机会，让你卖出某个同学的10%，你会选择谁？你会选那个成绩最差的人吗？不一定。你会选那个穷二代吗？也不一定。经过仔细思考之后，你可能会选择那个最令人讨厌的人，不光是你讨厌他，其他人也讨厌他，大家都不愿意和他打交道。因为此人不诚实，爱吃独食，喜欢耍阴谋诡计，喜欢背后说人坏话，喜欢过河拆桥、落井下石，等等。然后你把这些坏品质写在刚才那张纸的右边。

靠谱
比能力更重要

当你仔细观察这张纸的两边，你会发现，能力强不强并不重要，是否美若天仙也无所谓，成绩好不好根本没人在乎。左边那些真正靠谱的品质，全都是你可以做到的，只要你愿意行动，你就能拥有那些品质。而那些坏品质，没有一件是无法更改的，只要你有决心，你就一定能改掉。”

可见，靠谱是比能力更重要的品质。一个人若想获得成功，就必须“靠谱”！

首先，我们做人必须要靠谱，也就是要拥有上面说到的那些优秀的品质，改正那些不良的品行，通过磨炼，拥有自信、热情、果断、负责等优秀的品质，成为一个靠谱的人。

其次，我们做事要靠谱，要懂得用人情世故，帮助我们缓和与其他人之间的紧张关系，也比较容易让其他人觉得与我们交往能产生愉悦感，具有建设性。

最后，我们说话更要靠谱，因为语言是连接人与人的纽带，纽带质量的好坏，直接决定人际关系的和谐与否，进而会影响事业的发展以及人生的幸福。

……

本书是一部全面阐述做人、做事智慧和方法的全集，以充满哲思的文字和贴近生活的实例为读者奉献了一场精神的饕餮盛宴。全书分上、中、下三篇，内容涵盖了几乎所有你想知道的做人、做事和说话的方法，可以说是为在做人做事中举步维艰的人量身打造的。有针对性的内容、具体的解决方案，想必将成为都市人在面对激烈竞争和烦恼压力下的处世指南。

只要找到正确的方法，人生的价值就能通过做人做事展现出来。

打开本书，让这些睿智的文字流淌在我们的心中，给我们干涸的心灵带来生命的滋润。打开本书，从现在开始我们的成功之旅。

目录

CONTENTS

上篇：做靠谱的人

做人最关键的是心态。你不能控制他人,但你可以掌握自己;你不能选择容貌,但你可以展现笑容;你不能左右生活,但你可以改变心情。积极的心态不是天生的,而是后天养成的,是主动创造出来的。用积极的心态对待人生,生命才会更加精彩。

当你面临选择的关头时,使你做出决定和行动的永远是你的价值观。你的价值观就是你人生的指南针,就是引导你前进的探照灯。

目 录

中篇：办靠谱的事

办事要量力而行，对自己做不到的事，要说明情况，不要勉为其难。必要时一定要学会得体地拒绝。如果硬撑着答应，将来误了事，那才是不靠谱。

没有量的积累就没有质的飞跃，所以“欲速”反而“不达”。“见小利则大事不成”，急功近利一直是成功路上的绊脚石。成大事者是不会在意眼前的利益得失的。

只有充分地思考,才能保证工作能够完成,而且做起来更容易;相反,没有思考的工作不仅毫无头绪,而且也无法判断结果,当然会留下许多漏洞和隐患,失败也在所难免。

在人与人的交往中,若不懂处世的方法,肯定会处处碰壁,遭遇事业和人生的失败。要想在这个高效运转的社会保护自己,获得发展,取得成功,过得幸福,我们必须懂人心、知人性,才能做到无往不利。

聪明的人会在办事时隐藏自己的才华和锋芒,甚至千方百计地显示自己比别人蠢笨,这就是我们常说的“守拙”。它是一种掩饰自己、保护自己、积蓄力量、等候时机的人生韬略。

下篇:说靠谱的话

毫无疑问,一个人的形象固然重要,但同样不可忽视的是口才。一些谈吐上的陋习都会给人“不靠谱”的坏印象。一个不会说话的人,不会得到别人的尊重。

一句赞美的话能给人带来愉悦的心情，这是一件很值得高兴的事。靠谱的赞美不等于拍马屁,而是一门艺术,坦诚得体让人如沐春风。

如果说语言是心灵的桥梁，那么幽默便是桥上行驶最快的列车。它穿梭在此岸与彼岸之间,时而鲜明时而隐晦地表达着某种心意,并以最快捷的方式直抵人的心灵,提升幽默者在对方心中的分量。

目 录

上篇

做靠谱的人

第一章

目标要靠谱，志存高远而不是好高骛远

一个人志存高远、壮志凌云，自然是好事，但如果志向高得虚无缥缈，高得脱离了实际，那恐怕无论如何奋斗，终其一生也不会实现。这样的人生目标自然是不靠谱的。

1.要想成功，先要量力而行

理想，先辈们称它为“志”。古人重视理想的程度不亚于今人，金榜题名、衣锦还乡，是古时读书人的共同理想。他们即使贫困潦倒，也要坚守“人穷志不穷”的信念，坚持理想。古人为何如此重视理想呢？因为他们深知理想对人的重要性。理想是沙漠中的绿洲，是暗夜中的灯光，是吹响生命的号角。当代著名诗人流沙河曾说过：“理想是石，敲出星星之火；理想是火，点燃熄灭的灯;理想是灯,照亮夜行的路;理想是路,引你走向黎明。”

古人尚且如此,我们今人更不应该落后。其实每个人心中都有一个属于自己的理想。小学时代,老师就经常要求我们写有关理想的作文。人不能没有理想,没有理想的人生犹如一张白纸,没有任何意义。理想不是幻想,而是一个人对于所期望成就的事业的坚定信仰。但我们必须清醒地认识到,理想与现实是有差距的。要尊重理想,更要尊重现实。

常常听到很多人哀叹自己这辈子“心比天高,命比纸薄”。究其原因,也许不是这些人真的命运不济,而恰恰在于他们“心比天高”。如果一个人立志这辈子要如何如何,但不充分考虑自己的实际情况,结果就会像小蜗牛立志要爬上泰山之巅一样无法实现。

古籍《於陵子》里讲过这样一个故事:

一只蜗牛志气很大,想成就一番惊天动地的大业。它的目标是:首先东上泰山,估计得走三千年;然后南下江、汉,也得走三千年。而当它反观自身,算了算自己只能活一天。于是它悲愤至极,转眼间就死在了蓬蒿之上,徒留下笑柄而已。

人应该有高远的人生理想和目标,但在绘制奋斗的蓝图时,一定要结合自身实际情况。“志当存高远”,但也不能完全不顾自身的实际和社会需求,一味地追求高远。一个根本不可能实现的理想,只能是妄想空谈。这样的“志向”不但不能成为前进的动力,反而会挫伤你的斗志,使人耽于幻想,一辈子一事无成,甚至自暴自弃,像那只蜗牛一样悲愤而死!

《於陵子》中那只蜗牛的错误并不在于只有志向没有行动,而是它不能从自身实际出发,树立一个切实可行的奋斗目标。一旦目标不切实际,那么无论怎样行动,理想都不可能实现。所以,蜗牛应当做的是重新认识自己,修正志向,而不是“悲愤至极”。

我们大多数人都是平凡人,但大多数平凡人都希望自己这辈子能成为不平凡的人。梦想成功，梦想才华获得赏识、能力获得肯定，梦想拥有名誉、地位、财富。不过，遗憾的是，真正能做到的人似乎总是少数。因为大多数人都在经意或不经意间让自己陷进了好高骛远的泥潭里。

好高骛远者往往会把自己的理想设计得高不可攀，根本不知道应该把理想与自己的实际力量联系起来。

有些人做事情从来不考虑自己是否力所能及，做出了不切实际的决定，结果不是遭到失败就是弄出荒谬可笑的事情来。所以对于根本不可能做到的事，还是不要痴心妄想的好。

人生虽有许多种力量，但实力是建设人生最重要的手段和最基本的力量。在奔赴成功的艰辛路途中，我们绝不能好高骛远，我们需要的只有实力。唯有实力才能对事业与理想起到推动作用，使人生增值。

被评为“湖南省十大杰出青年”的农民刘九生，是靠做木梳起家的。刘九生高中毕业时正赶上父亲因不慎失足摔成残疾。他为了照顾家庭，放弃了高考，回到家里，整日过着“面朝黄土背朝天”的生活。但年轻气盛的刘九生不甘心一辈子过这种平淡无奇的生活，梦想着有朝一日自己能够创出一番大事业。为此，刘九生曾做过多种生意，但都未能成功。刘九生的父亲有一门做木梳的手艺，就劝他做木梳，可刘九生认为一个大男人做小木梳没什么出息，不愿意学。

有一天，刘九生正坐在墙角叹气时，父亲走了过来，心平气和地对他说：“孩子，是我对不起你，耽误了你考大学，但三百六十行，行行出状元。如果你能把木梳做好，也可以发财啊。你如果愿意学，我明天就教你。”刘九生觉得父亲说得有道理，于是第二天就跟着父亲学起了做木梳。

他专心致志地学，几天就学会了，但每天只能做几把木梳。他们家住得又比较偏僻，拿到集市上去卖，价格很低。慢慢地刘九生有点灰心了。但有一次他到城里办事时，发现城里一把木梳比家乡集市上要贵几毛钱，于是刘九生便在村里挨家挨户地收购木梳，做起了木梳批发生意，很快就赚了五六万元钱。看到村里人用传统的方法手工做木梳，生产速度慢，有时货源还短缺，刘九生便萌生了办一个木梳厂的想法。

厂子建起来后,刘九生又四处寻找销路。1993年12月的一天,刘九生突然接到衡阳市一家公司老总打来的电话,对方说想经销他的一些木梳,但不知道质量如何。刘九生放下电话,就直奔那家单位。然而当他走进那家单位时,正好碰上这家公司的员工下班,他的心猛地一沉,以为老总可能早就下班了。正当他有点灰心丧气时,他忽然发现一个夹着公文包的人从公司里走了出来。他怀着碰碰运气的心情上前问道:“请问经理的办公室在哪里?”没想到那个人就是打电话的老总。他看刘九生如此勤勉,十分感动,紧紧握住刘九生的手说:“小伙子,你的精神感动了我,我相信你的梳子质量也是最好的。”这笔生意给刘九生带来了2万元的利润。

就这样,刘九生凭着用心和刻苦,走上了事业成功的道路。现在,刘九生的“天天见”公司一跃成为全国最大的木梳生产企业之一,产品远销东南亚各国,公司总资产已达到千万元。

刘九生的经历告诉我们,要想成功,首先要量力而行。许多人好高骛远,终其一生一事无成,因为他们的精力都耗损在了焦躁的期盼中,对要做的事情并未真正投入足够多的精力。他们看上去很忙,实际上是“穷忙”“瞎忙”。因此,如果你好高骛远,那就犯了一个大错误。目标远大固然不错,但目标就好像靶子,必须在你的有效射程之内才有意义。如果目标偏离实际,反而无益于你的进步。

好高骛远者首要的失误在于不切实际,既脱离现实,又脱离自身,总是这也看不惯,那也看不惯,或者以为周围的一切都在为难自己,或者不屑于周围的一切,终日牢骚满腹,认为这也不合理,那也有失公允。

不能正视自身,没有自知之明,是这类人的突出特征。其实每个人都该掂量自己有多大的本事,有多少能耐,不要沾沾自喜于过去某方面的一点点成绩,要知道自己有什么缺点,不要以己之所长去比人之所短。

脱离了现实便只能生活在虚幻之中。没有坚实的基础,只有空中楼阁、海市蜃楼;没有切实可行的方案和措施,只有空空洞洞的胡思乱想,这是造成好高骛远者人生悲剧的前奏。

好高骛远者之所以如此,是因为他们总是小事瞧不起、不愿做,而大事想做却做不来,或者轮不到他做,最后一事无成。眼看着别人硕果累累,他们却只有抱怨、妒忌,就像那只可怜的蜗牛。

“三百六十行,行行出状元。”成功之路有千万条,别人的成功之路,你当然也可以走,但这并不意味着每个人都可以走。因为人与人在兴趣、能力等诸多方面有千差万别,每个人都有着不同于他人的自身实际。所以有志者在确立自己的奋斗目标时,一定要切合自身实际。

2.从小目标开始突破

如果将终极目标分解成具体的小目标,逐一实现,你会尝到成功的喜悦,继而产生更大的动力去实现下一阶段的目标。

杰瑞25岁的时候,因失业过着三餐不继的生活,为了躲避房东的讨债,他白天都在马路上闲晃。

某天,他在街上偶然碰到了著名歌唱家夏里宾先生。杰瑞在失业前,曾经采访过他。让他没想到的是,夏里宾先生竟一眼就认出了他。

“很忙吗?”夏里宾先生问杰瑞。

杰瑞含糊地回答了他,他不想让夏里宾先生看出他的失意。

“我住的旅馆在第103号街,跟我一起走过去好不好?”

“走过去?但是,夏里宾先生,60个路口,可不近呢。”

“胡说。”夏里宾笑着说,“只有5个路口。”

“……”杰瑞不解。

“是的,我说的是第6号街的一家射击游艺场。”

这话有些答非所问,但杰瑞还是跟着他走了。

“现在,”到达射击场时,夏里宾先生说,“只剩11个街口了。”

没多久,他们到了卡纳奇剧院。

“现在,还有5个街口就到动物园了。”

就这样走着走着,他们在夏里宾先生的旅馆前停了下来。奇怪得很,杰瑞并不怎么觉得疲惫。

夏里宾先生开始解释为什么杰瑞并不感到疲惫:“今天这种走路的计算方式,你绝对要常常记在心里,这是一种生活的艺术。无论你与你的目标离得有多么遥远,都不要担心,只需把你的精神集中在5个街口的距离,别让那遥远的未来使你烦闷。”

没有目标的人注定不能成就大事,但如果目标过大,你就应学会把它分解成若干个具体的小目标,否则过了一段很长的时间后如果你依然达不到目标,你就会觉得非常疲惫,产生懈怠心理,甚至会认为自己没有成功的希望而放弃继续追求。

许多人做事之所以会半途而废,并不是因为事情的难度高,而是因为他认为现实距离梦想太远。若把长距离分解成若干个短距离,逐一跨越它,你会轻松许多,而目标具体化则可以让你清楚当前该做什么,怎样才能做得更好。

目标必须具体,比如你想把英文学好,那么你就要订一个个具体目标,比如,每天一定要背十个单词、一篇文章,要求自己在一年之内能看懂英文书报。由于你制订的目标很具体,如果能按部就班地去做,目标就能够达到。

有人曾经做过这样一个试验:他把选手分成两组,让他们去跳高。两组的组员全部跳过了六尺的高度。这个人对第一组说:“你们能跳过六尺五寸。”而对第二组说:“你们能跳得更高。”然后让他们分别去试跳。结果第一组由于有六尺五寸这样一个具体的数字,他们每个人反而跳得更高,但第二组因为缺乏具体的目标,所以他们中的大部分人只跳了六尺多一点,只有几个人跳过了六尺五寸。为什么呢?就是因为第一组的组员有一个具体目标。

黑泽是一位拥有出色业绩的推销员,他一直都希望能跻身公司业绩排行榜的前几名。不过这只是他的一个愿望。他一直将其放在心里,没有真正去争取过。直到三年后的某天,他读到了一句话:“如果愿望更加明确,就会有实现的一天。”

于是,他当晚就开始设定自己期望的总业绩,然后再逐渐增加。他打算这里提高5%,那里提高10%,结果顾客却增加了20%,甚至更高。这激发了黑泽的斗志,从此他不论在任何状况,从事任何交易时,都会设立一个明确的数字作为目标,并总能在一两个月内完成。

“我觉得, 目标越是明确, 越感到自己对达成目标有股强烈的自信与决心。”黑泽说。他的计划里还包括想得到的地位、想得到的收入、想具有的能力等。然后,他把所有的客户拜访资料都记录得十分详尽,并且在相关的业界知识方面努力累积。终于在第一年的年末,黑泽的业绩创造了空前的纪录,提升了好几个百分点。

黑泽自己下了一个结论:“以前,我不是不曾考虑过要扩展业绩、提升自己的工作成就。但是因为我从来只是想想而已,没有付诸行动,所以所有的愿望都落空了。自从我明确设立了目标,以及为了实现目标而设定具体的数字和期限后,我才真正感觉到了一股强大的动力正在鞭策着我去达成目标。”

在平常的生活、工作中,我们都会有自己的目标,而实现目标的关键在于把目标细小化、具体化。

不要因为觉得前方的成功太遥远,或害怕人生旅途中会有意外阻挡你的脚步,而放弃追求、放弃希望。只要想着再走十步,那么你就会在不知不觉间向前迈进一万步。

3.目标要专一,人不可能同时追两只兔子

如果你的人生没有一个专一的目标,那么无论你做事多么努力、多么勤奋、多么专注,你这辈子也注定是失败的。

有一则以三国时期的赤壁之战为背景的寓言故事,这个故事的大意是这样的:

北方来的一条猎狗,正在追赶一只兔子,当它追到荆州时,却看中了另外一只兔子,于是这条猎狗同时追起两只兔子来,一直追到赤壁这个地方。两只兔子为求自保,便联合起来对付这条嚣张的猎狗,在赤壁狠狠地教训了猎狗一顿。猎狗被教训后狼狈地逃回北方,而这两只兔子从此获得了新生。

当我们站在现今的立场再回过头来看这条猎狗的所作所为时,会发现这条猎狗犯了好几个错误。

这条猎狗从北方一路追兔子时,捎带着拣了些骨头,把荆州得了去,迫使这只兔子不得不继续逃跑。即使如此,这只兔子在当阳还是被猎狗咬了一口。按理说,猎狗应该对这只兔子穷追猛打,直到把兔子咬在嘴里,叼回家才是,这才符合基本规律。然而这个时候,戏剧性的事情发生了。猎狗眼里出现了另一只兔子,这条猎狗不去追已经受伤的兔子,却反过头来追这只刚发现的兔子。受伤的兔子赶紧找到那只刚被追的兔子,两只兔子一合计,决定一起对付这条疯狂的猎狗。

这只猎狗在拣了便宜后,应该好好地把骨头啃一啃,养养精神,再去追兔子,然而它却在自己没有吃饱的情况下,继续追赶兔子,最后反而被两只兔子算计了一番,结果不仅一只兔子也没有吃到,还捎带着连骨头也被兔子抢了

一半去。

事实上，我们中的很多人，在笑话这条愚蠢的猎狗的同时，自己也在不知不觉中成了这条猎狗。其实，这条猎狗的失误在于没有搞清楚一个非常简明的数学逻辑：(1÷2)×100%=50%。试想，一条猎狗同时追两只兔子，只有50%的成功率，基本上等于半途而废。

人虽然有两条腿，但只能走一条路。再厉害的人，哪怕他会分身术，也只能活上一辈子。从数学逻辑上看，人生的成败取决于其对追寻目标的把握上：人的一生若除以唯一的目标，成功率就是100%；人的一生若除以两个目标，成功率就成了50%。以此类推，追求的目标越多，成功的概率越小，人生之路、事业的追求也就越渺茫。

人一辈子的得失成败、人和人之间的差距和区别，往往就取决于1÷1，1÷2，1÷3……这么简单的数学逻辑上。大凡出类拔萃者，多是目标始终如一的人。奇怪的是，在现实生活中，绝大多数人都把在小学时就学会的简易除法忘了，拿单一的人生除以杂七杂八的追寻和欲望，使自己的成功率(也就是除法所得的商)一再变小，直至迷失了自我、虚度了人生。

因此，如果你真想追到兔子的话，就千万不要同时去追两只不同方向的兔子，要对自己的目标从一而终。尽管你在追到一只兔子时，会很遗憾另一只兔子跑了，但你应该庆幸的是你没有两只都追，否则你的遗憾就不是另一只兔子跑了，而是一只兔子也追不到！

“年轻人事业失败的一个根本原因，就是精力太分散。”这是戴尔·卡耐基在分析了众多个人事业失败的案例后得出的结论。事实的确如此。许多失败者几乎都在好几个行业中艰苦地奋斗过。如果他们的努力能投入在一个方向上，则很有可能会获得巨大的成功。

“瞧这儿。”一个农场主对新来的帮手杰罗克说，“你这种犁法是不行的，你都犁歪了。在这样弯曲的犁沟中，玉米会长得很混乱。你应该让你的眼睛盯住田地那边的某样东西，然后以它为目标，朝它前进。大门旁边的那头奶牛正好对着我们，现在把你的犁插入土地中，然后对准它，你就能犁出一条笔直的犁沟了。”

“好的，先生。”

10分钟以后，当农场主回来时，他看见犁痕弯弯曲曲地遍布整个田野，急忙叫道：“停住！停在那儿！”杰罗克说：“先生，我绝对是按照你告诉我的做的，我笔直地朝那头奶牛走去，可它却老是在动。”

因为目标总是在变动，你就不得不在这个目标和那个目标之间疲于奔命，这是一种没有目的、缺少头脑，而且非常笨拙的工作方法。这种行事方法除了会招致失败以外，什么也带不来。

爱迪生说过，高效工作的第一要素就是专注。他说：“能够将你的身体和心智的能量，锲而不舍地运用在同一个问题上而不感到厌倦的能力就是专注。对于大多数人来说，每天都要做许多事，而我只做一件事。如果一个人将他的时间和精力都用在一个方向、一个目标上，他就会成功。”

古人云：“君子有所为，有所不为。”就是说，目标只能确定一个，这样才能凝聚人生的全部合力，集中力量将其攻下。这种理念，与其说是一种严肃的哲学思考，倒不如说是人们为了生存和发展得更好而进行的一种本能的自我优化。

就像贝多芬与音乐、柏拉图与哲学、毕加索与绘画、司马迁与史学、陈景润与数学、袁隆平与水稻……他们所选定的唯一一把人生座椅，决定了各自的人生轨迹及留给后世的声誉。

4.六步确定你的人生目标

你想过十年之后，五年之后，或者一年之后的今天你会在哪儿吗？这些都是你的目标。你可能不想一直待在你现在的位置，但明确目标并不是一件容易的事情。

很多人认为设定人生目标就是找一些遥遥无期的梦想，但梦想永远不会实现。第一，这些目标没有被足够详细地定义；第二，它始终只是一个目标，而没有相应的行动。

定义目标是一件需要花费很多时间仔细考虑的事情。下面的步骤可以让你开始这样的旅程。

(1)写出你的人生目标清单

人生目标是一件重要的事，换句话说，就是你的人生抱负。不过抱负听起来总像是一件超出人可控范围的事情；而人生目标是，只要你愿意投入精力去做，就可能达到。因此，你这一生真正想要的是什么？什么是你真正想去完成的事情？什么事情能让你在突然发现不再有足够的时间去完成的时候，后悔不已？这些都是你的目标。把每个这样的目标用一句话写下来。如果其中任何目标只是达到另外一个目标的关键步骤，就把它从清单中去掉，因为它不是你的人生目标。

(2)对于任何目标，你都需要设定一个你认为合适的时间框架

这就是你的一年计划，五年计划，还有十年计划。其中一些目标可能会有“搁置期”，比如你的年龄、健康、经济状况等，这些你需要用来完成目标的因素需要花一些时间来达成。

(3)把每个人生目标单独写在一张白纸的顶端，在每个目标下面写上你要完成这个目标所需要但目前你还没有的资源

这些东西可能是某种教育、职业生涯的改变，财务，新的技能，等等。任何一个你在第一步里去掉的关键步骤，都可以在这一步补上。如果任何一个目标下面还有子目标，都可以补上，以保证你的每一步都有精确的行动与之相对应。

(4)写下你要完成的每一步所需要的行动

这可能是一个检查清单，是你可以完成目标的所有确切的步骤。

(5)在每一张目标表上写下你所要完成目标的年份

对于那些没有确定年限的目标，考虑一下你想要在哪一年完成它并以此作为年限。检查整个时间框架，为你所需要完成的每一小步，写下你可能需要完成的现实时间。

(6)现在检查你的整个人生目标，然后分别制订一个你这周、这个月和今年的时间进度表，以便按照预定的路程去完成目标

把所有的目标完成时间点写在你的进度表上，这样你对要完成的事情就有了确定的时间了。在一年的结尾，回顾你在这一年里所做的事情，划掉你在这一年里已经完成的，并写下你在下一年里要去完成的。

人生目标可能你需要花很多年的时间去完成，比如，完成一次职位提升。因为你先要去找一份兼职工作以保证你可以获得更多的钱供你上完一个在职课程以拿到MBA学位。但你最终会到达你的目标，因为你不但计划好了你要得到什么，而且计划好了要如何去得到，以及在得到之前你要进行哪些步骤。

5.尽可能从生活中删去“不可能”

许多人常常把“不可能”三个字挂在嘴边,其实,他们根本没有想过要怎么实现,也没有去思考实现的可能,更没有去制订实现的计划和目标。他只是听到了一件自己不熟悉的事情,就本能地说不可能。正是因为太多的“这也不可能”“那也不可能”,才让生活变得毫无激情。

这个时候,如果你还在毫无警觉地抱怨,那么请你安静下来,想一想“不可能”三个字怎么会那么容易就脱口而出;对还没有尝试过的东西,自己怎么可以那么武断地下结论呢?

罗伯特·巴拉尼是奥地利著名的耳科医生。他幼年的时候患上了可怕的骨结核病。这种病不仅令罗伯特疼痛难忍,还导致他的一个膝关节永久地僵硬。家里人都很疼惜他,只希望他的后半生能不再受到病痛的折磨,所以不要求他在读书方面花费精力。

可是巴拉尼非常倔强,他不相信这种病能让自己成为废物,也不相信自己的未来就只局限在父亲的农场里。他暗下决心,一定要掌握一技之长,一定要和正常的孩子一样读书深造,然后堂堂正正地站在世人面前。

整整10年,巴拉尼风雨无阻地穿行在学校和家庭之间。无论多么艰难,他都咬着牙,向世人展示“我可以”的坚持。29年过去了,这个失去自由行动能力、被人们怜悯的孩子长大了,并且成功地进入医学界,发表了著名的《热眼球震颤的观察》论文。这篇论文奠定了耳科生理学的基础。为了表彰他的杰出贡献,当今医学上探测前庭疾患的试验、检查小脑活动以及与平衡障碍有关的试验,都是以罗伯特·巴拉尼的姓氏命名的。

靠谱
比能力更重要

巴拉尼用自己的努力,将不可能变成了可能,把自己的名字深深地刻在了人们脑海中。

事实上,世界上每天都在发生着各种令人沮丧的意外,但同时也在创造各种感人的奇迹。如果你心存“我可以”的想法,那么代表新思路的想法就会迅速在你脑中生根发芽,长出嫩枝,帮你去开启新的天地。

也许有人会发出疑问:难道决心要做就一定能做得到吗?要是下了决心,最后却没有成功,又该怎么办呢?

有这样的迷惑是正常的。但是,试想一下,如果一开始你就放弃了,那么就算机会真的来了,你也无法立即采取行动,如此还谈什么成功、收获?

曾有一穷一富两个僧人,都想去远方求佛。10年后,他们再次相聚。这时,穷僧人早已完成远游,手托玉佛实现了目标。而富僧人则说自己之所以未能远行,或是因为准备得不够充分,或是因为天气不好……总之,他的行程就这样一次次地耽搁了下来。

穷僧人微笑着说:“如果你的心里有意愿,那困难就是天上的云,会来也会去;而如果你的心里藏着畏惧,那困难就是移不动的山、填不尽的海,会永远把你阻隔!”

在大多数情况下,你所得到的结果和你所选择的态度是一致的。要么能,要么不能。世界上有很多状态是可以由人控制的,尽管一个人的力量十分微小,但当你竭尽全力地去实现自己的目标时,你就一定能爆发出惊人的力量。

著名的护理学和护士教育创始人之一佛罗伦萨·南丁格尔,出生于一个富有的家庭,而她本人也是位受过高等教育的贵族小姐。南丁格尔从小就着迷于护理工作,并且长期担当庄园周围生病农户的看护者。当她希望成为一名护士,加入到当时只有社会底层妇女和教会修女才会担任的护理工作中,并把它当作终身事业时,她遭到了父母的强烈反对和世俗偏见的中伤。但即便如此，南丁格尔仍然觉得自己可以胜任这份工作，丝毫不肯做出让步。

南丁格尔总是出现在病患最需要的地方，尤其是1845年克里米亚战争爆发后，她率领38名护士奔赴枪林弹雨的前线，加入病患的护理工作。此刻的南丁格尔完全脱离了贵族小姐的娇弱，不仅表现出非凡的组织才能，还给予了病患无微不至的关怀，并帮助医生进行手术，以减轻病人的痛苦。

每一天，南丁格尔都要工作二十多个小时。她总是提着一盏小小的油灯，逐床细心查看病患的情况，因此她被士兵们称为“提灯女士”“克里米亚的天使”。

最让人称奇的是，为了取得必要的医药物资，当所有人都不敢打破陈规陋习采取行动时，南丁格尔却带领几个大胆的人，撬开了英国女王仓库门上的锁，并向吓得目瞪口呆的守卫说：“我终于有了我需要的一切。现在请你们把你们所看到的去告诉英国吧，全部责任由我来负！”

英国诗人丁尼生说：“梦想只要能持久，就能成为现实。我们不就是生活在梦想中的吗？”那些觉得自己可以的人，有的是为了获得更好的生活、更高的地位、更大的成就，有的则是为了实现自己的梦想和目标。他们相信自己的能力，也相信自己可以改变世界！南丁格尔用实际的付出，向世人证明了实践的可贵，证明了护理工作的重要性。因为相信自己，不仅让南丁格尔改变了命运的轨迹，也让世界为之震动。在她的努力推动下，世界上第一所护士学校成立了，整个西欧以及世界各地的护理工作和护士教育也因此得以快速地发展。

在现实生活中，我们总是觉得大环境太差不可能改变、客户太刁钻不可能改变、身体不舒服不可能改变、薪水过低不可能改变……整天牢骚不断，好像“不可能”“无法改变”已经成为我们终身的印记了。我们总是时刻需要别人的安慰。然而，若是拿我们所面临的困难和南丁格尔当初所遭遇的困难相比，简直就是沧海一粟，不值得一提。那么崇高、伟大的梦想都可以被南丁格尔实现，世上还有什么目标比它更难实现的呢？

你可以失去信心和勇气，但你的生活并不会因此而轻松；一旦你开始萌发“我可以”的念头，正式迈入追寻梦想的队伍，就有可能生活得更好！

第二章

定位要靠谱，认识自己比什么都重要

要想真正认识自己非常难，有些人活了一辈子，看别人很准，却始终难以认清自我。所以，给自己一个靠谱的定位，清楚地知道自己的优缺点，比什么都重要。

1.找准自己的人生定位

在古希腊帕尔纳索斯山的南坡上，有一个驰名世界的戴尔波伊神托所。在它的入口处的巨石上刻着这样一句箴言："你要认识你自己。"卢梭曾经这样评价此碑铭："比伦理学家们的一切巨著都更为重要，更为深奥。"显然，认识自己是至关重要的。

第二章
定位要靠谱，认识自己比什么都重要

一个小孩儿跟爸爸一起去邻居家做客。邻居很喜欢这个小家伙，就拿出糖罐说："来，抓一把。"小孩儿看着糖罐，手却一动不动，邻居催促了他好几次，小孩儿就是不伸手。最后，邻居只好亲自动手，抓了一大把糖果塞到小孩儿的衣袋里。

告别邻居之后，爸爸在回家的路上问儿子："平时你最喜欢吃糖果了，今天怎么不自己动手拿呢？"

小孩儿回答说："我的手小，抓一把肯定抓得少。他的手则大得多，还是让他抓好一些。"

很显然，这是一个非常聪明的孩子，他清楚自己的短处并巧妙地避开，从而为自己争取到了更大的好处。

每个人都有自己的长处和短处，只要清楚地认识自己，并扬长避短，就能取得事半功倍的效果。

老子说："知人者智，自知者明。"可见，认识自己非常重要。只有认清自己，才能找到发展方向，步入正确的人生轨道。

日本保险业泰斗原一平27岁时进入日本明治保险公司从事推销工作。那时的他穷得连午饭都吃不起，晚上也只能露宿公园。

有一天，他向一位老和尚推销保险。等他详细介绍完之后，老和尚平静地说："你所说的话，丝毫引不起我投保的兴趣。"

老和尚注视原一平良久，接着又说："人与人之间，像我们这样相对而坐的时候，一定要具备一种强烈吸引对方的魅力，如果你做不到这一点，将来也就没什么前途。"

原一平听了这些话哑口无言，冷汗直流。

老和尚又说："年轻人，先努力改造自己吧！"

"改造自己？"原一平问道。

"是的，要改造自己，首先要认识自己。你知道自己是一个什么样的人吗？”老和尚回道，“你要替别人考虑投保之前，必须先考虑自己，认识自己。”

原一平不太理解，疑惑地问道：“先考虑自己？认识自己？”

“是的，赤裸裸地注视自己，毫无保留地彻底反省，然后才能认识自己。”老和尚意味深长地回答道。

从此，原一平开始努力认识自己、改善自己，终于成为一代推销大师。

认识自己，找准自己的人生定位，是决定一个人事业成败的关键。

成功人生从正确认识自己开始。如果过于高估自己，就会脱离现实，守着幻想度日，导致怨天尤人，怀才不遇，小事不去做，大事做不来，最终一事无成；如果过于低估自己，则会产生强烈的自卑感，导致自暴自弃，结果明明能做好的事，也会因胆怯而不敢去试，最后抱憾终生。

在现实生活中，很多人都很消极，因为大部分的自我评估包含了太多的缺点、错误与无能。能够认识自己的缺点固然是好事，但这不能成为消极的理由。成功者会在找到自身缺点之后努力改进；他们会全面认识自己，决不轻视自己，在意识到自身缺点的同时，也会找到自己的闪光点。成功者的聪明之处在于，他们会尽力避免暴露个人缺点，先将优点发挥到极致，之后再慢慢改掉自己的坏习惯。

倘若能正确认识自己，成功时看得起别人，失败时看得起自己，那么你一定能在激烈的竞争中保持优势，谋得发展。

那么，如何正确认识自己呢？你可以从以下方面入手。

第一，从现实和历史的状况中认识自己。你最近及过去的事业、工作等各方面的基本情况如何，要从多个角度分析，尽可能地准确、客观。

第二，从个人和大家的评价中认识自己。选择有一定代表性的个人，如你最要好的朋友、最亲密的同事等。一般来说，他们比别人更了解你。大家的看法，可以是你任职公司的看法，也可以是某个组织的看法。

第三，从工作和学习中认识自己。了解你工作的各种情况，比如，是否热爱你的工作，业绩如何？学习的情况，你对学习怎么看，是否感兴趣？对业务学习、政治学习、专业学习持什么态度，效果如何？

第四，从事业和生活中认识自己。你的事业心怎么样，从事的是什么事业，你对自己从事的事业是满怀激情还是勉强应付，你现在有何成就？你的家庭生活怎么样，是否幸福，原因何在？

第五，从自己的强项和弱项中认识自己。在工作、学习或者爱好中，你的强项是什么，成就如何，别人怎么看？你的弱项是什么，有什么具体的改善措施？

第六，从以往的成功和挫折中认识自己。成功和挫折最能反映个人性格和能力上的特点，因此，我们可以从自己成功或失败的经验教训中发现自己的特点，在自我反思和自我检查中重新认识自己。

第七，从感兴趣和讨厌的事情中认识自己。你对什么事情感兴趣，哪一种你最感兴趣？这种兴趣发展到了何种程度？这种兴趣是否高雅、正当？这种兴趣是否已经发展为爱好？在这方面做深入分析。你讨厌什么？阐述具体情况。

第八，从单位和家庭中认识自己。你在单位的表现如何，地位如何，同事怎么看你？你在家里的情况怎么样，对家庭是否有责任心？全家人怎么看你，你的父母、配偶怎么看你，孩子怎么看你？

第九，从生理和心理上认识自己。生理主要是指身体是否健康。心理包括的内容要多，比如，心理是否健康，心理品质如何等。分析自己的生理和心理，目的是为了更科学地评价自己。这样的评价会更全面，更准确。

第十，用传统的或者科学的方法认识自己。人类历史上有许多识人识己的方法，我们都可以拿来借鉴。

2.不要刻意模仿别人，你就是最棒的

我们应该庆幸，自己是这个世界上独一无二的个体，有着其他人不具备的天赋和能力，所以，我们完全没有必要羡慕别人，嫉妒别人，更没有必要刻意地模仿别人。

虚荣心往往是某些缺乏自信、自卑感强烈的人进行自我心理调适却误入歧途的结果。缺乏自信、自卑感较强的人，为了缓解或摆脱内心存在的焦虑和压力，试图采用各种方式进行自我心理调适，其中一个最直接的方法就是模仿别人。目的是通过模仿别人以缩小自己与他人的差距，进而赢得他人对自己的重视和尊敬。

春秋时代，越国的美女西施，其美貌简直到了倾城倾国的程度。无论是她的举手投足，还是她的音容笑貌，样样都惹人喜爱。西施略施淡妆，衣着朴素，走到哪里，哪里就有人向她行注目礼，没有人不惊叹她的美貌。

西施患有心口疼的毛病。有一天，她的病又犯了。只见她手捂胸口，双眉皱起，流露出一股娇媚柔弱的女性美。当她从乡间走过的时候，乡里人无不睁大眼睛注视她。

乡下有一个丑女子，名叫东施，不仅相貌难看，而且没有修养。她平时举止庸俗，说话粗声粗气，却一天到晚做着美女梦。虽然她今天穿这样的衣服，明天梳那样的发式，却仍然没有一个人夸她漂亮。

这一天，她见西施捂着胸口、皱着双眉的样子竟博得了这么多人的注目，于是回去以后也学着西施的样子，手捂胸口、紧皱眉头，在村里走来走去。哪知这丑女的矫揉造作之姿使她原本就丑陋的样子更难看了。结果，乡间的富人看见丑女的怪模样，马上把门紧紧关上；乡间的穷人看见丑女走过来，马上拉着妻子、带着孩子远远地躲开。

每个人都有不同的特质。东施效颦为什么很丑，就是因为她把别人的东西生硬地搬到自己身上。或许东施本来不丑，但因为她扭曲了自己的个性，硬学西施的样子，终于搞成了一个什么都不是的丑八怪。所以，请尊重上苍给你的才能，那才是适合你的，一味地模仿只会徒增烦恼。

每个人都有虚荣心，就像每个女人都渴望漂亮一样，但这不是靠模仿得来的。即便你模仿得再像，那也是别人的荣誉，不是你自己的。所以，要相信自己就是最棒的，要敢于展示真实的自己，而不是刻意地去模仿别人。也许你没有漂亮的脸蛋，但是你有优美的嗓音；也许你没有窈窕的身材，但是你有一颗善良的心。总之，你是独一无二的，是无可替代的，这才是只属于你的美丽！

我们每个人的个性、形象、人格都有其潜在的创造性，完全没有必要刻意地模仿他人。卡耐基有一句名言："整日装在别人套子里的人，终究有一天会发现，自己已变得面目全非了！"的确，一味地模仿别人，最终只会迷失自己，得不偿失。下面的这则寓言就说明了这个问题。

有一只麻雀，总想学孔雀的样子。孔雀的步法是多么骄傲啊！孔雀高高地扬起头，抖开尾巴上美丽的羽毛，那开屏的样子是多么漂亮啊！"我也要像这个样子。"麻雀想，"那时候，所有的鸟赞美的一定会是我。"于是，麻雀伸长脖子，抬起头，深吸一口气让小胸脯鼓起来，然后伸开尾巴上的羽毛，也想来个"麻雀开屏"。麻雀学着孔雀的步法前前后后地踱着方步。可这些做法使麻雀感到十分吃力，脖子和脚都疼得不得了。最糟的是，其他的鸟——趾高气扬的黑乌鸦、时髦的金丝雀，还有蠢笨的鸭子，全都嘲笑它。不一会儿，麻雀就觉得受不了了。

"我不玩这个游戏了，"麻雀想，"我当孔雀也当够了，我还是当只麻雀吧！"但是，当麻雀还想象原来的样子走路时，已经不行了。就这样，麻雀忘了如何走路，除了一步一步地跳动外，再没别的办法了。

靠谱
比能力更重要

有调查显示，一般人一生只用了10%的能力，也就是说，我们身体内还有90%的能力未被利用。如果我们把这些潜能挖掘出来，那么我们就有可能比那些我们羡慕的人更优秀。所以，我们不应再浪费任何一秒钟，去为我们不是其他人而遗憾。事实也证明，模仿他人，永远不会踏上成功之路。

玛格丽特·麦克布蕾刚刚进入广播界的时候，想做一个爱尔兰喜剧演员，结果失败了。后来她发挥本色——做一个从密苏里州来的平凡的乡下女孩，结果成为纽约最受欢迎的广播明星。

卓别林刚开始拍电影的时候，电影导演都坚持要卓别林学当时一个非常有名的德国喜剧演员，可是卓别林直到创造出一套自己的表演方法之后，他才开始成名。

盲目地模仿别人，必定会迷失自我。表面上看这只是个人的做事方法问题，但其实它会给你的生活、事业套上无形的枷锁。因为，你失去了信心，失去了用自己的头脑思索问题并作出人生抉择的能力。

我们应该庆幸，我们是这个世界上独一无二的个体，我们有着其他人不具备的天赋和能力，所以，我们完全没有必要羡慕别人，嫉妒别人，更没有必要刻意地模仿别人！

一件华丽的外衣，每个人都想把它穿在身上，以展示自己的美丽、威严。但是，当你要用别人身上的光环来编织这件外衣的时候，当你要借助模仿别人的美丽或者成功来显示自己的时候，就意味着你已经受到虚荣心的牵制，或者说已经被其控制。那么，请你看看“东施效颦”“邯郸学步”的下场吧。记住，刻意模仿就意味着自杀。

3.自己拿主意，不要被别人所左右

做人最可贵的莫过于坚持自己的看法，而不是盲目从众，以致在别人的观点里迷失了自己的人生道路。

美国著名女演员索尼娅·斯密茨的童年是在加拿大渥太华郊外的一个奶牛场里度过的。

当时她在农场附近的一所小学里读书。有一天，她回家后很委屈地哭了。父亲问她原因，她断断续续地说：“班里一个女生说我长得很丑，还说我跑步的姿势难看。”父亲听后，先是微笑，然后忽然说：“我能摸得着咱家的天花板。”正在哭泣的索尼娅听后觉得很惊奇，就反问道：“你说什么？”

父亲又重复了一遍：“我能摸得着咱家的天花板。”

索尼娅忘记了哭泣，仰头看看天花板。天花板将近4米高，她怎么也不相信父亲能摸得到。父亲笑了笑，得意地说：“不信吧，那你也别信那女孩的话，因为有些人说的并不是事实！”

就这样，索尼娅明白了一个道理：不能太在意别人说什么，要自己拿主意！

索尼娅在二十四五岁的时候，已是个颇有名气的演员了。有一次，她要去参加一个集会，但经纪人告诉她，因为天气不好，只有很少人参加这次集会，会场的气氛会有些冷淡。经纪人的意思是，索尼娅刚出名，应该把时间花在一些大型的活动上，以增加自身的名气。但索尼娅坚持要参加这个集会，因为她在报刊上承诺过要去参加。她说：“我一定要兑现诺言。”结果，那次在雨中的集会，因为有了索尼娅的参加，人变得越来越多，她的名气和人气也因此骤升。

后来，索尼娅又自己做主，离开加拿大去美国演戏，从而闻名全球。

靠谱
比能力更重要

自己拿主意并不是一意孤行、孤芳自赏，而是忠于自己，相信自己，不轻易被别人的思想所左右。但是在生活中，人都难免有从众心理，常常会为了顾及面子而依附于他人的思想和认知，从而失去独立的判断，处处受制于人。这真是一种莫大的悲哀，作为一个人，我们要有自己的主见，不可盲目地追随别人。

一个小丑一直很快乐地生活着，但渐渐地有些流言传到了他的耳朵里，说他是个极其愚蠢、非常鄙俗的家伙。小丑窘住了，他忧郁地想：怎样才能制止那些讨厌的流言呢？

一个想法突然使他的脑袋瓜开了窍，于是，他果断地把自己的想法付诸行动。

他在街上碰见了一个熟人，那个熟人跟他夸奖起一位著名的色彩画家。“得了吧！”小丑提高声音说道，“这位色彩画家早已经不行啦……您还不知道这个吗？我真没想到您会这样……您是个落伍的人啦！”那个熟人感到吃惊，并立刻同意了小丑的说法。

“今天我读完了一本好书！”另一个熟人告诉他说。

“得了吧！”小丑提高声音说道，“您怎么不害羞？这本书一点意思也没有，大家老早就已经不看这了。您还不知道？您是个落伍的人啦！”

于是，这个熟人也感到吃惊，也同意了小丑的说法。

“我的朋友杰克真是个非常好的人！”第三个熟人告诉小丑，“他真正是个高尚的人！”

“得了吧！”小丑提高声音说道，“杰克明明是个下流东西，他侵占过所有亲戚的东西，谁还不知道这个呢？您是个落伍的人啦。”

第三个熟人同样感到吃惊，但也同意了小丑的说法，并且不再同杰克来往。总之，人们在小丑面前无论赞扬谁和赞扬什么，他都一个劲儿地驳斥。有时候，他还以责备的口气补充说道：“您至今还相信权威吗？”

“好一个坏心肠的人！好一个毒辣的家伙！”他的熟人们开始谈论起小丑

了，“不过，他的脑袋瓜多么不简单！”

“他的舌头也不简单！”另一些人又补充道，“哦，他简直是个天才！”

最后，一家报纸的出版人请小丑到他那儿去主持一个评论专栏。

于是，小丑开始批判一切事和一切人，一点也没有改变自己的手法和趾高气扬的神态。

现在，他——曾经大喊大叫反对过权威的人——自己也成了一个权威，而年轻人正在崇拜他，而且害怕他。

你一定会说，这些年轻人真是可怜，也有点愚蠢。虽然这个故事有点夸张，但事实上，你有没有想过，有时候自己也有过类似这些年轻人的行为。比如，在对一件事发表看法时，你从来都是附和所谓“权威”人物的观点，而不敢大胆地说出自己的想法。再比如，在为人处世的过程中，你经常按别人的反应来决定，而不是按照自己的意愿去决定，等等。这是不自信的表现，也是虚荣心在作祟。这样的你已经成了故事中崇拜小丑的“俗人”，丧失了按照自己意愿生活的能力。

一位通晓做人内在法则的人士指出：“当别人对你说‘快看这儿’或‘快瞧那儿’的时候，请你不要盲目地追随他们，因为幸福世界就在你的心中。”其实何止是幸福，做人做事也是这样，你不能在听了别人对自己的看法后，就依附他们的喜好来改变自己，你要按照自己的个性生活，尽情地展示自己的天性和美丽，而不是盲目地追随别人。

每个人都会在乎别人的看法，但是任何事物都有一个“度”，一旦你常常让别人的看法代替自己的看法，就危险了。虽然人是群居动物，难免有从众心理，但是人生的路还要靠自己走。如果你一味地人云亦云，被人牵着鼻子走，最后只能迷失自己，得不偿失。

4.不必让每个人都满意

活得累,是现代人的普遍感受,这在很大程度上与我们过分追求完美相关联。可是也许你已经发现,不管自己是多么的努力,行为是多么的正确,自我反省是多么的深刻,都永远满足不了所有人的要求。世界这么大,社会这么复杂,人的思想观点又是这么的不同,要祈求人人一致地赞同一件事,难乎其难。

每个人都会有他个人的感觉,都会根据自己的想法来看待世界。所以,不要试图让所有人都对你满意,否则你将永远也得不到快乐。

父子俩牵着驴进城,半路上有人笑他们:“真笨,有驴子不骑!”

父亲便叫儿子骑上驴,走了不久,又有人说:“真是不孝的儿子,竟然让自己的父亲走路!”

父亲赶快叫儿子下来,自己骑到驴背上,又有人说:“真是狠心的父亲,不怕把孩子累死!”

父亲连忙叫儿子也骑上驴背。谁知又有人说:“两人骑在驴背上,不怕把那瘦驴压死?”

父子俩赶快溜下驴背,把驴子四肢绑起来,用棍子扛着。经过一座桥时,驴子因为不舒服,挣扎了起来,结果掉到河里淹死了!

很多人做人做事就像这故事中的父亲一样,人家叫他怎么做,他就怎么做;谁反对,就听谁的!结果呢?大家都有意见。

一个人既想面面俱到,不得罪任何人,又想讨好每一个人,那是绝对不可能的!因为在做人方面,你不可能顾及每个人的面子和利益,即使你认为自己做到了，别人却不见得这么认为，甚至根本不领情的也大有人在。在做事方面，你也不可能照顾到每个人的立场，因为人的主观感受和需要各不相同，你若要让每个人满意，事实上就是让所有人都不满意。

结果呢？为了面面俱到，反而把自己累坏了；因为怕对方不满意，还得察言观色，揣摩别人的心思，反而把自己弄得苦不堪言。

最恰当的做法就是做你该做的。也就是说，你认为对的，就毫不动摇地去做，即便参考别人的意见也要看意见本身，而不是看别人的脸色。这么做有时确实会让一些人不高兴，但你的不受动摇，却可能赢得这些人事后的尊敬，毕竟人还是服膺公理的，除非你的坚持是为了私心。

俗语说："岂能尽如人意，但求无愧我心！"就像萝卜白菜各有所爱一样，你不要奢望做到让所有人都满意，那是不可能的事情！

有一位诗人把自己的得意诗作拿到广场上展览，并且很自信地对观众说："如果你们认为有败笔，尽可以指出。"到了晚上，诗人的作品上标满了记号，人们挑出了无数他们认为是败笔的地方。诗人非常不甘心。他灵机一动，又写了一首完全相同的诗拿到广场上展出，这一次他请观众标出的是诗中的妙处。结果到了晚上，诗人看到所有曾被指责为败笔的地方，如今都换上了赞为妙笔的记号。由此，诗人得出了一个结论："我发现了一个奥秘，那就是不管我们干什么，只要使一部分人满意就够了，因为在有些人看来丑恶的东西，在另一些人的眼里，恰恰是美好的。"

诗人的大悟，可以作为我们对非难、诽谤的一种基本态度，而诗人的做法，也可以在一定程度上作为我们考虑如何减轻非难、诽谤的基本出发点。

很多人经常按别人的反应来做决定，很难按自己的意愿去行动，尤其是在关于"成功""幸福"之类的重要问题上，一切似乎已经有了约定俗成的标准。弗洛伊德说："简直不可能不得出这样的印象，人们常常运用错误的判断标准——他们为自己追求权利、成功和财富，并羡慕别人拥有这些东西，他们低估了生命的真正价值。”

心理学家指出，如果给两组完全相同的人像，一组人像下写“残暴”“凶恶”“狠毒”一类的词，一组人像下写“果敢”“勇毅”“顽强”一类的词，并请两组测试者对人像的职业进行评估，那么前一组人像很可能就被猜为罪犯，而后一组人像就可能被猜为军人。就像人们常常把银幕上、球场上的明星作为一种偶像，把表演中的人当作生活中真实的人一样。人类的内心有一种强烈的接受外界暗示，通过语言、形象的传播媒介树立形象的欲望，它构成了所谓的“心理导向效应”。诗人的“败笔”“妙笔”这两种完全相反的结果，正是他利用了这种效应打造的。

了解了这一点之后，如果你要使自己摆脱困境，减轻压力，争取更多的赞同，就可以根据不同的情况采取不同的措施。

让每一个人都满意是不可能，也是没有必要的。在现实生活中，我们也常常遇见类似的事情。当某人做了一件善事，引起周围同事的注意时，就会听到各种截然不同的评论。张三说你做得好，大公无私；李四说你野心勃勃，一心想往上爬；上司称赞你有爱心，值得表扬；下属则说你在做个人宣传……总之，各种各样的议论，有的如同飞絮，有的好似利箭，一一迎面扑来。怎么办呢？最好的方法，就是抱着“有则改之，无则加勉”的态度，客观对待。

事实上，一个人是不可能让所有人都满意的，即使你已经尽心尽力，还是会有让别人不满意的地方。如果所有的人都对你满意，则表示你这个人必定有问题。因为如果做了坏事，好人会骂你；做了好事，坏人会骂你。至于自己是否有他们所想的那么坏或那么好，就只有你自己知道了。因此，做人、做事最重要的是对得起自己的良心、对得起自己的努力，别人对自己的批评、要求，都是次要的。

如果太在乎别人的赞美，会变得骄傲、得意，太在意别人的批评，会觉得懊恼、无奈，如此一来，对人对事都会有不好的影响。所以，最好的方法应该是：随时保持心的平静，把事做好。

我们不管做什么，只要能让一部分人满意便成功了。因为，在有些人看来丑恶的东西，在另一些人眼里则恰恰是美好的。

不要对自己太苛刻，工作上给自己定一个力所能及的目标，只要对得起自己的努力和良心即可，不必太在意外人对你的评价，否则，一旦遇到挫折就可能导致身心疲惫、万念俱灰。不要为了让周围的每一个人都对你满意而处处谨小慎微，不要为了顾及他人的眼光而改变自己的言行，不要为了让所有人都满意而委屈了自己，我行我素在某些时刻还是必要的。

5.选择自己喜欢的，而非别人喜欢的

当你自己看中了一件衣服，而身边的朋友却都说不好看，那么你多半不会力排众议，下决心购买。因为你不想穿一件大家认为很难看的衣服。你会想，既然别人都说不好看，那一定是真的不好看。不仅仅是在选择衣服上，在其他方面我们也会犯这个毛病，结果往往是按别人的标准做了选择，却忽略自己内心的真正感受。

社会生活就是一出戏，每个人都在其中扮演着一个角色。扮演者的行为举止本应和角色相符，但他们往往做不到，因为他们常常会遭到排斥，受到旁人的讥笑。你可能并不乐意扮演你所分配到的角色，但剧组又不允许你更换，这时候的你应该意识到，你有离开剧组，选择另一出戏的自由。

孙洋原来是某家公司销售部的职员。销售是份很有挑战性的工作，这很符合孙洋的个性，他也非常喜欢，所以工作成绩一直不错。结婚后，孙洋的妻子不喜欢他整天东奔西跑的，希望他能换个稳定点的工作。他的岳父岳母也常常唠叨："本科毕业什么工作不好找，偏偏要做销售？有什么出息！还是找机

会换个工作吧。”孙洋本不想换工作,他想在销售这一块做出点成绩来。但他又经不住亲人的软磨硬泡,最终还是答应换份工作。

在一位朋友的帮助下,孙洋到一家公司担任总经理助理,妻子家人都为他高兴,不住地称赞他。可他开始变得不快乐,对自己没有信心,很简单的事情也感觉自己不能胜任。尤其是工作的烦琐更让他头痛,每天上班就像例行公事一样。他不知道自己工作的意义何在,也找不到当初工作的成就感和愉悦感。于是,孙洋开始不喜欢上班,下了班心情也不好,整个人都变得蔫蔫的。

终于有一天,孙洋想明白了,他要做自己真正喜欢的工作,否则他会一直陷在痛苦的泥沼中。他毅然决然地辞去了总经理助理的职务,回到了原来的工作岗位上。回去之后,孙洋立刻恢复了原来的信心和斗志,不久就被提升为销售部经理,人也变得意气风发起来。

在生活中,亲人和朋友出于好意,总是会建议你找份好工作。可工作并无好坏之分,只有是否适合于你,别人并不知道你最适合什么样的工作。所以,如果你不能清醒客观地看待自己的天性,盲目地追随他人的想法,最后苦的是自己。

当然,人生中有很多事不像找工作,选择错了,还有重来的机会。而有些事情一生只有一次机会,一旦选择错了,你将终生处于失望之中。因此,如有必要,就得准备置身于角色之外,不要考虑剧情的压力,决定你所需要的,必要时换一个角色,但要始终如一。没有人会接受一个变化无常的人,或是一个变来变去却又变成老样子的人。

47岁的南希在众人眼中是一位成功的职业女性,可是她说:“虽然我的一些成就让人刮目相看,我却想不透大家夸赞我什么。我这辈子一直都在努力成就这样或那样的事,可是现在我却怀疑‘成就’究竟是指什么了。我永远在压力下生活,没有时间结交真正的朋友。就算我现在有时间,我也不知道该如何结识朋友了。我一直在用工作来逃避必须解决的个人问题,一个任务接一个任务地去完成，不给自己时间去想一想我为什么要工作。这真是疯狂。假如时间可以退回去10年，我能早一些放慢脚步考虑一下这些，那我就不会像现在这样感觉匮乏了。”

一位作家曾说过：“我们此生不一定要成大名，立大功。可是，我们一定要明白自己的梦想，并把它具体化，使它成为可能，然后去追求它，去实现它。追寻一个梦想是一种绝大的幸福和快乐。你也曾体会过这种幸福和快乐吗？”

在现实生活中，有多少人不是因为喜欢才选择了现在的生活模式，而是迫于别人的意志去演那个大家喜欢的角色？忙的时候像陀螺，一旦停下来，就会觉得空虚，不知道自己生活的目的是什么。生活成了为“演戏”而“演戏”的混日子，不但没有丝毫幸福和快乐可言，而且还让人感到痛苦不堪。

所有人都希望自己的生活方式能被大家羡慕，却忘记了自己是不是真的喜欢。所有的人也都希望自己在生活中扮演的角色是大家喜欢的，却忘记了自己是不是真的喜欢。当我们选择了别人喜欢，而不是自己喜欢的时候，就注定要忍受更多的寂寞、痛苦和空虚！

6.面对质疑，自己的路要自己走

林德曼博士在医疗实践中发现，许多人之所以成为精神病患者，主要是因为他们感情脆弱，缺乏坚强的意志，心理承受能力差，经受不住失败和困难的考验，关键时刻对自己失去了信心。有些看上去体格非常健壮的人，后来却因为承受不住心理的压力而精神崩溃。林德曼认为，一个人要想保持身心健康，永远的自信才是关键！

靠谱
比能力更重要

当时，德国掀起了一场独舟横渡大西洋的探险热潮，全国先后有100多位勇士驾舟横渡大西洋，但结果均遭失败，无一生还。消息传来，民众一片哗然，他们认为这项活动超过了人体承受能力的极限，是极其残酷的“自杀”行为。

林德曼却不这么认为。经过对这些勇士遇难情况的认真分析，他认为这些遇难的人首先不是从肉体上败下阵来的，而主要是死于精神的崩溃，死于恐怖和绝望。

林德曼的观点遭到了舆论的质疑：探险勇士难道还不够自信？为了验证自己的观点，林德曼不顾亲人和朋友的坚决反对，决定亲自进行一次横渡大西洋的试验。

在航行中，林德曼遇到了许多难以想象的困难。在漫漫的航程中，孤独、寂寞、疾病，体力、精力的消耗，都在销蚀着他的意志。特别是在航行的最后18天，他遇上了强大的季风，小船的杆折断了，船舷被海浪打裂，船舱也进了水。林德曼必须把舵把紧紧地捆在腰上，腾出手来拼命地往外舀船舱里的水，才能保证船不下沉。

在和滔天巨浪搏斗的整整三天三夜中，他没有吃一点东西，没有合一下眼。那场面真是惊心动魄。多少次他感到坚持不住了，觉得自己不行了，有时眼前甚至出现了幻觉。但每当这个时候，他就狠狠地掐自己的胳膊，直到感觉到疼痛，然后激励自己：“林德曼，你不是懦夫，你不会葬身大海，你一定会成功的！再坚持一天，就是胜利的彼岸。”

“我一定会成功！”林德曼在心中反复地重复着这几个字。生存的希望支持着林德曼，最后他终于成功了。

“100多人都失败了，我为什么能成功呢？”他说，“我一直自信自己一定能成功。即使在最困难的时候，我也以此自励。这个信念已经和我身体的每一个细胞融为一体了。”

林德曼的故事告诉我们，不管面对什么样的质疑，不论在什么样的困境中，唯一能拯救你的是你自己，是你自己的信心；唯一能打垮你的也是你自己，是你自己的灰心。

船舶在大海中航行，在途中会遇到很多美丽的景色，有蓝天白云、碧波荡漾，还有鱼鸟嬉戏其间。然而航行并不总是一帆风顺的，除了令人心神荡漾的美景，狂风巨浪、乌云暴雨也会令人胆战心惊，恐惧不已。

人生如同航行，不可能总是有鲜花和掌声，也会常常陷入困境。一个人要想从困境中走出来，改变自己的命运，就必须坚持伟大的目标。只有敢想，才能按照自己的想法去做，才会有成功的可能，“苏珊大妈”的故事便发生在我们的身边。

如果你看过《英国达人》这个节目，那么你对“苏珊大妈”这个名字绝对不会陌生。

苏珊刚站在《英国达人》的舞台上时显得有些紧张，她从来没有参加过如此隆重的节目。这位体态肥胖、长相平平的妇人一上台，台下便传来一阵哄笑。包括评委在内，所有观众对于这个妇人都缺乏最基本的尊重。苏珊有些口吃，在回答评委们的问话时含混不清，而评委们那些不怀好意的问话，似乎也是在有意让她出丑。当苏珊说自己的梦想是成为伊莲·佩姬那样的人时，台下再次哄堂大笑：这位长相丑陋的山野妇人如何同那位著名的歌唱家相比！

然而当音乐响起时，苏珊忘我地唱了起来，丝毫没有受到刚才观众们的影响。台下一下子安静起来，苏珊那天籁般的声音让他们震惊，他们深深为之折服，所有的观众都凝神屏息，享受着音乐时刻。当她一曲《I Dreamed A Dream》唱毕，全场响起了热烈的掌声与欢呼声，这次大家是为她的精彩表演而喝彩！一向苛刻的评委摩根也称赞她是他在三年选秀节目中见到的最大的惊喜。苏珊成功了，她的歌声在世界范围内回荡，伊莲·佩姬也热情地与她会面，并同她合作演出，苏珊终于成了跟自己偶像一样的歌星。

“苏珊大妈”的真名叫苏珊·波伊儿，她从小生活在英国一个无名的小山村。由于智力有轻微缺陷的缘故，她不能很好地完成学业，也没有爱情光顾过她。当她的妈妈死后，她只能和一些小猫小狗一起过着孤独的生活。

然而苏珊从小就有一个梦想，她想唱歌，想成为伊莲·佩姬那样的歌星。她的生活很孤独，缺乏基本的保障，但这些都没有浇灭苏珊心中的梦想。她加入了教堂的唱诗班，多年来一直坚持唱歌，直到她被全世界知晓。

苏珊取得成功时已经47岁了。在许多人看来，她早应该过了“做梦”的年纪。苏珊的成功正是源于她坚持了自己的目标。如果她没有想成为伊莲·佩姬的目标，没有几十年如一日的坚持，没有为此付出无数的努力，那么可能她真的会在那个默默无名的山村中度过一生，直至死去也不会有多少人认识她。对目标轻易言弃，不付出努力，那么目标就只能是个空想。只有坚持到底、不懈努力，目标才能成为现实。

每个人都有自己的梦想，这个梦想或大或小。还有的人曾经有过梦想，现在却把它忘掉了，丢在了满是尘埃的记忆深处。试想一下，一件事情，倘若我们想都没有想过，又如何会去实现呢？成就又从何而来呢？梦想的高度往往决定了一个人成就的高低，一个没有目标的人往往会一事无成。

托尔斯泰曾经写下这样的话：“要有生活的目标，一辈子的目标，一个时期的目标，一个阶段的目标，一年的目标，一个月的目标，一个星期的目标，一天的目标，一个小时的目标，一分钟的目标。梦想，便是这些目标的雏形，是目标的最佳体现。”

梦想的实现需要坚持，只有坚持走自己的路，并为之不懈努力的人，才能真正取得成功。电灯的发明，让我们在夜晚同样拥有了如白昼般的光芒，这正是爱迪生坚持的结果。他从二十多岁便开始研究电灯，先后尝试用各种材料做灯丝，灯泡的照明时间也随着他的努力不断延长，从短短的几分钟到几个小时，到后来几百、几千个小时。在历经十余年的努力，尝试了近千种材料之后，他终于找到了最合适的材料——钨丝，让人们从此在夜晚不再害怕黑暗。

当然，成功的路上也不可能总是一帆风顺，挫折、失败在所难免。如果遇到失败便放弃自己的目标，那么也就放弃了成功的可能。当一个人习惯了被消极的精神所支配,那么他所收获的终归是失败。成功人士的与众不同之处,在于他们遇到挫折时会愈挫愈勇,用积极的心态面对未来,更加努力地朝着目标奋进。因为他们坚信,只要坚持不懈,梦想终会在某一天实现。

7.命运不在别人嘴里,而在自己手中

“美国文明之父”爱默生有一句名言:“靠自己成功。”这句话影响了一代美国人。这个从英国统治下独立的殖民地国家的人民在典型的美国个人英雄主义影响下,迅速把这个国家建设成当今世界上的超级强国。企业家吉姆·克拉克也给过年轻人忠告:不要凡事都要依靠别人。在这个世上,最能让你依靠的人是你自己。在大多数情况下,能拯救你的人,也只能是你自己。

在生命的旅程中,我们难免会有陷入各种危机的时候,要想摆脱这些危机,就不要老想着依靠别人,要学会靠个人力量来拯救自己。

有一天,某个农夫的一头驴子不小心掉进了一口枯井里,农夫绞尽脑汁想办法救驴子出来,但几个小时过去了,驴子还在井里痛苦地哀嚎着。最后,这位农夫决定放弃,他想这头驴子年纪大了,不值得自己大费周章地去把它救出来。不过无论如何,这口井还是得填埋起来。

于是农夫便请来左邻右舍帮忙一起将井中的驴子埋了, 以免除它的痛苦。农夫的邻居们人手一把铲子,开始将泥土铲进枯井中。

当这头驴子察觉到自己的处境时,开始凄惨地哀嚎。但出人意料的是,没过一会儿驴子就安静下来了。农夫好奇地探头往井底一看,眼前的景象令他

大吃一惊:当铲进井里的泥土落在驴子的背部时,驴子便将泥土抖落在一旁,然后站到铲进的泥土堆上面。就这样,驴子将大家铲倒在它身上的泥土全数抖落在井底,然后再站上去。

很快,这头驴子便得意地上升到井口,然后在众人惊讶的表情中快步跑开了!

没有人能救得了那头驴子,只有在它放弃悲观与消极,明白只能依靠自己进行自我拯救时,命运才有可能在山穷水尽之际,给它绝处逢生的惊喜。作为高等动物的人类,对于此番自我拯救理论的理解,也不应该逊于动物的求生本能吧!

诚然,人生在世,我们总要或多或少地依靠来自自身以外的各种帮助——父母的养育、师长的教诲、朋友的关爱、社会的鼓励……可以说,从呱呱坠地的那一刻起,人就已经开始接受他人给予的种种帮助了。然而,许多年轻人"在家靠父母,出门靠朋友"的"靠",已经远远超出了一个人需要外部力量帮助的正常的"靠",从而演变成"唯父母和朋友是靠"的依赖心理,把自己立身于社会的希望完全寄托在父母和朋友身上。

信奉"在家靠父母"的人,往往是那些生活上不能自理,饭来张口、衣来伸手,或者事业上不能自立,离不开父母的权力、地位和金钱支撑的年轻人。这样的年轻人,自然不可能在生活上自立自强、在事业上有所作为。

我国著名教育家陶行知编的《自立歌》这样说道:"滴自己的汗,吃自己的饭。自己的事,自己干。靠天靠地靠祖上,不算是好汉。"不要总是依赖别人,把一切希望都寄托在别人身上,要学会靠自己解决问题,因为每个人都有许多事要做,别人只可能帮你一时,却帮不了你一世。所以,靠人不如靠己。

在这个世界上,聪明人不少,但成功的人却不多。很多聪明人之所以不能成功,就是因为他在已经具备了不少可以帮助其走向成功的条件下,还在期待更多的成功条件;而能成功的人,首先就在于,他从不苛求条件,而是努力为自己创造条件。

第二章

定位要靠谱，认识自己比什么都重要

一次同学聚会上，两个老同学在闲聊，随即谈起了命运。事业平平的同学问："这个世界到底有没有命运？"事业有成的同学说："当然有。"同学再问："命运究竟是怎么回事？既然命中注定，那奋斗又有什么用？"事业有成的同学没有直接回答他的问题，而是笑着抓起他的左手，说要先看看他的手相，帮他算算命，然后又讲了一些生命线、爱情线、事业线等诸如此类的话。突然，事业有成的同学对那位同学说："把手伸好，照我的样子做一个动作。"随后他举起左手，慢慢地握起拳头。末了，他问："握紧了没有？"那位同学有些迷惑，答道："握紧了。"他又问："那些命运线在哪里？"同学机械地回答道："在我的手里。"他再追问："请问，命运在哪里？"

那位同学如当头棒喝，恍然大悟，原来命运在自己的手里！事业有成的同学很平静地继续道："不管别人怎么跟你说，不管'算命先生们'如何给你算，记住，命运在自己手里，而不在别人的嘴里！"

当然，如果你再看看你自己的拳头，你会发现你的生命线有一部分还留在外面，没有被握住，留在外面的部分又能给我们什么启示？命运绝大部分掌握在自己手里，但还有一部分掌握在"上天"手里。古往今来，凡成大业者，"奋斗"的意义就在于用一生的努力去争取。但是，如果你不靠自己去争取，你连这一点机会都没有。

不管什么时候，请牢记这句话："只有自己才是最靠得住的。"所有成功的秘诀，就在于坚持自我！除此以外，别无他法。

第三章

心态要靠谱，管好你的羡慕嫉妒恨

做人最关键的是心态。你不能控制他人，但你可以掌握自己;你不能选择容貌,但你可以展现笑容;你不能左右生活,但你可以改变心情。积极的心态不是天生的,而是后天养成的,是主动创造出来的。用积极的心态对待人生,生命才会更加精彩。

1.宽容待人,不念旧恶

“生气是用别人的过错来惩罚自己。”老是念念不忘别人的坏处,实际上深受其害的是自己。这种人,轻则自我折磨,重则可能导致疯狂的报复。乐于忘记是成大事者的一个特征,只有既往不咎的人,才可以甩掉沉重的包袱,大踏步地前进。

唐朝的李靖曾任隋炀帝时的郡丞，当他发现李渊有图谋天下之意时，便向隋炀帝检举揭发了李渊。李渊灭隋后要杀李靖，李世民极力反对，并经再三请求才保了他一命。后来，李靖驰骋疆场，征战不疲，安邦定国，为唐王朝立下赫赫战功。魏徵也曾鼓动太子李建成杀掉李世民，但李世民同样不计旧怨，量才重用，使魏徵觉得“喜逢知己之主，竭其力用”，也为唐王朝立下丰功。

宋代的王安石对苏东坡的态度，应当说也是有那么一点“恶”行的。他当宰相时，因为苏东坡与他政见不同，便借故将苏东坡降职减薪，贬官到了黄州。然而，苏东坡胸怀大度，根本没把这事放在心上，更不念旧恶。王安石失意后，两人的关系反倒好了起来。苏东坡不断写信给隐居金陵的王安石，或共叙友情，互相勉励，或讨论学问，十分投机。苏东坡由黄州调往汝州时，还特意到金陵看望王安石，受到了热情接待。二人还结伴同游，促膝谈心。临别时，王安石嘱咐苏东坡，将来告退时，要来金陵买一处田宅，好与他永做睦邻。苏东坡也满怀深情地感慨道：“劝我试求三亩田，从公已觉十年迟。”二人一扫嫌隙，成了知心好友。

相传唐朝宰相陆贽，有职有权时曾偏听偏信，认为太常博士李吉甫结党营私，便把他贬到明州做长史。不久，陆贽被罢相，被贬到了明州附近的忠州当别驾。后任宰相明知李、陆的这点私怨，便玩弄权术，特意提拔李吉甫为忠州刺史，让他去当陆贽的顶头上司，意在通过李吉甫之手把陆贽除掉。不想李吉甫不记旧怨，上任伊始，便特意与陆贽饮酒结欢，使那位宰相的如意算盘成了泡影。对此，陆贽自然深受感动，他便积极出想法，协助李吉甫把忠州治理得一天比一天好。李吉甫不搞报复，宽待别人，也帮助了自己。

最难得的是将心比心，谁没有过错呢？当我们有对不起别人的地方时，是多么渴望得到对方的谅解，多么希望对方把这段不愉快的往事忘记！我们为什么不能用如此宽厚的心胸开脱他人呢？人要有点“不念旧恶”的精神，况且在许多情况下，人们以为“恶”的，又未必就真的是“恶”。退一步说，即使是“恶”，只要对方心存歉意，诚惶诚恐，你不念恶，礼义相待，进而对他格外地亲近，也会使为“恶”者感念你的诚，从而改“恶”从善。

2.学会放下，约束得失之心

人生实际上是一个不断选择的过程，而不同的选择会使人生轨迹发生不同的变化。

生活在这个五彩缤纷、充满诱惑的世界上，我们渴求的东西实在太多太多，但历史和现实生活告诉我们：必须学会选择，学会放弃！

人生是复杂的，但有时又很简单，甚至简单到只有取得和放弃。但取得往往容易心地坦然，而放弃则需要巨大的勇气。

生活有时候会逼迫你不得不改换爱好，不得不放弃理想。人生其实就是一个选择的过程，选对了，就是成功的帆；选错了，势必南辕北辙。所以，当你遇到追求的目标不可能实现时，果断地放弃才是明智的选择。

一对师徒走在路上，徒弟发现前方有一块大石头，就皱着眉头停在石头前面。

师父问他：“为什么不走了？”

徒弟苦着脸说：“这块石头挡着我的路，我走不过去，怎么办？”

师父说：“路这么宽，你怎么不会绕过去呢？”

徒弟回答道："不，我不想绕，我就想从这块石头上迈过去！"

师父说："可能做到吗？"

徒弟说："我知道很难，但我就要迈过去，我就要打倒这块大石头，我要战胜它！"

经过艰难地尝试，徒弟一次又一次地失败了。

最后徒弟很痛苦地说："连这块石头我都不能战胜，我还怎么实现伟大的理想？"

师父说："你太执着了。对于做不到的事，不要盲目地坚持到底。你要知道，有时坚持不如放弃。"

过分执着，就变成了固执。时刻留意自己执着的意念，是否与成功的法则相抵触。追求成功，并不意味着你必须全盘放弃自己的执着，以此来迁就成功法则。你只需在意念上做合理的修正，使之符合成功者的经验及建议，即可轻松地走上成功之道。

一个人理智地放弃自己无法实现的梦想，放弃盲目的追求，是人生目标的重新确立，也是自我调整、自我保护的最佳方案。学会放弃，给自己另辟一条新路，往往会柳暗花明。

他是个农民，但他从小的理想是当作家。为此，他一如既往地努力着。10年来，他坚持每天写作500字。每写完一篇，他都会改了又改，精心地加工润色，然后再充满希望地将文章寄往各地的报社、杂志社。但遗憾的是，尽管他很用功，可他从来没有一篇文章得以发表，甚至连一封退稿信都没有收到过。

29岁那年，他总算收到了第一封退稿信。那是一位他多年来一直坚持投稿的刊物的编辑寄来的。信里写道："看得出你是一位很努力的青年，但我不得不遗憾地告诉你，你的知识面过于狭窄，生活经历也显得过于苍白。但我从你多年的来稿中发现，你的钢笔字越来越出色了。"

就是这封退稿信，点醒了他。他意识到，自己不应该在某些没有希望的事上坚持到底。他毅然放弃写作，转而练起了钢笔书法，果然长进很快。现在，他已经是有名的硬笔书法家了。

就这样，他让理想转了一个弯，继而柳暗花明，走向了成功。成功之后的他曾向记者感叹道："一个人要想成功，理想、勇气、毅力固然重要，但更重要的是，人生路上要懂得舍弃，更要懂得转弯。"

如果你拿出相当多的精力长期从事一种事业，但仍旧看不到一点进步，一点成功的希望，那就不必浪费时间了，不要再无谓地消耗自己的力量，而应该去寻找另一片沃土。目标是一种方向，需要恰当地选择。假如你的一个目标发生了问题，应当马上更换一个目标，这样才能挖掘你自己的潜力。

放弃，并不是让你放弃既定的生活目标、放弃对事业的努力和追求，而是放弃那些力所不能及、不现实的生活目标。其实，任何获得都需要付出代价，付出就是一种放弃。人在生活中需要不断做出选择，选择其实也是一种放弃。

放弃不是退缩和隐藏，而是教你如何在衡量自己的处境后有的放矢，聪明睿智地做出正确的选择。

当一个人过于执拗于某一方面，如金钱、名誉、地位或某项工作时，往往会表现出只专注于此，而不考虑其他的情况。无论是生活的哪个方面，总战术是"鱼与熊掌兼得"，什么都想要的人其实经常顾此失彼，甚至什么也得不到。现实社会中，诱惑实在太多，在诱惑面前我们只有着眼于大局，放弃不合理的欲望，放弃非分之想，才是明智的行为。

两千多年前，鲁国大臣公仪休是一个嗜鱼如命的人。他被提任宰相以后，鲁国各地有许多人争着给公仪休送鱼。可是，公仪休却连鱼的正眼也不看，并命令管事人员不可接受。

他的弟弟看到那么多从四面八方精选来的活鱼被退了回去，很是可惜，就问公仪休："哥哥你最喜欢吃鱼，现在却一条也不接受，这是为什么？"

第三章

心态要靠谱,管好你的羡慕嫉妒恨

公仪休很严肃地对弟弟说:“正因为我爱吃鱼,所以才不接受这些人送的鱼。你以为那帮人是喜欢我、爱护我吗?不是。他们喜欢的是宰相手中的权力,希望这个权力能偏袒他们、压制别人,为他们办事。吃了人家的鱼,就要给送鱼的人办事,执法必然有不公正的地方。不公正的事做多了,天长日久哪能瞒得住人?宰相的官位就会被人撤掉。到那时,不管我多想吃鱼,他们也不会给我送来,而我也没有薪俸买鱼了。现在不接受他们的鱼,公公正正地办事,才能长远地吃鱼,靠人不如靠己呀!”

约束自己的得失之心,懂得为自己的所作所为负责,即使在无人知晓的情况下仍能自律的人,才能在人生道路上把握好自己的命运,不会为得失越轨翻车。

放弃,未必就是怯懦无能的表现,未必就是遇难畏惧、临阵脱逃的借口。有时候,放弃恰恰是睿智思索后的最佳选择。

人生在世,有许多东西是需要不断放下的。人的一生,也就是一个不断学习放下的过程。在仕途中,只有放下对权力的追逐,才能得到宁静与淡泊;在淘金的过程中,只有放下对金钱无止境的掠夺,才能得到安心和快乐;在春风得意、身边美女如云时,只有放下对美色的贪恋,才能得到家庭的温馨和美满……

在生活中,那些什么也不肯放下的人,往往会失去更珍贵的东西。

大学开学的第一天,教授给同学们上了别开生面的一课。他站在讲台上,平举着双手,没有说任何话。

所有的同学都对教授的这一举动感到好奇。这时,教授说话了:“同学们,你们看我的手里有什么东西吗?”

“没有。”同学们一起回答。

教授又问:“我手上现在承受着多大的重量呢?”

“0克。”同学们异口同声地答道。

教授顿了顿，又问："如果我的手一直以这样的姿势，10分钟后会发生什么事情呢？"

"什么事情都不会发生。"同学们回答。

"如果我的手这样托一个小时，会发生什么事情呢？"

"你的手臂会疼。"有一个学生回答。

"你说得对。"教授点了点头，"那如果一直这样托一整天呢？"

"你的手臂会变得麻木，肌肉会严重拉伤和麻痹，最后肯定得去医院。"有同学在底下说道。

"是的，也许这样一整天后，我真的就得去医院了。但是，在这期间我手上的重量变了吗？"教授问道。

"没有。"同学们一起回答。

"那么，在我的手臂开始疼痛之前，我应该做些什么呢？"教授问道。

同学们有些疑惑不解。这时，有个同学说："把手放下！"

"说得很对！"教授一边将双手放了下来，一边说，"在生活中，我们可能会遇到各种各样的问题，就像我刚才平举双手那样，时间长了，就会导致双臂麻木，肌肉拉伤，因此我们要学习放下。在生活中，之所以有很多人不开心、不快乐，就是因为他们没有学会放下。其实，人生就是一个学习放下的过程，放下对权力的执着，我们才能收获宁静和淡泊；放下对金钱的贪恋，我们才能收获安心和快乐；放下对他人的怨恨，我们才不会一直生活在痛苦之中……只有学会放下，我们的心灵才会充满阳光和温暖，才能获得快乐的生活。"

教授停顿了一会儿，又接着说："同学们，这堂课是你们大学生活的第一课，我希望你们能记住我今天所说的话。人生就是一个不断学习放下的过程，当你们遇到烦恼、不开心、不快乐的时候，要学会放下，只有这样，你们的生活才会充满阳光。"

就像案例中的教授说的，我们只有学会放下，才能让自己生活得更加幸福、快乐。可是现在的人，生活富裕了，烦恼却越来越多；收入增加了，快乐却越来越少。快乐与否只是一种感觉，烦恼的多少，主要取决于心态。一个人能否生活得快乐、幸福，关键看他是否学会了放下。

有这样一个故事：

两个和尚外出化缘，路过一条河时，看到一个女子在盯着河水发愁，他们过去一问才知道，原来那个女子要过河，可是河流湍急，她担心自己过不去。

这时，年长的和尚告诉她："这样吧，女施主，我来背你过河。"女子同意了，于是年长的和尚背着女子过了河。过河后，女子对他们说了很多感激的话，然后离开了。

之后，两个和尚继续赶路。年轻的和尚说话了："你太不像话了，佛门弟子，不应该亲近女色，而你却背着一个女子过河，这实在有违门规，等回去以后我得告诉住持这件事情。"年长的和尚听到这话以后大吃一惊，说："你说什么呢？我早就把她放下了，你怎么还没放下？"

从这个故事中我们可以看出，放下是一种心态的选择。在人生旅途中，如果我们总是将成败得失、功名利禄、恩恩怨怨、是是非非牢记在心，让那些伤心事、烦恼事、无聊事困扰着我们，那就相当于背上了沉重的包袱、无形的枷锁，生活必然会很辛苦。此时，我们要做的，就是学会放下，放下功名利禄、成败得失，这样才能轻装上阵，才能在以后的生活中不为外物所累。

佛经上说："如何向上，唯有放下。"只有学会了放下，我们才能从容地面对生活的诸多变故，心情才能云淡风轻。学会了放下，即使生活总是跌宕起伏，我们的内心也依然会波澜不惊。

3.不求完美,做个适度的妥协者

在人生中,无论是对待工作、事业,还是对待自己、他人,我们不妨做一个适度的妥协主义者,而不要做一个完美主义者。因为完美主义者最后有可能什么事情也做不成,而妥协者却多多少少会有些进展。

每个人身上或多或少都有些缺点:勇敢的人往往缺少智慧,聪明的人往往缺少勇气,豪爽的人往往心思过疏,谨慎的人往往怀疑过头,等等。一种阳光性格的另一面必然是阴影,所以,我们应做一个适度的妥协主义者。

在我们的周围,有这样一些人,他们的智力很高,才智过人,工作能力也很不错,而且又非常勤奋,一工作起来常常什么都可能忘记。但他们就是出不了什么成果,而各方面比他们都差一些的人却成果显著。一般来讲,这种人就是"完美主义者"。

有些人可能要问,"完美主义"不好吗?回答是"不好"。如前所说,这些人之所以不能取得成绩,不能获得人生的成功,不是他们缺少能力,而是他们在做任何事情之前,都不能克服自己追求完美的痴情与冲动。他们想把事情做得尽善尽美,这当然是可取的,但他们在做一件事情之前,总是想使客观条件和自己的能力都达到尽善尽美的程度,然后才会去做。因此他们的人生始终处于等待的状态。于是,他们就在等待完美中度过了自己不够完美的人生。

一天,马明想写一篇某一方面的论文,但他在尝试了几十种方案之后,才动手写那篇论文。这么做当然是好的,因为他能在比较之中找到最佳方案。但是,在开始写的时候,他又发现他所选择的方案依然不够完美,有些地方多多少少还存在着一些错误和缺点。于是,他又将此方案重新搁置起来,继续寻找他认为的"绝对完美"的新方案。最终,那篇论文没能完成。

世上没有一样东西是“绝对完美”的。过分追求完美的人总是不愿出现任何失误,担心因此会损害自己的名誉。所以,他的一生都在寻找的烦恼中度过,结果什么事情也没能做成。

如果你不相信这一点,你可以从你的人生档案中找出自己拖延着没有做的事情、没有完成的项目或者课题。这样的事情你可能也会找出一大堆,比如,搬了新家窗帘还没有装,所以没有请朋友来家里玩。

归纳一下你会发现,你一直在等待所谓的条件完全具备,好让你将事情做得尽善尽美。可你会发现,同样的事情,有些人的方案或者条件还不如你的成熟,但他们的成果已经问世,或者已经赚了一大笔钱,而你还在等待中。

这就可以解释,为什么会有那么多表面看起来相当精明能干的人,在人生的道路上却坎坷颇多,进退维谷,到头来却一事无成。

4.欲望越少,生活越幸福

托尔斯泰说:“欲望越少,人生就越幸福。”一个人如果欲望太多,就会变得越贪婪,而一个永不知足的人是无法感受到幸福的。

人,饥而欲食,渴而欲饮,寒而欲衣,劳而欲息。可见,幸福与人的基本生存需要是不可分离的。人们在现实中感受到的幸福,通常表现为自身需要的满足状态。人的生存和发展的需要得到了满足,便会产生内在幸福感。幸福感是一种心满意足的状态,植根于人的需求对象的土壤里。

然而,很多人希望自己拥有的能再多一些,从来没有满足的时候。

民间流传着一首《十不足诗》:终日奔忙只为饥,才得饱食又思衣,冬穿绫罗夏穿纱，堂前缺少美貌妻，娶下三妻并四妾，又怕无官受人欺，四品三品嫌官小，又想面南做皇帝，一朝登了金銮殿，却慕神仙下象棋，洞宾与他把棋下，又问哪有上天梯，若非此人大限到，上到九天还嫌低。

这首诗将那些贪心不足者的恶性发展描写得淋漓尽致。物欲太盛造成的灵魂变态就是永不知足，没有家产想家产，有了家产想当官，当了小官想大官，当了大官想成仙。从而导致精神永无宁静，永无快乐。

在陕西南部山区有一位还未脱贫的农民。他常年住在漆黑的窑洞里，顿顿吃的是玉米、土豆，家里最值钱的东西就是一个盛面的柜子。可他整天无忧无虑，早上唱着山歌去干活，太阳落山后又唱着山歌回家。别人都不明白，他整天在乐什么。

农民说："我渴了有水喝，饿了有饭吃，夏天住在窑洞里不用电扇，冬天热乎乎的炕头胜过暖气，日子过得美极了！"

这位农民物质上并不富裕，但他却由衷地感到幸福。这是他没有太多的欲望，从不为自己欠缺的东西而苦恼的缘故。

与这个农民相反的是一个卖服装的商人。这个商人有很多钱，但他却终日愁眉不展，睡不好觉。细心的妻子将丈夫的郁闷看在眼里，急在心上。她不忍丈夫这样被烦恼折磨，就建议他去看心理医生，于是他前往医院去看心理医生。

医生见他双眼布满血丝，便问他："怎么了，是不是受失眠所苦？"服装商人说："是呀，真叫人痛苦不堪。"心理医生开导他说："别急，这不是什么大毛病！你回去后如果睡不着就数数绵羊吧！"服装商人道谢后离去了。

一个星期之后，服装商人又出现在心理医生的诊室里。他双眼又红又肿，精神更加颓丧了，心理医生复诊时非常吃惊地说："你是照我的话去做的吗？"服装商人委屈地回答道："当然是啊！还数到三万多头呢！"心理医生又问："数了这么多，难道还没有一点睡意？"

服装商人答："本来是困极了，但一想到三万多头绵羊有多少毛呀，不剪岂不可惜？”心理医生于是说：“那剪完不就可以睡了？”服装商人叹了口气说：“但头疼的问题又来了，这三万头羊的羊毛所制成的毛衣，现在要去哪儿找买主呀？一想到这，我就睡不着了！”

这位服装商人就是生活中高压人群的真实写照。他们被种种欲望驱赶着跑来跑去，疲乏至极，每天睁开眼睛想到的是金钱，闭上眼睛又谋划着权力，日复一日，年复一年。这样的人怎么会享受得到幸福呢？

有些欲望是自然而必要的，有些欲望是非自然而不必要的，前者包括面包和水，后者指的就是权势欲和金钱欲，等等。人不可能抛弃名利，完全满足于平淡的生活，但对那些不必要的欲望，至少应当有所节制。

一个人的欲望越多，他所受到的限制就越大；而一个人的欲望越少，他就会越自由、越幸福。

5.感恩是快乐工作、幸福生活之源

感恩，是一个人对自己与他人和社会关系的正确认识。感恩不仅是一种情感，更是一种人生境界的体现。我们离不开群体，只有学会感恩，感恩社会、感恩生活、感恩父母、感恩老师、感恩他人，甚至感恩给自己带来挫折与失败的对手、敌人，这样我们才会更加热爱生命，关爱他人，从而赢得平和与快乐。

我们都知道“羊羔跪乳”“乌鸦反哺”“藏獒护主”的故事，动物们尚且懂得感恩，更何况是身为万物之灵的人类呢！我们要感谢父母的恩惠，感谢师长的恩惠，感谢每个人对我们的恩惠，感谢国家的恩惠。没有父母的养育，没有师长的教诲，没有他人的帮助，没有国家的爱护，我们怎么能生存呢？因此，感恩不仅是一个人必须具备的优秀品格,更是做人的基本原则。有一颗感恩的心,会使你一生幸福。当我们深入地体会到自己没有任何权利要求别人时,就会对周围的一切关怀或任何工作机会抱持强烈的感恩之心。为了回报这个美好的世界,我们要努力做好本职工作,尽力与周围人和谐相处。因为这样做,你不仅会工作得更加愉快,还会因此而获得一份好心情。

对工作要心怀感恩之心,因为工作为你展示了广阔的发展空间,为你提供了施展才华的舞台。对于工作给你带来的一切美好,你都要心存感激,并且力图通过努力工作来表达自己的感恩之心,只有这样生活才会更美好。

做人要有感恩之心,并且这份感恩之心必须是自觉的、绝对的、纯粹的。真正的感恩应该发自内心,而不是虚情假意,更不是溜须拍马。一些人从内心深处感激自己的上司,但又怕说不好,于是将感激之情隐藏于心,甚至刻意躲避,以表明自己的清白。这种做法既幼稚又可笑。如果我们能从内心深处体会到,正是上司的谆谆教诲才使我们有所进步,我们又怎么会担心那些呢?

史蒂文斯是一名在软件公司干了8年的程序员,正当他工作得得心应手时,公司却忽然倒闭了,史蒂文斯不得不重新找工作。此时正赶上微软公司招聘程序员,他便信心十足地去应聘了。凭着过硬的专业知识,史蒂文斯轻松地通过了笔试,对两天后的面试,史蒂文斯也充满信心。然而,面试时考官的问题却是关于软件未来发展方向方面的,这点他从没有考虑过,因此他被淘汰了。史蒂文斯觉得微软公司对软件产业的理解令人耳目一新,深受启发,于是给公司写了一封感谢信。"贵公司花费人力、物力,为我提供笔试、面试机会,虽然落聘,但通过应聘使我大长见识,获益匪浅。感谢你们为之付出的劳动,谢谢!"这封信后来被送到总裁比尔·盖茨手中。3个月后,微软公司出现职位空缺,史蒂文斯收到了录用通知书。十几年后,史蒂文斯凭着出色业绩,成了微软公司的副总裁。

或许你会说自己的工作平淡乏味,或许你认为自己的工作琐碎繁重,又或许……其实只要你愿意怀着感恩的心，快乐地投入工作，那么你的天空将不再是阴霾，你会知道平凡与精彩、烦恼与快乐、腐朽与神奇原来是如此容易转换，你会发现启迪你力量和智慧、给予你灵感和快乐的东西，原来离你很近，而且几乎唾手可得。

对个人而言，感恩更是一种心理素质，只有心理素质高的人才会有深刻的心理感受。心怀感恩能够增强个人魅力，发挥个人潜能。感恩也像其他优秀的品格一样，是一种习惯和态度。时常怀有感恩之心，你会变得更谦和、可敬和高尚。不妨每天花几分钟时间，为自己能有的幸福而感恩，为自己能遇到一位好上司或好同事而心怀感恩。

感恩，是快乐工作之源，只有心怀感恩，我们才会更加忠诚敬业。就像余秋雨所说的："工作的追求，情感的冲撞，进取的热情，可以隐匿却不可以贫乏，可以超然而不可以清淡。"勤奋工作是员工忠于职守的重要表现，在工作中尽心尽力、积极进取，始终保持一种尽善尽美的工作态度，满怀希望和热情地朝着自己的目标而努力，就能够获得丰富的经验，提升个人的能力，同时离成功更近一步。

心怀感恩，快乐工作，就是学会发掘自己蕴藏着的内在活力、热情和巨大的创造力，就是学会享受每一天的幸福。常怀感恩之心，感谢生活赐予我们美丽的环境，使我们迟钝的感觉变得无比轻盈和敏感：我们听到"沙沙"的声音是风过竹丛的声音，"梭梭"的声音是风拂过书面的声响，"噼啪"的声响是风吹折老树枝的声音，"扑棱"的声响是受惊的鸟儿扇动翅膀，向着天际飞去的声音。

生活赐予我们的财富又何止这些。它给予我们母亲温暖的怀抱，父亲宽阔的肩膀，在孤独、无助时可以依靠的港湾，心中的风雨来了，这些都将是心灵毫无遮拦的荫蔽。孔子曰："与善人居，如入芝兰之室，久而不闻其香，即与之化矣。"生活给予了我们许许多多，也将我们无声的祈祷化为有声的语言，转达给需要我们帮助的人。

感恩不纯粹是一种心理安慰，也不是对现实的逃避，更不是阿Q的精神胜利法；它是一种歌唱生活的方式，它来自对生活的爱与希望。在水中放进一块小小的明矾,就能沉淀所有的渣滓。假如在我们的心中培植感恩,就可以沉淀很多的浮躁与不安,消融许多的不满与不幸。唯有心怀感恩,我们才能快乐工作、幸福生活。

6.好心态是成功的保证

一个人的成功在很大程度上取决于他的心态，假如他能够正确对待自己,正确对待周围的人和事物,那他将会活得坦然,不会陷在痛苦的深渊之中而无法自拔。心态是控制心灵平衡的砝码,需要我们适时地调整。一个人只有学会调整自己的心态,彻底丢弃那些消极的心态,才能让自己与成功相约。

好心态是成功的保证。凡是成功人士所走过的道路,无不印证着这样一个真理。

什么是好心态呢?好心态是一个人在对待自己、对待他人、对待自己所遇到的事情时所持的积极态度。同样的人和事,不同的人会有不同的心态,继而采取的行动也不一样。消极的心态只能让人看到问题,而积极乐观的心态则能让人在忧患中看到机会。成功者的首要标志就在于他的心态。一个人如果能积极乐观地面对人生、面对挑战和应付麻烦事,那他就成功了一半。坚持怀着积极的心态做事,你的异想天开也可能变成事实,否则就将一事无成。

弗洛姆是一位著名的心理学家。一天,学生们向他提出了一个问题:心态对一个人会产生什么样的影响?

弗洛姆没有正面作答,而是微微一笑,把学生们带到了一个黑暗的屋子里。在这个伸手不见五指的房间里,他引导学生一个接着一个地从一根并不宽敞的木桥上穿过。等学生们全部通过以后，弗洛姆打开了房间的一盏灯，在昏暗如烛的灯光下，学生们一个个吓得目瞪口呆，惊出了一身冷汗。原来，这间房子的地面是一个很深很大的池子，池子里有一条大蟒蛇和几条毒蛇，正高昂着头，“滋滋”地向他们吐着信子。而他们刚才走过的桥，正好架在这个池子的正上方。

弗洛姆看着这些学生们，问道：“现在还有谁愿意再次走过这个桥吗？”学生们面面相觑，都保持沉默。过了一会儿，终于有三个学生犹犹豫豫地站了出来。其中有一个胆子较大的学生小心翼翼地移动着双脚，虽然走过了这座桥，可其速度远比他第一次慢了许多；第二个学生战战兢兢地踩在木桥上，好不容易走完了一半，却再也不敢往前；第三个学生则弯腰趴下，缓慢地从木桥上爬着前行。

随后，弗洛姆又打开了房内的另外几盏灯，强烈的灯光一下子把房间照得宛如白昼。学生们这才发现木桥下面其实有一道安全网，网离蛇还有相当远的距离，而且网线也很牢固。这道网一直存在，只是因为先前光线暗淡，他们没有发现罢了。

弗洛姆紧接着问：“你们当中还有谁愿意通过这个桥吗？”学生们齐声答道：“愿意。”然后，大家轻松地排队走过了这座桥。

最后，弗洛姆笑着说道：“我可以回答你们的问题了。这桥本来不难走，可是桥下的毒蛇对你们造成了心理威慑，从而使你们失去了平静的心态，乱了方寸，慌了手脚，表现出各种程度的胆怯；而一旦心态恢复了平静，你们就又可以轻松地走过。这就说明了良好心态对成功的作用。”

其实，人生何尝不是如此。在生活中，很多人每做一件事，总喜欢把问题的方方面面想得很周全，甚至故意复杂化，担心这担心那，眼中只有困难，以致心理负担过重，做事时放不开手脚，关键时刻犹豫不决，从而失去了许多机会，导致最后一事无成。倒是那些勇往直前、敢闯敢试，把困难、险恶、羁绊甩在一边的人能保持良好的心态，专心地走好自己脚下的每一步路，最后成就了一番非凡的事业。

塞尔陪伴丈夫驻扎在一个处在沙漠之中的陆军基地里。她的丈夫奉命到沙漠里去演习,把她一个人留在陆军的小铁皮房子里。当时天气非常热,即使是在仙人掌的阴影下也有52摄氏度。塞尔没有人可以谈天,便写信给自己的父母,说要丢开一切回家。

父亲的回信只有两行字,但这两行字却永远地留在塞尔心中,并完全改变了她的生活:“两个人从牢中的铁窗望出去,一个看到了泥土,一个看到了星星。”

塞尔一次又一次地阅读着这封信,她觉得很惭愧,决定一定要从沙漠中找到星星。

塞尔开始与当地人交朋友,他们的反应使她极为惊讶:当塞尔对他们的纺织品和陶器感兴趣时,他们就把最不舍得卖给观光客人的纺织品和陶器送给了她。塞尔开始研究那些使人入迷的仙人掌和各种沙漠植物,又学习有关土拨鼠的常识。她观看沙漠日落,找海螺壳,这些海螺壳是在几万年前这里还是海洋时留下的……

渐渐地,原来难以忍受的环境使塞尔重新兴奋起来,她开始留恋这里的奇景。

是什么使塞尔的内心有了如此大的转变呢?沙漠没有改变,改变的是她的念头、她的心态。她从自己建造的牢房中看出去,终于看到了星星,写了一本名为《快乐的城堡》的书。

消极的心态是成功的最大敌人。要改变失败的命运,就一定要改变消极的心态。因为心态决定一个人的成败。

还有一个这样的故事:

两个欧洲推销员一同到非洲去推销皮鞋,由于非洲气候炎热,干旱少雨,人们一向都打赤脚。第一个推销员看到非洲人都打赤脚,立刻失望起来:“这些人都打赤脚。谁还买我的鞋?”失去信心的他完全放弃了努力,沮丧而回;另一个推销员看到非洲人都打赤脚,却惊喜万分:“这些人都没有皮鞋穿,这里皮鞋的市场大得很呐。”于是他信心百倍,想方设法地让非洲人购买皮鞋、穿皮鞋,广泛宣传穿皮鞋的好处等,最后成功地成了一位富翁。

这就是心态不同导致的天壤之别,同样是非洲这个地点,同样是非洲这个市场,同样面对打赤脚的非洲人,一个灰心失望,不战而退;另一个信心十足,大获全胜。可见,心态决定着人生的命运。若是你驾驭命运,你就会成功;若是命运驾驭你,你就永远只能是失败。

美国亿万富翁、工业家安德鲁·卡内基说过:“一个对自己的内心有完全支配能力的人,对他自己有权获得的其他任何东西也有支配能力。”不言而喻,一个有了积极心态的人,首先会认定自己是一个成功者。成功者为了成功所付出的行动都是积极的,向着成功目标一步一步靠拢,最后必然能达到成功的顶峰。

只要有好心态,就不怕不会成功。好心态可以帮你排除万难,是你取得成功的保证。

第四章

价值观要靠谱，失去道德标准，你将失去一切

当你面临选择的关头时，使你做出决定和行动的永远是你的价值观。你的价值观就是你人生的指南针，就是引导你前进的探照灯。

1.真正大成的人，道德与智慧并存

一个人的智商再高，如果失去了做人的道德标准，他将失去一切。

人的一生需要源源不断的支持才能成功。如果把人生大成比喻成要爬越一面两人高、光滑无比、没有什么东西可以支撑的墙面时，若想获得大成就需要你的亲人、朋友以及其他人的支持，需要下面有人推你、助你，上面有人拉你、提携你。只有这样，你才能跨越人生之墙，实现成功。

第四章

价值观要靠谱，失去道德标准，你将失去一切

可是我们中的很多人常常是让自己的助力变成了阻力。如果你有很高的德商的话，那身边的所有人都会是你的助力；可是当你失去德商的话，你的助力就将成为你的阻力。

据史书记载，商纣王天生神力、异于常人，能够托梁换柱，倒拽九牛，徒手与兽搏斗。此外，他还天赋聪颖，才思敏捷，能言善辩。可见，我们印象中的暴君商纣王，绝非传统意义上的低智商的昏君。

以商纣王独有的天赋，本可治理好国家，成就惊天动地的伟业，与祖先商汤、盘庚、武丁等明主一并载入史册，扬名后世。但令人遗憾的是，他的聪明才智并未用到好的地方。具体表现在他的一系列“缺乏德行”的行为中：荒淫无度，宠信奸妃妲己，建造“酒池肉林”；凶残成性，创立炮烙、虿盆等多种残酷刑法；残害忠良，就连自己的叔父比干也要挖心而后快……

总之，商纣王的所作所为真是人性泯灭，罄竹难书，因而在周武王起兵伐商后，早已恨透商纣王的平民和奴隶们纷纷阵前倒戈。商纣王见大势已去，便自焚身亡，商王朝也随之覆灭。

“天时、地利、人和”这治天下的三大要素商纣王原本都拥有，但由于他“德行不够”，以致众叛亲离，国破家亡。德商是我们的立人之本，是我们成功道路上不可缺少的基石，只有拥有较高的德商，我们才能拥有自己的人脉，为成功的人生道路铺上坚实的基础。

欲成功，你需要高的德商；要提高自己的德商，你必须光明磊落、心地纯洁、公正无私、宽厚仁爱。只有这样，你才能真正拥有健康、成功和幸福。

没有高尚的道德，便没有高尚的品格，便没有高尚的事业，便没有高尚的命运。我国著名教育家陶行知先生说：“千学万学，要学会做人。”我国最著名的高等学府清华大学的校训是：自强不息，厚德载物。意思就是说，道德是人生的基础，以后人生发展的每一步，都跟我们的道德有着直接关系。

杨广是隋文帝杨坚的第二个儿子，年少好学，善诗文，著有文集55卷。开皇元年(公元585年)，年仅13岁的杨广被封为晋王，做了并州的总管，拱卫京城。随后，杨广亲率军队统一国家，组织修建畅通国脉的京杭大运河，亲自开拓、畅通丝绸之路，开创科举，修订法律。

不可否认，杨广真的是才华出众。但有才的杨广总不免恃才傲物、我行我素。由于缺少道德监控和自我约束，他后来做出了大逆不道的弑父篡位之举。成为皇帝后，他又过度沉迷于享乐之中，无心治国，走上了荒淫无道、自取灭亡的不归路。

唐太宗说过："以铜为镜，可以正衣冠；以史为镜，可以知兴亡；以人为镜，可以明得失。"所以，有才无德之人既让人感到可怕，又让人觉得可惜。德商非常低的人虽然不多，可一旦他们掌握了权力便会贻害无穷。

其实，一个人是否能成才成功，智力因素往往仅占20%，而另外起作用的80%是人格因素。良好的品德是人格的重要组成部分。如果忽略了品德培养和健康人格的构建，就容易出现一些智商很高，成就却很小的人，甚至有的智力优秀的人成了"歪才""邪才"。而真正大成的人，是道德与智慧并存的。

2.吃亏是一种隐形投资

有位哲人曾说过："人生的每一次付出，就像在空谷当中的喊话，你没有必要期望要谁听到，但那绵长悠远的回音，就是生活对你的最好回报。"

广场的长椅上坐着两位年轻的母亲，她们正在幸福地谈论着各自的孩子。一位母亲说："我那宝贝特别聪明，在哪儿都不吃亏，一旦我买了他不喜欢吃的零食，他总要带到幼儿园去，与其他的小朋友交换些他喜欢吃的零食，吃不完就藏在书包里，回家后还向我们炫耀。"

另一位母亲说："我家那宝宝也是，以前在幼儿园常被小朋友欺负，每天都哭着回家，但他吃过亏之后，每天都在他爸爸身上操练，现在在幼儿园，可只有他欺负别人的分儿。"

一位老太太在她们旁边的垃圾桶里"掏宝"，听到她俩的谈话后插话说："我那俩儿子小时候跟你们的小孩儿很相像。"两位妈妈一脸的惊愕，但听到老太太在讲儿子的话题，便饶有兴致地问："那现在你的儿子怎么样了，为何你落到要靠捡垃圾为生？"

老太太叹道："就是因为他们俩太聪明，小儿子不愿吃亏，打了人后坐牢去了。大儿子不愿吃亏，他家里有钱，可就是一个子儿也不给我。"

很多人说，吃什么都成，就是不能吃亏。在如今这个利益至上的时代，"我绝不能吃一点亏"成了大多数人坚信的理念。于情于理，于公于私，追求个人利益的最大化都无可厚非。但绞尽脑汁地多占便宜、避免吃亏，就一定能找到幸福走向成功吗？恐怕不一定吧！

能吃亏是一种做人的境界，会吃亏是一种处世的睿智。

在清末民初，北京城有个有名的绸缎店。可是，突如其来的一场大火把店里所有的东西烧掉了，其中还包括账目。于是店老板就贴出一张告示：因本店账目已烧毁，凡欠我钱的可以不还，我欠别人的只要有凭据照样兑现。这样一来，绸缎店明显吃了大亏，然而后来这个绸缎店却因这事而名声大震。许多人都慕名而来与他做生意，其中还包括一些外国人。很快，绸缎店就又恢复了生机，生意比失火前还要好。

老子说："福兮祸所伏，祸兮福所倚。"也就是说，事物的发展能产生两个极端的转化,世上的任何事情都是有失有得的。这个绸缎店失火后的举措如同做了一个活广告,它在经济上暂时吃了亏,但却赢得了人们的信任,结果东山再起。

真正有智慧的人,不在乎“装傻充愣”的表面性吃亏,而是看重实质性的“福利”!

刘项楚汉之争初期,刘邦兵疲马弱,屡战屡败,与项羽的正面交锋无一不是吃亏,但他总能在一次次吃亏后重振旗鼓,笼络民心,只图一击制敌。而楚霸王占尽上风,却被一次次的小便宜冲昏了头脑,越发骄狂,破城必屠,最终众叛亲离。果然,垓下一败,这位常胜将军无力回天,只得自刎了事。得天下的,竟是处处吃亏的刘邦。

吃亏是一种投资,刘邦深谙这个道理。一时的失败算得了什么?那只不过是为最后的胜利做的铺垫罢了。俗话说“放长线钓大鱼”。志向远大的人,断不会为蝇头小利争破头皮,也不会因为吃了些小亏而耿耿于怀。如果一个人从来不吃亏,只知道占便宜,到最后,他很可能成为一个吃大亏的人。

选择吃亏,虽然意味着“舍弃”与“牺牲”,但那毕竟只是一时的,并且也不失为一种胸怀,一种品质,一种风度。况且,“吃亏是福”,“亏”是我们走向未来成功的助力剂。

在人生的历程中,吃亏和受益是一种互为存在、互为结果的东西。一个人不能事事只想着受益,有些事情当时即使真的受益了,最终的结果仍有可能是吃亏。我们更不能时时怕吃亏,因为有些事情当时可能是吃亏了,但事后仍有可能出现一个受益的结果。无论哪个人,不会永远受益,也不会永远吃亏。只要我们留心一下历史上的人和身边的人就不难发现,凡是那些取得了巨大成就的人,无一不是胸怀宽广、能吃亏的人。敢于和勇于吃亏的人,才会赢得更多,才会获得一份平和、快乐的心境,以后的路也才会更顺畅。相反,再看看我们身边那些一生无所作为、无所建树的人,很多都是心胸狭窄、斤斤计较、不肯吃亏之辈。

吃亏者，能让人们觉得他有度量而加以敬重。这样，他的人际关系自然就比别人好。当他遇到困难时，别人也乐于向他伸出援救之手；当他做事业时，别人也肯对他给予支持，给予帮助。他的事业自然就容易获得成功。

毋庸置疑，能吃亏者，大都是心胸宽阔之人。而这些人之所以比别人更能为国建功立业，是因为“吃亏”就是一种投资。

3.诚实是成功的基石

如果你是个诚信的人，同事和上司就会了解你、相信你。不论在什么情况下，他们都知道你不会掩饰、不会推托，也不会为自己的行为辩解。他们了解你说的是实话。

那些取得巨大成功的人士都有许多共同的特点，其中之一就是——诚实。

美国知名的房地产经营家乔治以诚实守信著称，大家都亲切地称他为“房地产大王”。乔治常对人述说他早期的一则故事。

当时他在伊利诺伊州担任房地产业务员，有一栋房子由他经手出售。屋主曾经告诉他：“这栋房子的整个骨架都很好，只是屋顶太老，早就该翻修了。”

乔治第一天带去看房子的顾客是一对年轻夫妇。他们说准备买房子的钱有限，很怕超支，所以想找一幢不需大修的房子。年轻夫妻看了房子之后，就喜欢上了它，特别看好它的地理位置，想要马上搬进去住。这时，乔治对他们说：“这栋房子需要花7000美元重新整修屋顶！”

乔治知道,说出这栋房子屋顶的真相,这笔生意可能就做不成了。果然,这对夫妇一听到修屋顶要花这么多钱,就不肯买了。一个星期之后,乔治得知他们找了另外一家房地产交易所,花了较少的钱买了一栋类似的房子。

乔治的老板听说这笔生意被别人抢走了非常生气,就把乔治叫到了办公室。老板对乔治的解释很不满意,更不高兴他替那对夫妇的经济条件操心。

“他们并没有问你屋顶的情况!”他咆哮着说,“你没有责任说出屋顶要修,主动说这个情况是愚蠢的!你没有权利说,结果搞坏了事!”于是,乔治被解雇了。

假如乔治不能正确认识这件事的话,他当时会想:“我把实话告诉了那对夫妇,真是做了傻事,我为什么要为别人操心呢?我再也不要那样多嘴,把佣金搞掉了。我可真笨!”

但是,乔治希望自己做个诚实人,他受到的教育就是要他说实话。他的父亲总是对他说:“你同别人一握手,就算是签了合同,讲的话就得算数。如果你想长期做生意,就要讲公道。”乔治最关心的是他的信用,而不是钱。他当时虽然想要把那栋房子卖掉,但绝不肯因此而损及自己的人格。即使丢掉了工作,他也仍然坚持自己唯一的做事准则——把所有的真相统统说出来。

后来,乔治向一位他帮过忙的亲戚借了些钱,搬到了加利福尼亚州,在那里开了一家小小的房地产交易所。过了几年,他以做生意公道和说老实话出了名。其实这么做使他丢了不少笔生意,但人们都知道他靠得住。最后,乔治终于赢得了好名声,生意也越做越大,在全国各地都设置了营业处。

一个人之所以能够拥有很好的人脉,是因为他的人格魅力征服了身边的朋友,人们愿意与这样的人成为朋友。你我都希望能结交诚实、守信、道德高尚的朋友,而不喜欢与小人做朋友。有些人即使与我们偶尔相识,只有一面之交,也能引起我们的注意,使我们喜悦,使我们愿意善待他们,原因只有一个,他拥有良好的道德品质——诚实。

第四章

价值观要靠谱，失去道德标准，你将失去一切

台湾前首富王永庆先生9岁丧父，16岁的时候在台湾南部嘉义县开了人生第一家米店。王永庆的小店开张后没有多少生意，原因是隔壁的日本米店具有竞争优势，而城里的其他米店又拴住了别的顾客。

于是王永庆决定通过降价销售吸引顾客。可当他把每斗米价调到比别人便宜一两元时，他的小店还是生意冷清。只有一个人在他那里买米，这个人是他父亲以前的朋友。他对王永庆说："我之所以买你的米，不是因为你的价钱比别人便宜，而是我相信你父亲的为人。"

此时，王永庆的米店遇到了极大的困难。可就在这时，他意识到店里唯一的顾客是靠死去的父亲吸引来的，这让他想通了一个问题，那就是：顾客买东西更在乎店主的为人，而不是价格。当时的大米加工技术比较落后，出售的大米掺杂着米糠、沙粒和小石头，但买卖双方都对此见怪不怪。于是王永庆决定把店里卖的所有米中的米糠、沙粒和小石头挑得干干净净，每天都要挑到凌晨一两点钟。但这一举动在当地引起了不小的轰动，一来二往，他的米店就成了当地生意最红火的米店。

一个人在事业发展中，如果能够像王永庆一样，做人诚实，就等于为自己的事业打好了坚实的基础。在社会生活中，人际关系常常表现为一种感情上的联系和心理上的相互吸引。无论是谁，在社会交往中越诚实，建立起来的人际关系就越好，他的朋友就越多，就越能使自己得到温暖、勇气，增加自己的智慧和力量。

4.信用是个人的品牌

明末思想家顾炎武曾以诗“生来一诺比黄金,那肯风尘负此心”,来表达自己坚守信用的态度。言必信,行必果。不但是对人的尊重,更是对自己的尊重。

“君子一言,驷马难追”,讲的是做人要有信用。一个不讲信用的人,是为人所不齿的。在生意场上,企业做广告、做宣传,树立企业在公众中的形象,就是想提高企业的信用度。信用度高了,人们才会相信你,你办事才会容易成功。

“人无信不立。”信用是个人的品牌,是办事的无形资本。有形资本失去了还可以重新获得,而无形资本一旦失去就很难再重新获得。因此,再困难也不能透支无形资本。

诸葛亮有一次与司马懿交锋。双方僵持数天,司马懿就是死守阵地,不肯向蜀军发动进攻。诸葛亮为安全起见,派大将姜维、马岱把守险要关口,以防魏军突袭。

这天,长史杨仪到帐中禀报诸葛亮:“丞相上次规定士兵100天一换班,今已到期,不知是否……”诸葛亮说:“当然,依规定行事,交班。”众士兵听到消息立即收拾行李,准备离开军营。忽然探子来报,说魏军已杀到城下,蜀兵一时慌乱起来。

杨仪说:“魏军来势凶猛,丞相是否把要换班的4万军兵留下,以退敌急用。”诸葛亮摆手说:“不可。我们行军打仗,以信为本,让那些换班的士兵离开营房吧。”众士兵闻言感动不已,纷纷大喊:“丞相如此爱护我们,我们无以报答丞相,决不离开丞相一步。”蜀兵人人振奋,群情激昂,奋勇杀敌,魏军一路溃散，败下阵来。

诸葛亮向来恪守原则，换班的日期来到，即毫不犹豫地交班，就是司马懿来攻城也不违反原则。他的以信为本，诚信待人，终于使他完成了杰作。

当朋友托我们给他办事时，我们能提供帮助是在情理之中。但是，办事要量力而行，不要做“言过其实”的许诺。因为诺言能否兑现除了个人努力之外，还受客观条件的影响。平时可以办到的事，由于客观条件变了，导致办不到，这是常有的事。因此，我们在朋友面前不要轻率地许诺，更不能明知办不到还打肿脸充胖子，在朋友面前逞能，许下“寡信”的“轻诺”。

当你无法兑现诺言，不仅得不到这位朋友的信任，还会失去更多的朋友。

有一个年轻人在银行工作。他过去的老师想开一家公司，但缺少资金，便问他能不能帮忙贷款。他想：这是老师第一次找自己帮忙，怎么能拒绝呢？当即一口答应。可他毕竟刚参加工作不久，还没有多少资历，老师的贷款请求又不完全合乎规章，所以，当老师租好门面，请好员工，等着资金开业时，他却拿不出钱来，搞得老师很被动。老师大怒，责备他说：“你这不是捉弄我吗？你即使不想帮我，也不该害我！”这位年轻人无话可说，只好苦笑。

有些人是不好意思拒绝别人而向他人承诺，而有些人则喜欢胡乱吹嘘自己的能力，随随便便向别人夸下海口，承诺自己根本办不到的事情。结果不但事情没有办成，自己的人缘也没有了。

某厂职工小方经常向同事炫耀自己在市房管所有熟人，能办房产证，而且花钱少、办事快。开始人们还信以为真，有些急于办理房产证的同事便交钱相托，但时过多日，不见回音，问到小方，他说：“近来人家事儿太多，再等等。”拖得时间长了，同事们对他的办事能力产生怀疑，便向他要钱，他又找理由说：“谋事在人，成事在天。懂不懂？你的事儿虽然没办成，可我该跑的跑了，该请的请了,你不能让我为你掏腰包吧?”言下之意,钱没了。

从此以后,小方的话再也没人信了,以至于人们在闲暇聊天时,只要小方往人群里一站,大伙好像有了默契似的,瞬间缄默不语,继而纷纷散去。

做人不能言而无信,既然许下诺言,无论上刀山下火海都不能反悔。因此,不要轻易向人承诺,更不要轻易向人许诺你可能办不到的事。这是不失信于人的最好方法。

要获得守信的形象并不容易。最要紧的一条就是别答应你无法兑现的事。这不仅是一个主观上愿不愿意守信的问题,也是一个有无能力兑现诺言的问题。一个人经常答应自己无力完成的事,当然会使别人一次又一次失望了。

5.认真对待你身边的每一件小事

做事半途而废,敷衍塞责,往往预示着你将会因此陷入无尽的痛楚中。有时,对一些小事疏忽大意,不加重视,也可能致使自己失去大好的发展机遇。

五年前,A君在一家营销策划公司工作。当时一位朋友找到A君,说他们公司想做一个小规模的市场调查。朋友说,这个市场调查很简单,他自己再找两个人就完全能做,但希望A君出面把业务接下来,他去运作,最后的市场调查报告由A君把关。当然,他会给A君一笔费用。

这确是一笔很小的业务,没什么大问题。市调报告出来后,A君很明显地看出其中的水分,但他只是做了些文字加工和改动,就把它交了上去。

去年的某一天,几位朋友拉A君组成了一个项目小组,一块为北京新开业的一家大型商城的整体营销方案。不料，对方的业务主管明确表态对A君的印象不好，原来此位先生正是当年那项市调项目的委托人。

因果循环，A君目瞪口呆，却也无从解释。

这件事给A君以极大的刺激，现在返回头来看，当时他得到的那点钱根本就不值一提，但为了那点钱，他竟给自己造成如此之大的负面影响！

许多时候，我们会不经意地处理、打发掉一些自认为不重要的事情或人物，但这种不负责、不敬业或者是不道德的行为会造成一些很不好的影响，并在你以后的人生道路上，不一定在什么时候，就突然显现出来，令你对当年的行为追悔不已。

美国总统竞选就是一个很好的例子。每个候选人参选前必须把自己的经历全部在天平上过一遍，任何一点污点都会让竞选者为之付出代价，尽管那可能只是早被他忘掉的数十年前的小事。一个人的名誉、能力要想得到社会公众长久地认同，必须持续地在每一件事上都为自己负责。

在你的工作事业中，没有可以随意打发糊弄的小人物、小事情，种下什么种子，将来必定收获什么样的果子，这就是老百姓常说的因果循环。

大事都是由一件件小事组成的。如果小事情你都不认真处理，那么大事情还有谁敢认同你呢？因此，请认真对待你身边的每一件事，每一个人，以及你自己。

一个伐木工人在一家木材厂找到了份工作，报酬不错，工作条件也好，他很珍惜，下决心要好好干。

第一天，老板给他一把利斧，并给他划定了伐木范围。这一天，工人砍了18棵树。老板说："不错，就这么干！"工人很受鼓舞，第二天，他干得更加起劲，但是他只砍了15棵树；第三天，他加倍努力，可是只砍了10棵。

工人觉得很惭愧，跑到老板那儿道歉，说自己也不知道怎么了，好像力气越来越小了。老板问他："你上一次磨斧子是什么时候？"

“磨斧子？”工人诧异地说，“我天天忙着砍树，哪里有工夫磨斧子！”

虽然你的主要工作是“伐木”，但也不应忘记“磨斧子”这类小事。有时，一件小事就能让你事半功倍，甚至让你的命运发生转折。所以，请认真地对待每一件小事，用你的踏实和诚实表现你的“富有”。

有个渔夫整日打鱼，以此为生。有一天，他运气不佳，忙活了一整天，只网到了一条小鱼，而且小鱼还劝他另做决定：“渔夫，你放了我吧，看我这么小，也不值钱，你要是把我放回海里，等我长成一条大鱼，到那时你再来捉我，不是更划算吗？”渔夫说：“小鱼，你讲得挺有道理，但是我如果用眼前的实利去换取将来不确切的‘大利’，那我恐怕就太愚蠢了。”

要知道，大海可不是渔夫自家的池塘，他想什么时候捞就什么时候捞，所以切切实实地珍惜每一分收获是非常重要。只有脚踏实地，方可站得更牢。

然而现在的许多人，一心只盯着“大鱼”，对“小鱼”不屑一顾；一心想成就一番大事业，对小事却不愿躬亲，殊不知胖子也是一口一口吃出来的。从实际出发，脚踏实地，才能走下去，才会捕到“大鱼”。

6.没有价值观的人生是不健全的人生

正确的价值观是一切决定的基础，任何决定都是以价值为根本做出的。

清楚地知道自己的人生中最重要的价值是什么的人，往往都能很快地做出正确的决定。就好像那些杰出人物一样，他们每个人都有一套属于自己的价值观。价值观就好像是茫茫大海中的一枚指南针，能引导你成功航行。

每个人都有与别人不同的价值观，这是我们经过深思熟虑，并在不断选择中得到的。就如不同的人有不同的人生、生活与命运一样，不同的人价值观也是不同的。

海伦是个专门报道内幕新闻的某报专栏作家，薪水相当高。朋友们都羡慕她，认为她是个幸运儿。但海伦从没感到过幸福，更不用说成功的喜悦了。

做内幕新闻作家，其实就是在挖别人的隐私，海伦认为这是很不人道的。她总觉得自己是在害别人、剥削别人，而她更喜欢帮助别人，喜欢做善事。海伦的"内在倾向"也是如此。

海伦不喜欢做这种专写内幕新闻的工作，她认为这个工作不适合自己。在她的观念里，做这种工作就是在自我伤害。做的时间越久，她越是看不起自己。也许这种专栏作家的职业对别人来说是一直寻求的梦，是不可多得的发挥自己能力的机会。但对海伦来说，这是毫无成功所言的工作。但她又不知道放弃了这份工作，自己还能干什么，为此她很苦恼。

如果海伦清楚地知道自己的价值观，那么她就不会如此的痛苦了。她可能会放弃这个专栏，重新选择属于自己、适合自己的新工作，比如好人好事专栏等。

价值观是我们人生旅途中的指南针，也是每个人判断是非黑白、对错的信念体系，它引导我们去追求想要的东西。

不同的价值观导致不同的人生。我们的一切行为与决定都是以价值观为基础的。没有价值观的人生是不健全的人生，没有价值观的人同样是不健康的人。价值观影响着我们的一切反应，主宰着我们的生活方式。

在电脑上执行某种程序，首先要把相关的程序设定，然后输入资料，这样不管资料多或少，复杂或简单，只要与程序对应，电脑都会做出处理与决定。价值观就好比是电脑的执行系统，不同之处在于，它不是设定好的程序，而是人脑中的决定判断是否进行的系统。

靠谱
比能力更重要

一个人的人生价值的体现取决于他的人生价值观。有什么样的价值观就会有什么样的人生。如果给自己设定的价值观低于常人,那么不仅你的生活过得不如常人,你的能力也得不到发挥。如果你的价值观高于他人,那么你的生活也会高于他人,你的能力也会得到更好的发挥。

人的价值观不是一成不变的。随着时间的流逝,所得到的经验会使你的价值观不断得到改变,一次的改变只准提高不准降低,那么你的能力也会不断地得到提高、发挥。

“属于你的逃不掉,不是你的强求不来”,我们常会听到这句话。人生就是如此,所以不是你的不要奢望拥有,是你的就要勇于承认。无须羡慕别人,因为别人也可能正以同样的心态羡慕着你。每个人所需要的东西是不同的,有些人喜欢自主,有些人喜欢好的环境,而这些都以价值观的形式表现出来。人的一切喜好都是来自于价值观这一本质。了解和接受自己的价值观是做一个诚挚的人的必经之路。

爱因斯坦曾说过:“一个人的真正价值首先决定于他在什么程度上和什么意义上,从此自我解放出来。”命运不是注定的,更不是改变不了的,一个人命运的好坏取决于他的价值观。

中篇

办靠谱的事

第五章

量力而行，千万别“死要面子活受罪”

办事要量力而行，对自己做不到的事，要说明情况，不要勉为其难。必要时一定要学会得体地拒绝。如果硬撑着答应，将来误了事，那才是不靠谱。

1.敢于拒绝，学会得体地说“不”

在人际交往中，注意“面子”是中国人长期形成的一种社会心理。没有人不爱护自己的脸面，但是有些人，特别是虚荣心较强的人，会比普通人更加看重自己的面子。他们不忍心拒绝任何人，对别人的要求只会说“行”，从不懂得说“不”，他们甚至会为了维护自己的面子，硬着头皮去做力所不能及的事。

靠谱
比能力更重要

玛丽亚在上大学一年级的时候，每个月只有5英镑生活费，这本该够用了，可她却时常感到拮据，因为她不懂得拒绝。比如，有同学邀她参加聚会，尽管当时她的口袋已经不富余了，可她还是硬着头皮说："行。"然而这就意味着她第二天的午饭将没有着落。可是有什么办法呢，她总不能拒绝吧，那会让别的同学看不起她的。

为了应付这些聚会，玛丽亚只得节衣缩食，可即便如此，她手头仍然很拮据，经常捉襟见肘。她现在只有20先令了，而她还得维持到月底。就在这时候，她收到姨妈的来信，姨妈说下周四要进城，要她陪自己吃午饭。

姨妈是玛丽亚母亲的姐姐，对玛丽亚视如己出，疼爱有加。玛丽亚绝对没有拒绝的理由，但吃饭是不能要姨妈掏钱的。可玛丽亚就剩20先令了，这该怎么办呢？

周四很快就到了，玛丽亚的姨妈找到了她，要与她一起去吃午饭。玛丽亚囊中羞涩，心想：我知道一家合适的小饭店，在那儿可以一人花3先令吃顿午饭。那样的话，我就可以剩下14先令用到月底了。

可是，她不敢这样建议，姨妈好不容易进城一次，自己要让她做主的。正在这时，姨妈说："玛丽亚，咱们去哪里吃饭呢？"

玛丽亚虽然嘴上说："姨妈，您决定吧。"但她心里却在祈祷，姨妈千万不要去太贵的地方。

这时，她却听到姨妈说："午饭我从不吃得太多，一份就够了。咱们去一处好点儿的地方吧。"

玛丽亚答应着，心里却暗暗叫苦，不过好在姨妈对这里并不熟悉，自然要由玛丽亚带路。玛丽亚就领着姨妈朝她早已选好的那家小饭店的方向走去，没想到姨妈突然指着街对面的那家"大皇宫"说："那儿不是挺好吗？那家餐馆看上去不错。"

玛丽亚觉得自己不可能说："亲爱的姨妈，我的钱不够，不能带您去那豪华的地方，那儿太贵了，花钱很多的。"就只能点着头说："嗯，好吧，如果比起我们要去的地方您更喜欢的话。"

第五章

量力而行，千万别“死要面子活受罪”

走进那家装修豪华的饭店后，玛丽亚想：或许买一份菜的钱还是够的。等侍者拿来了菜单，姨妈看了一遍后说：“吃这份，好吗？”

那是一道法式烹饪的鸡肉，是菜单上最贵的，要7先令。玛丽亚为自己点了最便宜的菜，花费3先令。这样，她用到月底的钱就还剩下10先令，不，9先令，因为还得给侍者1先令小费。

“这位女士，您还要什么吗？”侍者说，“我们有俄式鱼子酱。”

“鱼子酱！”姨妈叫道，“啊！对——那种俄国进口的鱼子，棒极了！我可以要一些吗？”

玛丽亚心想：这该死的侍者赶快走开吧。但她不好意思说：“哦，您不能，那样我用到月底的钱就只有5先令了。”于是，姨妈又要了一大份鱼子酱，还有一杯酒以及那份鸡肉。

玛丽亚算了算，她只剩下4先令了。好在4先令还够买一周的奶酪面包，她就松了口气。

可是，姨妈刚吃完鸡肉，又看见一个侍者端着奶油蛋糕走过。“嘿！”她说，“那些蛋糕看上去非常好吃。我不能不吃！就吃一个小的。”现在只剩3先令了，玛丽亚有点垂头丧气，可是她不能表现出来，那会让姨妈伤心的。

这时侍者又端来一些水果，姨妈肯定该吃一些。当然，还得喝些咖啡，尤其是她们在吃了这么好的午饭之后。

“没有啦！甚至准备给侍者的1先令也没有了。”玛丽亚在心里叫道，可是没有人能都听到。

账单拿来了：20先令。玛丽亚在盘里放了20先令。没有侍者的小费，姨妈看了看钱，又看了看玛丽亚。

“那是你全部的钱？”姨妈问。

“是的，姨妈。”

“你全用来招待我吃一顿美味的午饭，真是太好了——可是太傻了。”

“啊不，姨妈。”

“你在大学学语言吗？”

“对。”

“在所有的语言当中,哪个字最难念?”

“我不知道。”

“就是‘不’字。随着你长大成人,你得学会说‘不’,无论对谁。我早就知道你没有足够的钱上这家餐馆,可是我想让你得个教训,所以我不停地点最贵的东西,看你是不是懂得拒绝,可是你没有。哦,可怜的孩子!”

最后,姨妈付了账,并给了玛丽亚5英镑作礼物。

的确,拒绝别人的要求确实不是一件容易的事,大家都有体会。因为每个人都有自尊心,希望得到别人的重视,同时也不希望别人不愉快,因此很难说出拒绝的话。但你应该想一想,倘若答应对方的要求,将会给自己带来很多不必要的麻烦,那么你就应该学会拒绝,不要为了面子问题,做出违心的事。

在生活中,我们要学会拒绝别人过分的要求、无理的纠缠、恶意的怂恿,还有各种满布陷阱的诱惑。拒绝一切应该拒绝的东西,能使我们剔除懦弱和优柔寡断,使我们学会坚强和刚毅果敢,使我们更加坚忍,使我们的心更明、眼更亮、路更宽。

对于一些不情愿的事情,一定要果断拒绝。说“不”是你的权利,如果你不懂得利用这项权利,就会陷自己于不仁不义中,导致双方都难以接受它造成的后果。

英国作家毛姆在小说《啼笑皆非》中讲过这么一段耐人寻味的故事。

一位小人物一举成为名作家,新朋老友纷纷向他道贺,成名前的门可罗雀同成名后的门庭若市形成了鲜明的对比。

毛姆为我们描写了这样一个场面:一位早已疏远的老朋友找上门来,向他道贺,怎么办呢?是接待他还是不接待他?按照本意,自己实在无心见他,因为一无共同语言,二来浪费时间,可是人家好心好意来看你,闭门不见似乎说不过去。于是只好见他了。见面后,对方又非得邀请他改日到他家去吃饭。尽管他内心一百个不乐意，但盛情难却，他不得不佯装愉悦地应允了。在饭桌上，尽管他没有叙旧之情，可是又怕冷场，于是又得强迫自己无话找话。这种窘迫相可想而知。

来而不往非礼也，虽然他不再愿意同这位朋友打交道，但他还是不得不提出要回请朋友一顿。他还得苦心盘算：究竟请这位朋友到哪家饭店合适呢？去第一流的大酒店吧，他担心他的朋友会疑心自己在他面前摆阔；找个二流的吧，他又担心朋友会觉得他过于吝啬。

面对别人的请求，当你有时间，并且有能力的时候，不要轻易拒绝；但当你真的力所不能及的时候，就不要碍于面子，不好意思说“不”了。试想一下，如果硬撑着答应，将来误了事儿，那才不好收场。

在工作中，领导让你做某事时，你要认真地考虑好，这件事自己是否能够胜任。把自己的能力与事情的难易程度以及客观条件结合起来考虑，然后再决定是否做。

孙刚刚到某中学任教时，正巧赶上市教委到该校抽人，拟对全市中学进行实地考察，并写出调查报告。因为孙刚还没有被安排授课，就被抽了去。起初，他感觉为难，心想自己不仅对本市中学教育情况不熟悉，就是对教育工作本身，自己刚刚走出校门，又能知道多少呢？他本不想参加，无奈校长已经开口，他实在不好拒绝，只好勉强服从。

转眼间，一个半月过去了，别人都按分工交了调查报告，唯有他，由于不熟悉情况，又缺乏经验，对自己分工调查的三个中学连情况都没摸清，更不用说分析了。市教委主任很恼火，责备该校校长，怎么推荐了这么一个人。孙刚因面子过不去，又气又羞愧，一下子病倒了，在床上躺了两个星期。

作为下级，在领导提出要求时，虽然不乐意，可又不好意思拒绝，但你没有考虑到，如果为了一时的情面接受自己根本无法做到的事，一旦失败了，领导根本不会考虑你当初的热忱,只会以这次失败的结果对你进行批评。如果你认为对上级拜托的事不好拒绝,或者害怕拒绝会让领导不高兴而接受下来,那么,此后你的处境就会更艰难。

每个人的能力都是有限的,我们并不是万事皆能的全才,然而覆水难收,话一旦出口就没有挽回的余地,后果需要自己去承担。一旦你失利,失去的不仅是做成这件事的机会,还有他人对你的信任。试想一下,一个只会说"不会做"的人,谁会喜欢?因此,在面对他人的请求时,不要把话说得太满,要给自己一个回旋的余地。

拒绝别人的要求确实不是一件容易的事,大家都有体会。央求人固然是一件难事,而当别人央求你,你又不得不拒绝的话,也是叫人头痛的。不过,当你经过深思熟虑后,认为答应对方的要求将会给自己或他带来伤害,那你就应该拒绝。不要为了面子做出违心的事来,那会使双方都受伤害。

当然,拒绝是一个十分重要却又不太容易的课题,有人喜欢你直截了当地告诉他拒绝的理由,有人则需要你以含蓄委婉的方法拒绝。下面的一些小技巧,希望对你有所帮助。

第一,很多时候,你只要简单地说一句"我实在有更要紧的事要做",就可以得到别人的谅解。如果你总做出违心的决定,那将令周围的人无法容忍。这时,你既失去了自我本色,也耽误了别人。

第二,不要立刻拒绝他人的请求。立刻拒绝,会让人觉得你是一个冷漠无情的人,甚至觉得你对他有成见,一旦有了这样的误解,无疑会对双方的关系造成致命的打击。

第三,对于一些对方不急着要求答复或是办到的事情,可以采取暂时不给予答复的方法。当对方提出要求,而你又迟迟没有答应,只是一再表示要研究研究或考虑考虑,那么聪明的对方马上就能知道你大概是不太愿意答应的。但无论如何,仍要以谦虚的态度,别急着拒绝对方,仔细听完对方的要求。如果真的没法帮忙,也别忘了说声"非常抱歉"。

第四,尽量以非个人原因作为拒绝的理由。

第五，用最委婉、和气的方式来表达你的不同意见。傲慢无情的拒绝易招来怨恨，对人脉资源的积累绝没有好处。所以，当真正有不得已的苦衷时，如能委婉地说明，以婉转的态度拒绝，以和气的方式表达不同的意见，别人还是会感动于你的诚恳，对你的情况给予谅解。

拒绝是一门艺术，更是一种智慧，懂得适时地拒绝别人，才是成熟的开始！

2.拒绝别人时，应该体现出良好的品德和修养

通常情况下，人们对自己提出的要求，总是念念不忘。如果长时间得不到回音，就会认为对方不重视自己的问题，反感、不满将由此而生。相反，即使不能满足对方的要求，只要能做出些样子来，对方就不会抱怨，甚至还会心存感激，主动撤回让你为难的要求。

当然，如果是对于那些你本来就不想亲近的人，那么拒绝对方的时候，就要坚定，不要让对方对你有所希冀。

我们经常会遇到他人求自己办事，对于那些能帮的事，我们当然是尽量施以援手，以解对方困扰。但当自己也有不方便，不得不拒绝之时，如果以强硬的态度拒绝，可能就会得罪人，影响到你和对方的关系。

你在某个陌生的城市中问路，有人对你说“不知道”或是直接不理你，你就会觉得对方是能帮你却有意不帮你。而当有人对你说“我也不知道怎么走，你去问问报刊亭的老板吧”时，你就会很感激地认为他是个好人。同样是拒绝，有的人拒绝他人，能让对方心存感激，有的人却留给他人很不好的印象。

那么，当你在遇到这种情况时，应该怎么处理呢？当对方提出某种要求，

你又无法实现时,如果你不想伤了感情,就可以营造自己全力以赴的氛围,让对方觉得你真的尽力了,即使最终没有达到目的,对方也会对你心存感激。而且在你的能力范围内无法实现后,对方就会主动放弃继续找你。

比如,当对方提出你不能满足的要求后,就可采用以下步骤:先答复“您的意见我知道了,请放心,我会努力去做。”过几天,再通知对方:“这几天科长因急事出差,等下星期回来,我立即报告他。”又过几天,再告诉对方:“您的要求我已转告科长,科长答应在公司会议上认真讨论。”尽管事情最后不了了之,但你也会给对方留下好感,因为你已造成“尽力而为”的假象。

在实际生活、工作中,我们很难做到“有求必应”,其实也没必要做到“有求必应”,有些时候拒绝是必要的。

拒绝,同样是一门学问,应该体现出一个人的品德和修养,使别人在你的拒绝中,一样能感觉到你的真诚、善意、可信。因此,我们应该遵循以下原则。

一是说出真实情况。

在拒绝他人时,你若还想和对方保持良好的关系,就要采取换位思想,用同情的语调来处理。有的人在拒绝时,会因为不好意思而不敢实话实说,从而采用闪烁其词的方式拒绝,这样反而让对方产生很多不必要的误会。

其实,拒绝本是一件很正常的事情,别人有求于你的时候,也多少会有这个思想准备。只要处理得当,拒绝彼此间关系的伤害其实并不大。倒是拒绝的时候吞吞吐吐、模棱两可,反而让人反感,更容易影响关系。

二是选择好拒绝的时间、地点和机会,类似于着装礼仪中的TPO原则。

当在你拒绝别人的时候,这是必须考虑的因素。及早拒绝,以免耽误了对方的计划、伤害对方。要据实向对方表明你的态度,好让对方有所准备。坚决拒绝,避免迂回曲折。

在婉言拒绝的时候,一定要让对方觉察到你的态度,不要绕了半天连自己都不知道自己表达的是什么意思。你一定要让对方明白:这一次我虽然拒绝了,但你还有下次机会。从场合来看,在小的场合更容易拒绝对方,也更容易被对方接受。从心理学的角度来说,和对方面对面的时候,拒绝最不容易让人接受。

三是给对方留退路。

当你拒绝那些总喜欢坚持自己的意见，自以为是的人时，一定要好好考虑。因为这种人的自尊心很强，直接拒绝无疑会使他们下不了台。所以，你首先要把对方的话从始至终地再听一遍。在你仔细地听完对方的话后，心里再决定怎样拒绝和说服对方。

不好正面拒绝时，可以采取迂回的战术，转移话题也好，另有理由也好，主要是善于利用语气的转折：温和而坚持。绝不会答应，但也不致撕破脸。

最好能引用对方的话，来“不肯定”他的要求，给对方留下足够的面子，留下一条退路。这类人都是聪明人，你的“不肯定”，他也就心领神会了。

四是用友情来说服对方。

让自己拒绝的意见不引起对方的反感，最好让他明白：你是他忠实的朋友，你并不强迫他接受反对意见，你是最关心他的人，是从他的长远利益来考虑的。

比如，先向对方表示同情，或给予赞美，然后再提出理由，加以拒绝。可直接向对方说明你的客观理由，包括自己的状况不允许、社会条件限制等。通常这些状况对方是能认同的，因此较能理解你的苦衷，自然会自动放弃说服你，并觉得你拒绝得不无道理。由于先前对方在心理上已经因为你的同情而使两人的距离拉近，所以对于你的拒绝也较能以“感同身受”的态度来接受。

五是身体语言拒绝。

开口拒绝不是一件容易的事，有时在心中演练了很多次该怎么说，可一旦面对对方就又下不了决心，总是无法启齿。这个时候，你可以轻轻地摇头。摇头代表否定，别人一看你摇头，就会明白你的意思，你也就不用再多说了。类似的身体语言包括，采取身体倾斜的姿势、目光游移不定、频频看表、心不在焉……

3.不要逞匹夫之勇

逞匹夫之勇是虚荣心作祟,这样做和一个没有理智的莽夫没有区别。

匹夫之勇这句成语,最早出现在《孟子》一书中。“匹夫”一词,在中国古代社会中专指普通平民男子,而“匹夫之勇”这个成语带有贬义色彩,意思是逞强斗狠、不计后果地蛮干。据《孟子·梁惠王下》记载,有一次齐宣王对孟子说:“我有个毛病就是喜欢‘勇’。”孟子听了这话后心想:人君不可无勇。“勇”并不是坏毛病,可问题就在于如何正确地看待“勇”。于是,孟子便回答说:“勇,有小勇、大勇之别,希望大王不要好小勇,而要养大勇。”

那么,什么是小勇,什么是大勇呢?孟子说,像一个人手握利剑,瞪大眼睛,高声吼道:“谁敢抵挡我!”这就是匹夫之勇,是只能对付一人的小勇。而当国家面临强敌和霸权时,像周文王、周武王那样敢于一怒而率众奋起抵抗,救民于水火之中,所谓“文王一怒而安天下之民”的,就是大勇。

从孟子的这段话中可以看出,匹夫之勇,是无原则的冲动,是只凭拳头和武力的血气之勇。而“大勇”则是孔子所说的义理之勇,也就是基于正义的勇敢。只要正义存于我方,对方即使有千军万马,也会勇往直前,大义凛然,无所畏惧。

北宋著名文学家苏轼在他的《留侯论》一文中,进一步阐述了孟子的这个观点。他在文中写道:“匹夫见辱,拔剑而起,挺身而斗,此不足为勇也。天下有大勇者,卒然临之而不惊,无故加之而不怒。此其所挟持者甚大,而其志甚远也。”

这段话的意思是说,在面临侮辱和冒犯时,一般人往往会一怒之下,拔剑相斗。这其实谈不上是勇敢。真正勇敢的人,在突然面临侵犯时,总是镇定不惊。而且即使是遇到无端的侮辱,也能够控制自己的愤怒。这是因为他胸怀博大,修养深厚。

匹夫之勇,即是血气之勇,表现出来的就是无容人之量,易怒。而易怒容易造成不良后果。

怒,对于同学、同志、同事、朋友来说,是割断友谊纽带的利刃;对家庭亲人来说,是毒化亲情血缘的砒霜;对于手握军政大权的官员来说,往往是“小不忍则乱大谋”,甚至有时意味着战争和动乱。

春秋时,越王勾践被吴王夫差打败,在吴国囚禁三年,受尽耻辱。回国后,他决心自励图强,立志复国。

十年过去了,越国国富民强,兵马强壮,将士们向勾践请战:“君王,越国的四方民众,敬爱您就像敬爱自己的父母一样。现在,儿子要替父母报仇,臣子要替君主报仇。请您再下命令,与吴国决一死战。”

勾践答应了将士们的请战要求,把军士们召集在一起,向他们表示决心:“我听说古代的贤君不为士兵少而忧愁,只是忧愁士兵们缺乏自强的精神。我不希望你们不用智谋,单凭个人的勇敢,希望你们步调一致,同进同退。前进的时候要想到会得到奖赏,后退的时候要想到会受到处罚。这样,就会得到应有的赏赐。进不听令,退不知耻,会受到应有的惩罚。”

到了出征的时候,越国的人互相勉励。大家都说,这样的国君,谁能不为他效死呢?由于全体将士斗志昂扬,终于打败了吴王夫差,灭掉了吴国。

我们知道,项羽虽然是一个失败的英雄,但司马迁却称赞他:“当年秦国政治腐败,百姓纷纷起来反抗,项羽在陈涉这个地方领军对抗,前后只花了三年时间,就把秦国灭掉,然后将得来的天下分封给王侯贵族,成为称雄一方的霸主。虽然最后他失去了霸主的地位,但是他的功绩伟业,近古以来还没有人能做到。”

而刘邦做了皇帝以后,在洛阳宫摆设筵席宴请群臣的时候说:“我之所以能成功,顺利取得天下,是因为能够知道每个人的特长,并且也懂得如何让其发挥出来。”然后他问韩信对自己的看法。韩信回答说:“大王您很清楚自己各方面的才能与长处,因此您其实心里明白,说到机智与才华,其实您是不如项王。不过我曾经当过他的部下一段时间,对于他的性情、作风、才能,了解得比较清楚。项王虽然勇猛善战,一人可以压倒几千人,但是却不知道如何用人,因此一些优秀杰出的贤臣良将虽然在他手下,可惜都没能好好发挥各自的专长。所以项王虽然很勇猛,却只是匹夫之勇,做事不懂得深谋远虑、三思而行。而大王任用贤人勇将,把天下分封给有功劳的将士,使人心悦诚服,所以天下终将成为您的。”

所以,无论做什么事,都不要逞匹夫之勇,也只有这样才能更好地保护自己。革命导师列宁在上班途中碰到劫匪,不假思索地把钱交给了匪徒,得以全身而退。伟人们遇到“屋檐”,还知道暂时低头,我们这些俗人何必为逞匹夫之勇而遭罪呢?

水往低处流,是一种迂回的策略,正因为水肯在大山的阻隔下改道,才最终赢得“青山遮不住,毕竟东流去”的胜利。先发制人固然快意,后发制人则更加有力。“小不忍则乱大谋”,为了大谋,就要忍得眼前的羞辱。要知道,“留得青山在,不怕没柴烧”。

4.批评人要留有余地

1961年6月,英国退役陆军元帅蒙哥马利访问中国。一次在河南洛阳参观,他好奇地走进一家剧院,剧院正在演出豫剧《穆桂英挂帅》。当他了解该剧的剧情后,连连摇头,说:“这个戏不好,怎么能让女人当元帅?”于是,他和中方陪同人员发生了一场小小的争论。开始时,中方陪同人员解释说:“这是中国的民间传奇故事，人们很爱看。”蒙哥马利立即断言：“爱看女人当元帅的男人不是真正的男人，爱看女人当元帅的女人也不是真正的女人。”

中方陪同人员不服气地说：“我们主张男女平等，男同志能办到的事，女同志也能办到。中国红军里就有很多女战士，现在的解放军里还有位女少将呢！”

蒙哥马利毫不退让：“我一向对解放军很敬佩，但不知道解放军里还有一位女少将。如果真的是这样，会有损解放军声誉的。”

中方陪同人员反驳道：“英国女王也是女的。按照英国的政治体制，女王是英国的国家元首和全国武装部队的总司令，这会不会有损英国军队的声誉呢？”

蒙哥马利突然语塞，无话可说了。显然，他对这场争论的结局，感到有些难堪，心中的不悦之感可想而知。

中方陪同人员在这件事情上的处理不太恰当。在被上级领导知道后，领导也批评了相关人员，并指出：“他有他的看法，何必去反驳他，弄得人家无话可说，你就胜利了？”

领导之所以要批评有关陪同人员，就是因为他当时疏忽了这一点，在争论中将自己的看法强加于人。特别是在外交往来中，没有给对方留有余地，让对方下不了台，有损来宾颜面。

有些时候，某些人说的话确实不对，而且让人觉得错得非常离谱，忍不住就会反驳他。可是在反驳的过程中，不能因为对方在某些方面无知就不尊重他人，而一味地证明自己的正确和聪明。即使反驳对方，也要学会给他人留面子。

在社交中，谁都可能不小心弄出点小失误，比如：念了错别字，讲了外行话，记错了对方的姓名职务，礼节有些失当，等等。

懂得说话的人如果发现对方出现这类情况时，只要无关大局，就不会对此大加张扬，搞得人人皆知，使本来已被忽视了的小过失一下变得显眼起来。

更不会抱着讥讽的态度，以为“这回可抓住笑柄了”，来个小题大做，用别人的失误在众人面前取乐。因为这样不仅会使对方难堪，伤害其自尊心，惹其反感或报复，而且也不利于自己的社交形象，容易使别人在今后的交往中对你敬而远之，产生戒心。

为了保住别人的面子，你要多替别人着想。如果对方冒犯你，能宽容的就无须反应过激，不能忍受的可指出其错误所在，但只求使其知错，不要令人难堪。如果对方是好意的提示，应诚挚致谢，不要为了维护自己的尊严而巧言强词地辩解，甚至把别人的善意和诚意扭曲。

如果为逞一时的口舌之快，而对别人的话大加反驳，以证明自己的正确，结果可能是赢了口风，输了更多。一个人在生活中若懂得留人以颜面，其人际关系自然会比较融洽。别人如果真是错的，时间久了他自己也会发觉，到时候还会感激你当时给他留了面子。而如果一味地说对方是错误的，他不但不承认，还会对你心生厌烦感，这会给你的人际交往增添障碍。

5.不要成为别人“捧杀”的对象

在生活中，当我们被别人追捧、赞扬的时候，要考虑到别人拍自己马屁的原因是多方面的：因为爱，就会有偏袒；因为害怕，就会有不顾事实的讨好；因为有求于人，便会有虚夸。所以，我们必须在一片赞扬声中，保持足够清醒的头脑。

在通常情况下，人在称赞别人时可能没有什么用意，但有时却是别有居心的。别有居心的人，可能就是为了亲近对方。受人赞美时不能乐昏了头，而应在赞美声中领悟对方的用意，以免吃亏上当。过多的甜言蜜语犹如高利贷，

第五章

量力而行，千万别“死要面子活受罪”

听得越多，信得越切；持续得越久，越要求付出昂贵的代价。

一只狐狸正在找食物，找了很久也没找到，这时它在河边碰上了一只仙鹤。狐狸脑子一转，计上心来，它换上一副笑脸对仙鹤说：“早安，聪明的仙鹤，近来您的身体好吗？”

“很好，谢谢您！狐狸先生，您有什么事吗？”仙鹤很高兴地说。狐狸凑近一点说：“我有些问题想请教您。如果风从北边吹来，您的头朝什么方向转？”

“当然是朝南面转了。”

“如果风从西面吹来，您的头朝什么方向转？”

“朝东。”

“怪不得连人类都夸您聪明呢，要我说您一定是世界上最聪明的动物！”

仙鹤已经有些扬扬得意了。狐狸又悄悄地向前靠近了一点问：“那如果风从四面八方刮来，该怎么办呢？”

仙鹤已经完全被狐狸的奉承话吹晕了，它得意地说：“那我就把头伸进翅膀里去——像这样。”愚蠢的仙鹤边说边把头藏进翅膀下面示范给狐狸看，可是没等它再把头露出来，狐狸“唰”地往前一扑，狠狠地咬住了仙鹤的脖子。

狐狸只凭几句好听话就把仙鹤骗成了口里的美餐，要怪也只能怪仙鹤自己对奉承话太过在意了。虽然这只是一则童话，但也能给我们很大的启示。在生活中，我们也常常会听到赞美声，无论是真诚的还是别有用心的，我们都应该控制自己，保持冷静和清醒，以免成为别人赞美声中的牺牲品。

欧洲有位著名的女高音歌唱家，30岁便已享誉全球，而且已经有了美满的家庭。有一年，她到邻国开了一场个人演唱会，而这场演唱会的门票早在一年前就已经被抢购一空。

表演结束后，歌唱家和她的丈夫、儿子从剧场里走了出来，只见堵在门口的歌迷们一下子全涌了上来，将他们团团围住。每个人都热烈地呼喊着歌唱家的名字，其中不乏赞美与羡慕的话。

有人恭维歌唱家大学一毕业就开始走红了，而且年纪轻轻便进入国家级的歌剧院，成为剧院里最重要的演员；有人恭维歌唱家，说她25岁时就被评为“世界十大女高音歌唱家”之一；还有人恭维歌唱家有个腰缠万贯的大公司老板做丈夫，而且还生了这么一个活泼可爱的小男孩……当人们议论纷纷的时候，歌唱家只是安静地聆听，没有做出任何回应与解答。

直到人们把话说完后，歌唱家才缓缓地开口说：“首先，我要谢谢大家对我和我家人的赞美，我很开心能够与你们分享快乐。只是，我必须坦白地告诉大家，其实你们只看到我们风光的一面，我们还有另外一些不为人知的地方。那就是你们夸奖的这个脸上充满笑容的男孩，是个不会说话的哑巴。此外，他还有一个姐姐，是个需要长年关在铁窗里的精神分裂症患者。”

歌唱家的一席话，让所有在场的人震惊得说不出话来，大家你看看我，我看看你，似乎难以接受这个事实。

我们不得不为这位歌唱家的理智和清醒喝彩！

有多少人曾经在一片赞扬声中迷失了自我，最终失败。其中最让人扼腕叹息的恐怕该是王安石笔下的仲永了。

金溪县有个叫方仲永的人，他家世世代代以种田为业。方仲永长到5岁时便能做诗，诗的文采和寓意都很精妙，值得玩味。县里的人对此感到很惊讶，慢慢地都把他的父亲高看一等，有的还拿钱给他们。他父亲认为这样有利可图，便每天拉着方仲永四处拜见县里有名望的人，表演作诗，却不抓紧让他学习。谁知到最后，方仲永已与众人无异。他的聪明才智最终被完全“捧杀”了。

世界上越是伟大的人物，越能够清楚地认识自己的成功，对待他人的赞美，他们总是能谦虚理智，有的甚至还很反感别人赞扬他。

在第二次世界大战中，丘吉尔对英国的护卫建立了卓越的功勋。战后在他去职时，英国国会拟通过提案，塑造一尊他的铜像置于公园，令众人景仰。一般人享此殊荣可能高兴还来不及，但丘吉尔却一口回绝，他说：“多谢大家的好意，我怕鸟儿喜欢在我的铜像上拉粪，还是请免了吧。”

牛顿，这位杰出的学者、现代科学的奠基人，他发现了万有引力定律，建立了成为经典力学基础的牛顿运动定律，出版了《光学》一书，确定了冷却定律，创制了反射望远镜，还是微积分学的创始人，等等。他在世界科学史上真可谓功绩显赫，光彩照人。可当听到朋友们赞扬他的时候，他却说：“不要那么说，我不知道世人会怎么看我。不过我自己只觉得好像一个孩子在海边玩耍的时候，偶尔拾到几只光亮的贝壳。但对于真正的知识大海，我还没有发现呢。”

有这样谦逊好学、永不满足的精神，牛顿的成功是必然的。古今成大事业、大学问者，无不是因为有了能够正确对待他人赞扬的态度和谦逊好学的精神，才达到了人生的光辉顶点。

爱听赞美话就像是人身上的一根软肋，最容易被别人利用。在你保持头脑清醒和冷静的时候，别人的赞美是对你的赞同、支持和信任，能给你再接再厉的能量，给你不断攀登高峰和战胜困难的信心和勇气。一旦你的心被那些赞美声淹没，你的眼睛被其蒙蔽，那么你就会和方仲永一样，成为别人“捧杀”的可怜可悲的牺牲品。

6.最大的好处也许是最深的陷阱

在生活中,诱惑是无处不在的。而臣服于诱惑将给我们带来不幸与灾难。只有认清诱惑,经常性地进行自我盘点,与诱惑保持足够的安全距离,才能保证健康的自我发展空间。

在我们的现实生活中,需要有一种放弃的清醒。在物欲横流、灯红酒绿的今天,摆在每个人面前的诱惑实在太多,特别是对有权者来说,可谓"得来全不费工夫"。这时我们就需要保持清醒的头脑,勇于放弃。如果抓住想要的东西不放,甚至贪得无厌,就会给自己带来无尽的压力、痛苦不安,甚至毁灭自己。

人生总会面临许多诱惑,它之所以称为诱惑,是因为它对人具有巨大的吸引力,能动摇人们意志,使人们做出违背自己意志的选择。

某大公司准备以高薪聘请一名司机,经过层层筛选和考试之后,只剩下三名技术最优良的竞争者。主考者问他们:"悬崖边有块金子,你们开着车去拿,觉得能距离悬崖多近而又不至于掉落呢?"

"两公尺。"第一位说。

"半公尺。"第二位很有把握地说。

"我会尽量远离悬崖,越远越好。"第三位说。

结果这家公司录取了第三位。理由是:不要和诱惑较劲,而应离得越远越好。

同幸运与灾难一样,诱惑在人的生活中也扮演了一个重要角色。诱惑是无处不在的。在职场中,诱惑以更多的姿态出现,如金钱、名誉、身份、地位、不能兑现的承诺等。臣服于诱惑将给我们的职业生涯和人生带来不幸与灾难。只有认清诱惑，经常性地进行自我盘点，和诱惑保持足够的安全距离，才能保证健康的自我发展空间。

因此，我们一定要学会扔东西，因为有许多念头和情感是有毒的。一个智者说：“浮荡的生活如同在地狱里，而有定向的生活则如同在天国里。”不要随意放纵自己，不要轻易向各种诱惑低头，坚持自己的方向与计划，管理好自己的人生。否则，你很可能随波逐流，因贪图眼前的一点点安逸享受，而损失掉生活中真正的财富。

野兔是一种十分狡猾的动物，缺乏经验的猎手是很难捕获它们的。但是一到下雪天，野兔的末日就到了。因为野兔从来不敢走没有自己脚印的路。当它从窝中出来觅食时，它是小心翼翼的，一有风吹草动，它就逃之夭夭。但走过长长的一段路后，如果发现周围是安全的，它也会按着原路返回。

猎人就是根据野兔的这一习惯，找到野兔在雪地里留下的脚印，然后做一个机关，再恢复表面的形状，第二天早上就可以去收获猎物了。

由此可见，野兔最致命的缺点就是它太相信自己走过的路。

我们有时会遇到别人对你甜言蜜语，给你种种好处的情况。甜言蜜语使人舒适，而种种好处更使人陶醉。然而，最甜蜜的举止，也许是最毒的药物。最大的好处，也许是最深的陷阱。

人活在世界上，就必须与各种各样的人打交道，也一定会与许多说不清的风险相遇。但是，如果缺乏对自己基本负责的态度，和对内外风险的防范之心，就可能造成生命财产、情感、事业等多方面的破坏。如何保护自己，让自己的生命、事业等都得到必要保证，这就是基本的生存之道。人活在世上是需要质疑心理的，一个人的生命不能维系在单一的事情上，带着质疑上路，对身边的人和事带有淡淡的质疑心，你才会不至于走入自我陶醉、自我封锁的绝境中。

第六章

沉得住气，做事绝不能半途而废

没有量的积累就没有质的飞跃，所以“欲速”反而“不达”。“见小利则大事不成”，急功近利一直是成功路上的绊脚石。成大事者是不会在意眼前的利益得失的。

1.危险总是孕育着机会

遭遇逆境未必就不是好事，因为危险总是孕育着机会，黎明前总是一天里最黑暗的时刻。当你身处逆境，如果换个角度去思考，说不定就能发现暗藏在其中的机遇，从此改变你的命运。正所谓祸福相依，没有绝对的好事，也没有绝对的坏事。机会不仅是给有准备的人，它还会给那些在危机中看到机遇、善于开动脑筋的人。在面对生活中的逆境时，不一味地抱怨，肯用心留意，你就会发现时时皆机遇，处处有财富。

古埃及的一个国王有一次举行盛大的国宴，厨工在厨房里忙得不可开交。这时一名小厨工不慎将一盆羊油打翻，吓得他急忙用手把混有羊油的炭灰捧起来往外扔。扔完后他去洗手，发现手滑溜溜的，特别干净。小厨工发现这个秘密后，悄悄地把扔掉的炭灰捡回来，供大家使用。后来，国王发现厨工们的手和脸都变得洁白干净，便好奇地询问原因。小厨工就把自己的发现告诉了国王。国王试了试，效果果然非常好。很快，这个发现便在全国推广开来，并且传到了希腊、罗马。没多久，就有人根据这个原理研制出了肥皂。

我们谁都不愿意失败，因为失败意味着以前的努力将付诸东流，意味着一次机会的丧失。不过，一生平顺，没遇到过失败的人，恐怕是少之又少。所有人都存在谈败色变的心理，然而若从不同的角度来看，失败其实是一种必需的过程，而且也是一种必要的投资。数学家习惯称失败为“或然率”，科学家则称之为“实验”。如果没有前面一次又一次的“失败”，哪里有后面所谓的“成功”！

全世界著名的快递公司DHL创办人之一的罗伯特·林恩先生，对曾经有过失败经历的员工情有独钟。林恩每次面试时，必定会先问对方过去是否有失败的经历，如果对方回答“不曾失败过”，林恩就会认为对方不是在说谎，就是不愿意冒险尝试挑战。林恩说：“失败是人之常情，而且我深信它是成功的一部分，有很多的成功都是由于失败的累积而产生的。”

林恩认为，人若不犯点错，就永远不会有机会。从错误中学到的东西，远比在成功中学到的多得多。

另一家被誉为全美最有革新精神的3M公司，也非常赞成并鼓励员工冒险，只要有任何新的创意都可以尝试，即使最后失败了，也没关系。尽管每次失败的发生率是预料中的60%，3M公司仍视此为员工不断尝试与学习的最佳机会。

3M坚持的理由很简单，失败可以帮助人再思考、再判断与重新修正计划，而且经验显示，通常重新检讨过的意见会比原来的更好。

美国人做过一个有趣的调查，发现所有企业家平均有三次破产的记录。即使是世界顶尖的一流选手，失败的次数丝毫不比成功的次数"逊色"。例如，著名的全垒打王贝比路斯，同时也是被三振最多的纪录保持者。

其实，失败并不可耻，重要的是面对失败的态度，是反败为胜，还是就此一蹶不振？杰出的企业领导者，绝不会因为失败而怀忧丧志，他们回过头来分析、检讨、改正，并从中发掘重生的契机。

失败，是走上更高地位的开始。许多人之所以能获得最后的胜利，就受惠于他们的屡败屡战。对于没有遇见过大失败的人，他有时反而不知道什么是大胜利。其实，若能把失败当成人生必修的功课，你会发现，大部分的失败都会给你带来一些意想不到的好处！

2.上帝在关上一扇门的同时会打开另一扇窗

失败给成功创造了机会。当你再度回到起点时，谨慎为之，并将注意力集中在过程上。利用这一方法，可使自己得到训练，当你再次出发时，就能有长足的进步。

这世界上卖豆子的人应该是最快乐的，因为他们永远不必担心豆子卖不完。

为什么他们不怕豆子卖不完？

假如豆子卖不完，他们可以将其拿回家磨成豆浆，再拿出来卖给顾客。如果豆浆卖不完，还可以制成豆腐。豆腐卖不完，变硬了，就当作豆腐干来卖。而豆腐干卖不出去的话，就把这些豆腐干腌起来，变成腐乳。

当然，卖豆人还可以把卖不出去的豆子拿回家，加上水让豆子发芽，几天后就可改卖豆芽了。如果豆芽卖不动，就让它长大些，变成豆苗。如果豆苗还是卖不动，再让它长大些，移植到花盆里，当作盆景来卖。如果盆景卖不出去，那么再把它移植到泥土中去，让它生长。几个月后，它就会结出许多新豆子。一颗豆子现在变成了上百颗豆子，想想那是多划算的事！

一颗豆子在遭遇冷落的时候，都可以有无数种精彩的选择，一个人更应该如此。

人生总免不了遭遇这样或者那样的失败。确切地说，我们每天都在经受和体验各种失败。有时候，我们甚至会在不知不觉间与失败不期而遇。面对失败，我们又往往会采取惯有的对待失败的办法，或以紧急救火的方式扑救失败，或以被动补漏的办法延缓失败，或以收拾残局的方法打扫失败，或以引以为戒的思维总结失败。“条条道路通罗马。”当我们失败时，如果能够静下心来，坦然面对，换一个角度去思考，那么在我们从另一个出口走出去时，就有可能看到另一番景象。

李铁是一个很有事业心的人，他在一家销售公司跟着老板一干就是5年，从一个刚毕业的大学生一直做到分公司的总经理。在这5年里，公司逐渐成为同行业中的佼佼者，李铁也为公司付出了许多，他很希望通过自己的努力将企业带入一个更加成功的境地。然而，就在他拼命工作的时候，李铁发现老板变了，变得不思进取、“牛”气十足，对自己渐渐地不信任，许多做法都让人难以理解。而李铁自己也找不到昔日拼事业时的冲动。

同样，老板也看李铁不顺眼，说李铁的举动使公司的工作进展不顺利，有点碍手碍脚。不久，老板就把李铁解雇了。

从公司出来后，李铁并没有气馁，他对自己的工作能力依旧充满了信心。不久，李铁发现一家大型企业正在招聘业务经理，于是就将自己的简历寄给了这家企业。没过几天他就接到面试通知，然后便是和总经理的面谈，最终他顺利得到这份工作。工作了大约一个月时间，李铁觉得自己十分欣赏该公司总经理的气魄和工作能力。同时，总经理也十分赏识李铁的才华与能力。所以在工作之余，总经理经常约李铁一起去游泳、打保龄球或者参加一些商务酒会。

在工作中，李铁发现公司的企业图标设计得相当烦琐，虽然有美感，但缺乏应有的视觉冲击力，便大胆地向总经理提出更换图标的建议。没想到总经理也早有此意，于是他就把这件事交给李铁去完成。为了把这项工作做好，李铁亲自求助图标设计方面的专业人士，从他们设计的作品中选出了一件比较满意的。当李铁把设计方案交给总经理的时候，总经理大加赞赏，立马升任李铁为公司副总，薪水增加一倍。

被解雇固然让人难过，但这也并不一定就是件坏事。面对无情的解雇，李铁没有放弃，他凭着才能找到了更适合自己的工作，并且得到了一位真正“伯乐”的赏识。

其实路就在脚下，即使被解雇了，我们也不用去计较，因为前面也许会有更光明的天空在等着我们。

也许处在人生低谷的你正在为失业而烦恼不堪，但你要相信，上帝在关上一扇门的同时会打开另一扇窗，机遇可能就在失败发生之时出现。

3.脚踏实地，别指望不劳而获

妄想“坐”等成功来临，就好像等着月光变成银子一样渺茫，只有脚踏实地地工作，才会获得自己希望得到的东西。在有助于成功的所有因素中，脚踏实地是最有效的；而在有助于你成功的所有品质中，脚踏实地是最可靠的。

莫扎特自孩提时就对音乐产生了兴趣。只要一听到音乐，他的手就会跟着拍起来。奇妙的是，他拍得很合拍，很有节奏感。

莫扎特的姐姐玛丽娅每次练习钢琴时，莫扎特就不吵不闹，静静地聆听。

有一次，当玛丽娅正聚精会神地练琴时，4岁的莫扎特走到姐姐跟前，乞求姐姐让自己弹奏她刚刚演奏过的那首曲子。玛丽娅亲昵地指着弟弟的鼻子说：“看看你的小手，还不能跨过琴键呢，怎么弹琴，等你长大了再学琴吧。”

一天，全家用过晚餐后，玛丽娅帮助妈妈在厨房里洗碗，莫扎特就悄悄地坐在钢琴上弹起来。父亲雷奥博正在边喝茶边抽烟休息，听到琴声后，猛然站起来，惊喜地说：“听，玛丽娅把这首曲子弹得简直妙极了！”话音刚落，玛丽娅就从厨房里走了出来。雷奥博呆住了，这是怎么回事呢？他立即爬上楼轻轻地推开门，只见莫扎特正坐在钢琴前聚精会神地弹奏呢！

父亲看出儿子的音乐天赋，便开始对他进行早期教育。从4岁起，莫扎特就弹起了钢琴，拉起了小提琴。莫扎特的接受能力极强，许多曲子他只听一遍，就毫不费力地记住了。

父亲怕莫扎特负担过重，不想过早教他作曲。可是当莫扎特5岁时，他看见父亲写乐谱，便也开始学着作曲。有一次，父亲走进莫扎特的房间，见他正趴在桌上，在五线谱上专心地写东西。他随手拿起一看，不禁吃了一惊。原来儿子在写钢琴协奏曲，而且写得完全符合规格。

靠谱
比能力更重要

一天，父亲创作了一首小步舞曲。他要儿子把这个乐谱送到剧院院长那里去，并说明这是专为他女儿创作的。不料，在路上，一阵大风把莫扎特手里的乐谱刮跑了。他一面哭着，一面追着到处飘荡的乐谱。乐谱没有找全，莫扎特就跑到小伙伴家里，借来笔纸，自己写了首乐谱送去。第二天，院长带着女儿来拜谢，说莫扎特父亲的舞曲写得太妙了，他还让女儿把舞曲弹了一遍。莫扎特的父亲听后惊呆了。他说："这不是我作的舞曲。"说完他转身问儿子："这首乐曲是谁写的？"莫扎特只得说出原委。父亲听后激动得流下眼泪，一下子把儿子抱在了怀里。

此后，父亲就开始教莫扎特进行难度较大的作曲练习。聪明勤奋的莫扎特，在家里不是弹琴就是作曲。只有几岁的孩子就像个大人一样整日埋头音乐之中。为了让莫扎特开阔眼界，少年成名，自1761年秋天起，父亲就带着6岁的莫扎特到奥地利首都维也纳演出。接着他们又到德国、法国、英国、荷兰和瑞士演出。每到一地，莫扎特都获得好评。7岁那年，莫扎特在法国巴黎一个音乐会上为一位著名的女歌唱家做弹琴伴奏，他只听她唱一遍，就能不看乐谱，自由地伴奏，从头到尾一点不错。女歌唱家再唱一回，他又在琴上另选新的伴奏。每唱一曲，他的伴奏都变化无穷，和谐动听，令听众惊叹不已。这件事被欧洲人称为"18世纪的奇迹"。

莫扎特11岁便能指挥大型歌剧演出，并写成了第一部歌剧《阿波罗和吉阿琴特》。12岁时，莫扎特开始指挥德国一支著名的乐队，名闻世界乐坛。13岁时，便在萨尔斯堡任大主教宫廷教师。

莫扎特只活了35岁。在短短的一生中，他写了19部歌剧，47部交响曲，27部钢琴协奏曲，5部小提琴协奏曲，22部弦乐四重奏，29部钢琴奏鸣曲，37部小提琴奏鸣曲，以及其他各类乐曲100多部，给人类的音乐宝库留下了珍贵的艺术财富。

"罗马不是一天建成的。"成功的关键在于脚踏实地的积累。任何事都要认真对待，不要轻视任何微小的收获或进步，不肯从小事做起的人注定不能成功。

对一些人而言,劳动也许是一种负担,甚至是对他人的惩戒,而对另外一些人而言,劳动是一种幸福。因为他们知道,只有脚踏实地的劳动,才会有所成就,否则将一事无成。

爱迪生说过:“如果你成功地选择劳动,并把自己的全部精神灌注到它里面去,那么幸福本身就会找到你。”知道自己工作的意义和责任,并永远保持一种自动自发的工作态度,就是那些能成就大业的人和凡事得过且过的人最根本的区别。

22岁的美国黑人男子法拉·格雷是知名的“商界神童”。他6岁白手起家搞推销,14岁就成了百万富翁。如今,他的生意已扩大到通信、食品、出版等领域,而他本人还主持广播和电视节目,在纽约和拉斯韦加斯都拥有自己的办公室。

格雷出生于芝加哥一个普通的单亲家庭,是5个兄弟姊妹中最小的一个。据悉,格雷6岁那年,母亲患上了很严重的心脏病。格雷心疼母亲,渴望帮助她减轻生活负担,但没有人敢雇用他。无奈的格雷经过苦思冥想,终于发现了一个赚钱的方法——推销润肤露。格雷说:“我请妈妈帮我低价批发一些润肤露,然后挨家挨户地进行推销。有人开门,我会握着他(她)的手说:‘您好,我叫法拉·格雷,您愿意买下这瓶润肤露吗?它只要1.5美元。’通常,主妇们一看到我恳切的眼神,都会说:‘好,我买。’”

有了一些积蓄后,8岁那年,格雷创建了自己的“商业俱乐部”。他向当地的商人寻求资助,请求他们提供车辆和开会场所,以便让他和其他儿童一起切磋经商“秘诀”。格雷说:“刚开始,我总是遭到别人的拒绝,他们一看到我就关门。但我总算通过‘五人策略’募集到了1.5万美元的投资。所谓‘五人策略’,就是如果你拒绝我的请求,那么请你给我介绍5个可能会接受我请求的人。”通过募捐得来的钱,格雷和他的伙伴们做起了销售饼干和礼品卡的生意。

靠谱
比能力更重要

格雷一家搬到拉斯维加斯后，他的经商本领引起了当地媒体的关注。很快，格雷受邀到脱口秀节目中接受采访。后来，他自己也成了一名脱口秀节目主持人。那年，他只有12岁。虽然年龄小，但格雷的口才却不逊于大人，所以没过多久，就连许多机构都开始约他进行演讲。他的预约表排了一长串，而且每场演讲的报酬高达5000～10000美元。格雷说："我的电话总是响个不停，人们想知道，我是如何建立自己的俱乐部的？我是怎样成为一名脱口秀节目主持人的？他们说：'来给我们老年人组织，或年轻人组织讲讲你的成功史吧，这儿有一张支票等着你。'"

有一次，格雷看了祖母做果汁的过程后，灵机一动，立即决定建立一家食品公司。他说："我是一边看书一边学习如何经营一家食品公司的。"靠着这家食品公司和其他生意上的收入，14岁的时候，格雷就成了一名百万富翁。那年，他给家里买了一栋房子，让母亲住得更舒服一些。

2004年，20岁的格雷出版了与人合著的《白手起家的百万富翁：9个步骤使你变得有钱》一书。书中列出了他的经验之谈：爱惜你的名声，永远不要害怕被拒绝，建立智囊团，抓住每一个机会，跟随潮流但有自己的目标，对失败做好心理准备，花时间学习，热爱你的顾客，永远不要轻视人脉的作用。

世界上许多成功者都是敢想敢做敢失败的人，而有些所谓智力超群、才华横溢的人却因瞻前顾后，不知取舍而终无所获。我们常听说，天才、运气、机会、智慧是成功的关键因素，但更多的人失败是因为有三件事没有做到位，即缺乏敢想的勇气，缺少敢做的能力，以及没有敢成败的决心。

1883年8月19日，在法国卢瓦尔河畔的索米尔小镇上，夏奈尔出生了。她的全名叫加布理埃勒·夏奈尔。夏奈尔12岁时，母亲去世，她在孤儿院度过了黯淡的少年时光。17岁时，她来到另一个小镇，进入了修道院。在当时的法国，妇女的地位很低，一个女孩要想在社会上生存，是非常艰难的。孤儿院的生活使她明白，高超的针织手艺对于女性来说非常重要，她可以通过针线活儿养活自己。于是，18岁那年，夏奈尔来到一家商店做助理缝纫师。

夏奈尔卑微的出身和早年生活给她的服装理念打上了深刻的烙印。周围的成年妇女穿的工作服使她相信，妇女需要的不是烦琐的装扮，而是适合她们日益活跃的生活方式的宽松舒适的衣衫。夏奈尔认为，女人为造成她们举止不便的服饰所束缚，从而被迫依赖于仆人和男人。孤儿院穷苦的生活渗入她的设计风格：朴素端庄、简明大方。

她开始设计黑帽，白色短衫，领口系雅致的黑领结，简单素洁的短上衣。同时，在她工作的小镇，有许多驻兵，那些朝气蓬勃的骑兵制服给她留下了深刻的印象，这无疑也成为她此后几十年里著名的镶边服装的灵感来源。20多岁时，夏奈尔遇上了富有的骑士卡佩尔。1908年，在这个人的资助下，夏奈尔开了第一家帽子店。由于她的帽子宽大实用，受到了许多妇女的欢迎。

1912年，趁热打铁的夏奈尔又在法国上流社会的度假胜地——诺曼底这个海边小城开了自己的第一家服装店。很快，她极富个性的运动衫、开领衬衫、短裙、男式雨衣受到了时髦女郎的注意。不仅如此，为了扩大宣传，夏奈尔让自己的姐姐穿上自己设计的新式服装，到城里最繁华的地方吸引女士们的注意，这差不多是最早的一种广告形式。夏奈尔的事业越来越成功。

1918年，夏奈尔的亲密爱人卡佩尔因车祸遇难，但夏奈尔依然坚强地发展自己的事业。1924年，她推出了著名的黑色小礼服，掀起了世界服饰的革命。在第一次世界大战期间，男士上战场，女士负起持家工作，职业妇女渐渐兴起，因此需要较实用的服装，而夏奈尔的服装正好符合这个趋势，她的事业也蓬勃发展起来。

第一次世界大战后，夏奈尔认为手工定做服装不适合大众需要，虽然手头上有当时约200位名女士的订单(包括伊丽莎白·泰勒、英格丽·褒曼)，她还是决定投入成衣市场，这让夏奈尔企业成为数一数二的服饰大企业。

夏奈尔并没有满足自己取得的成绩，自1920年开始，夏奈尔开始提倡整体形象，这当然是从头到脚，还包含配件、化妆品、香水。对她来说，一个女人不该只有玫瑰和铃兰的味道，香水会增添女性无穷的魅力。于是，她推出了

“夏奈尔5号香水”，这是第一支由服装设计大师推出的世纪经典香水。当著名的好莱坞影星玛丽莲·梦露用性感而充满磁性的声音对全世界说：“夜里，我只‘穿’夏奈尔5号。”全世界都为之疯狂了。

谁想收获成功的人生，谁就得当个好“农民”。我们决不能仅仅播下几粒种子，然后就指望它们长出丰硕的果实。我们必须给这些种子浇水，给幼苗培土施肥。要是疏忽这些，野草就会夺去土壤的养分，直至庄稼枯死。

4.工作可以枯燥，但你不能浮躁

法国著名作家罗曼·罗兰说：“一个人慢慢被时代淘汰的最大原因，不是年龄的增长，而是学习热情的下降，工作激情的减退。”

工作是实现成功的途径，但更应该是享受人生的手段。享受工作，也许一些人会嗤之以鼻，因为他们只是把工作当作谋生的手段，一种不得已而为之的生存方式。在他们眼里，工作是负担、压力，让人疲惫，没有快乐可言。

林肯说：“一些事情人们之所以不去做，只是因为他们认为不可能。而许多不可能，只存在于我们的想象之中。”享受工作也是如此，它的不可能只是一种想象，实际上，完全可以做到。

小周是传媒专业的本科毕业生。在来这家广告公司应聘时，她穿了一件洗得发白的牛仔裤，一件纯白的棉衬衫，一张不施粉黛的脸，看上去只有十八九岁的样子。她的随意装扮给上司留下了很不好的印象，上司觉得她连最起码的着装还没学会就来应聘，实在不应该。可令上司意想不到的是，她居然被公司留下了。

第六章
沉得住气，做事绝不能半途而废

先入为主的成见注定了她与上司不和谐，但小周依然每天带着快乐的心情来上班。虽然上司并没有给她多少事情做，但她却很少让自己闲下来，把办公室打扫得干干净净不说，还跑到别的科室去帮别的同事打水扫地。

有几次，她实在没什么事情做，就小心地问上司有什么需要她做的。其实，事情有很多，光上司手头上需要整理的材料就有一大堆，可她不放心交给小周，于是她用一种自己也想不到的语气回答她："急什么，总会有你做的事。不过，那些打水扫地的活儿，你也不必去做。公司里有勤杂工，你来这儿不会就为做这些吧？"小周听了脸都红了，急忙低下头。

有一天早晨，小周在上司的办公桌上放了一张简陋的广告创意。可上司拿起来瞄了一眼后，就随手把那张纸丢到了脚边的垃圾筒里。小周眼里满是失望。"是你做的吗？"上司问。"是的，我做得不好，请您多指点。""嗯，下次吧。"

第二天一上班，上司发现一张同样大小的纸放在了自己的办公桌上，这一次的效果虽然比上次略微好些，但离上司的要求还相差甚远，所以上司再一次把它丢进垃圾筒。对此，小周还是什么也没说，转身退出了上司的办公室。

接下来的几天，小周每天上班都把自己设计的广告创意放在上司的桌上，每一次都会比前一次有一点儿小小的改进，但总体水平并没有多大提高。终于有一天，上司开口了："其实，你也许没有发现，你并不适合做广告这一行。因为你的创意没有一丝新意，干这一行没有创意是很可怕的。"小周的眼泪在眼里转了好久，最终还是掉下来了："谢谢您的指点，我知道了。但我也想对您说，不管我做得多差，每一次都是我努力的结果，而且我也坚信，每一次我都比前一次做得好。这些虽然被您随意地扔进了垃圾筒里，但对我却是成长的经历，我会珍惜它们。"说完，她从背后拿出那些曾经被上司随便丢进垃圾筒的广告创意。

自此，小周再也没有将自己设计的作品放到上司的桌上，在公司里也沉默了许多。更多的时候，她都紧抿着嘴专心地做事。在干好自己分内的事后，她把更多的时间用来看书学习。

有一次,老总派小周的上司去谈一笔很大的广告业务,本来已经成功了,但在签约的前一天却出了问题。对方忽然打电话来,告知有另外一家广告公司的创意更适合他们,所以只好遗憾地终止合作。上司一听就火了,在电话里很不客气地驳斥对方不守信用。小周一直待在她的旁边,小心地问真的无法挽回了吗?上司用一种从未有过的失败感说:“没用了,人家明天就签约了。”“可是还没有到明天,说不定还有转机呢!”小周说。

第二天,小周没有像往常一样出现在办公室。快要下班时,只见老总满面喜色地走进来,而他身后的小周也满面春风地跟进来。老总大声说:“向大家宣布一个好消息,我们的小周为公司立下了一个大功。你们可能都没想到,她居然用自己的作品说服了我们的客户,为我们拉了一笔大业务。今天中午,我们要为她庆贺一下,做事情要的就是小周的这种精神!”而这时,上司的脸红了。

此后,小周接二连三地拿出了好创意,很快吸引了老总的注意,而排斥她的上司最终只得辞职。

小周是不浮躁的典型例子，她没有因为上司的冷落而忘了自己的职责，一直在努力学习,最终,她的付出得到了回报。所以,在工作中,一个人只有不浮躁,才会学有所成,学有所获。

我们一定要安安分分地工作，不因外在的环境变化而改变内心的坚定。当然,任何工作都不会像你想的那样完美,总免不了有一些瑕疵。但工作可以枯燥,你却不能浮躁。只要选择了所从事的工作,它就值得你用心去对待。只有对工作投入和倾心,才能从中寻找到乐趣和享受,自然也就掌握了自己的人生。

5.只有忍到瓜熟之时，蒂方能脱落

有一个小男孩儿很喜欢研究生物，他想知道蛹是如何破茧成蝶的。有一次，他在草丛中看见一只蛹，便抓回家日夜观察。几天以后，蛹出现了一条裂痕，里面的蝴蝶开始挣扎，想抓破蛹壳飞出。艰辛的过程长达数小时之久，可蝴蝶依旧没有钻出来。小男孩儿看着有些不忍，想要帮帮它，便拿起剪刀将蛹剪开，蝴蝶破蛹而出。但令小男孩儿没想到的是，蝴蝶挣脱蛹以后，因为翅膀不够有力，根本飞不起来，不久，便痛苦地死去了。

那只蝴蝶在蛹里不断地挣扎，想要破壳飞出来的过程，实际上就是它成长的过程，是它获得新生的过程。如果它通过努力能将这个蛹的裂口打开，它便可以轻松自如地飞翔。但小男孩儿用剪刀剪开了蛹壳，帮它加速了这个过程，蝴蝶虽然轻而易举地出来了，可是它的翅膀没有经过在破蛹过程中的磨砺，不够强壮，根本飞不起来。小男孩儿原本想帮蝴蝶的忙，没想到结果反而害了蝴蝶，正所谓“欲速则不达”。

我们人也一样。成功需要力量的积聚，急于求成必然会导致失败。破茧成蝶虽然是个痛苦、艰辛的过程，但只有经过这番磨难，才能换来日后的翩翩起舞。所以，在做事情的时候，我们一定要遵循事物的规律，千万不能为了一时求快，违反事物的发展规律。要知道，只有等瓜熟之时，蒂方才能脱落。

《战国策》中有一个这样的故事：

有一个国君愿意出1000两黄金购买一匹千里马，可3年过去了，千里马仍没买到。这时，有位侍臣向国君请求出去寻求千里马。侍臣找了3个月，终于找到了线索，可到地方一看，马已经死了。侍臣拿出500两黄金买回了那匹千里马的头骨，将其交给了国君。国君非常生气："我要的是活马，怎么能把死马弄回来，而且还花了500两黄金！"

侍臣回答说："您连死马都肯花500两黄金买下来，何况活马呢？消息传出去，很快就有人把千里马给您牵来。"果然，不到一年时间，就有好几匹千里马送到了国君手中。

侍臣很聪明，他明白急于求成是得不到千里马的，只要运用一定的方法，做足准备，自然能够达到目的。人也一样，只有注重知识的积累，迎难而上，一步一步来才能变得坚强有力，成功也才会不期而至。

日本近代有两位一流的剑客，一位是宫本武藏，另一位是柳生又寿郎。

当年，柳生拜师宫本。学艺时，他对宫本说："师父，根据我的资质，要练多久才能成为一流的剑客？"

宫本答道："最少也要十年吧！"

柳生说："十年太久了，假如我加倍苦练，多久可以成为一流的剑客呢？"

宫本答道："那就要二十年了。"

柳生一脸狐疑，又问："假如我晚上不睡觉，夜以继日地苦练呢？"

宫本答道："那你必死无疑，根本不可能成为一流的剑客。"

柳生非常吃惊："为什么？"

宫本答道："要当一流剑客，先决条件就是必须永远保留一只眼睛注视自己，不断地反省自己。现在，你的两只眼睛都盯着剑客的招牌，哪里还有眼睛注视自己呢？"

柳生听了，当场开悟。最终成一代名剑客。

获得成功的人都知道，进步是一点一滴不断地努力得来的。万丈高楼是由一砖一瓦堆砌成的；足球比赛的最后胜利是由一次一次的得分累积而成的；商业的繁荣也是靠着一个一个顾客的购买累积的。大道至简，所谓的成功就是一步一步地往前走,除此之外别无捷径。事业如同耕耘,如果因进展太慢而中途放弃,或试图揠苗助长,只会自毁前程。

春秋末期,齐景公非常器重相国晏婴,国中无论大小事情,他都要向晏婴请教,然后才可以定夺。一次,齐景公正在海边游玩散心,忽然接到侍者的报告:“大王,大事不好了,相国晏婴病倒了,情况十分危险!”

齐景公听到这个消息后惊慌失措,下令马上回京。他挑选了最好的驭手驾车,挑选了最好的马匹拉车,急急忙忙地出发了。在车上,齐景公不住地催促驭手:“快点,再快点!不然相国就会危险的!”虽然马车跑得已经够快了,但齐景公仍然觉得太慢,于是索性把驭手推到一边,自己拿起鞭子赶起车来。这样跑了一阵子,齐景公还觉得不够快,怎么办呢?

这时候,心急如焚的齐景公做出了一个惊人之举,他干脆跳下马车,徒步奔跑起来。跑了一会儿,齐景公便累得汗流浃背、上气不接下气。齐景公当然没有四条腿的马跑得快了,他一心求快,结果反而更慢了。齐景公见这样不行,只好又回到车上,让驭手重新驾驶马车赶往京城。这个时候的齐景公才明白,还是马车走得快,假如自己赶车或者徒步跑回京城,还不知道要到什么时候才能够到达。

耐心,是隐忍的基石,也是成功的根本。没有耐心的人,一遇到困难就会灰心丧气,一遇到险阻就会中途放弃。有耐心,再艰难的事也能做成功,没有耐心,再容易的事也难做成功。

成功者的步伐永远是从最浅的脚印开始的。因为比较弱小,所以还需要成长,需要耐心地等待、积累。没有量的积累就没有质的飞跃,“欲速”反而“不达”。“见小利则大事不成”,急功近利一直是成功路上的绊脚石,成大事者不会在意眼前的利益得失。

6.坚持下去,上帝会在最后一秒让你成功

机会稍纵即逝,而且机会的产生也并非易事,因此,不是每个人都能够有机会可抓。在机会还没有来临时,最好的办法就是等待,等待,再等待。在等待中为机会的到来做好准备,你就能获得意想不到的成功。

有两个人偶然与酒仙邂逅,同时获得了酒仙传授的酿酒之法:米要端阳那天饱满起来的,水要冰雪初融时的高山流泉,把二者调和后,将其注入千年紫砂土铸成的陶瓮,再用初夏第一张迎接朝阳的新荷叶覆紧,密闭七七四十九天,直到鸡叫三遍后方可启封。

就像每一个传说里的英雄一样,他们历尽千辛万苦,找齐了所有的材料,把梦想一起调和密封,然后潜心等待启封的时刻。

第四十九天到了,两人整夜都没睡,只等着鸡鸣的声音。远远地,传来了第一声鸡鸣,过了很久,依稀响起了第二声。然而,该死的第三遍鸡鸣迟迟没有来。其中一个人再也忍不住了,他打开了他的陶瓮,迫不及待地尝了一口,结果惊呆了:酒的味道像醋一样酸。大错已经铸成不可挽回,他失望地把酒洒在了地上。

而另外一个人虽然也按捺不住想要伸手,却还是咬着牙,坚持到了第三遍响亮的鸡鸣响起。时间一到,他迫不及待地舀出来一抿,大叫一声:“多么甘甜清醇的酒啊!”

只差那么一刻,“醋水”没有变成佳酿。许多富人与穷人的区别,往往不是前者拥有了机遇或是更聪明的头脑,而是多坚持了一刻。这一刻可长可短,有时是一年,有时是一天,有时仅仅只是几分钟。

第六章

沉得住气，做事绝不能半途而废

创业者若缺了“坚持”二字，随时都会有打退堂鼓的可能。因为在创业的过程中，要遭遇到的挫折和困难绝不会少，若一遇则退，则很有可能在跳换几个行业后，便偃旗息鼓，改换门庭，创业热情亦随之东流。

有一位商人，他最早是子承父业做珠宝生意的，可是，由于他缺乏对珠宝行业的敏感性，没几年就把父亲交给他的珠宝店赔光了。

商场失意的他认为不是自己缺乏经商的才干，而是珠宝行业投资大、技术性太强，风险太大。他认为服装行业周期短，不需要太多的专业知识，所以他决定改行做服装生意，并相信自己肯定能成功。于是，他变卖了仅有的一些家产，开了一家服装店。

过了三年，他的服装店再也没有资金进新款衣服了，而已有的衣服也因价格高于相邻商家而无人问津。他又一次失败了。他意识到服装市场更新太快了，自己总是跟随流行的尾巴。当他以为一种新款刚开始流行自己马上组织资金进货时，同行们的这种款式已经开始淘汰了。

商人变卖了服装店，用剩余不多的资金开了一家饭店。他想，这种简单的生意总不会再赔了。只需雇几个人做菜，客人吃饭拿钱，又不用多么大的流动资金。可是，他又错了。他眼睁睁地看着相邻的饭店宾客盈门，而自己的饭店却门可罗雀。最后，连雇来的几个人也跑到别的饭店去了，只剩下他孤零零的一个人。

后来，他又尝试做化妆品生意、钟表生意、印染生意，都无一例外地失败了。

当他60多岁双鬓灰白时，他才相信自己没有丝毫经商的才能，一生的宝贵年华被失败消磨殆尽。他盘算了自己的家底，所有的钱仅够买一块离城很远的墓地。

彻底绝望的他心想，既然自己没有能力创造财富了，就买块墓地给自己留着，等到哪天一命归西，也算有个归宿。

这是一块极其荒僻的土地，不要说有钱人，甚至穷人都不愿买。可是不久，奇迹发生了。就在他办完产权手续的第15天，这座城市公布了一项建设环城高速路的规划，他的墓地恰恰处在环城路内侧，紧靠一个十字路口。道路两旁的土地一夜之间身价倍增，他的这块墓地更是涨了好多倍。他做梦也没想到他靠这块墓地发了财。

商人突然顿悟，自己为何不做房地产生意呢？说做就做。他卖了这块墓地，又购买了一些他认为有升值潜力的土地。仅仅过了5年，他就成了全城最大的房地产商。

这位商人的亲身经历给人的启示很深刻。无数次的选择，无数次的放弃，却只有一个小小的机遇，才能改变一个人的命运。有很多时候，机遇就在你的前方等待着，关键是你要耐心地等待和发现。

这样的事我们遇到过很多，一个人为一个目标苦苦守候多年，直到后来实在坚持不住了，就不再等候，结果他刚走，机遇就出现了。有很多人努力了半辈子依然贫穷，就自动放弃了。其实，这个时候，财富距他也许只有一步之遥。

所以，只要还有一口气在，就永远不要放弃努力。机会就在你的手中，上帝往往会在最后一秒，让你胜利。

阿呆和阿土是两个住在同一村庄的老实巴交的渔民，却都梦想着成为大富翁。有一天，阿呆做了一个梦，梦里有人告诉他对岸的岛上有座寺庙，寺里种了49株朱槿，其中开红花的一株下埋有一坛黄金。阿呆醒来后便满心欢喜地驾船去了对岸的小岛。他发现岛上果然有座寺庙，而且寺里真的有49株朱槿。此时已是秋天，阿呆便在此住了下来，等候春天。肃杀的隆冬一过，朱槿花一一盛放了，但都是清一色的淡黄色。阿呆没有找到开红花的那一株，寺庙里的僧人也告诉他从未见过哪株朱槿开红花。于是，阿呆只能垂头丧气地驾船回到村庄。

后来，阿土知道了这件事，就用几文钱向阿呆买下了这个梦。阿土也去了那座岛，并找到了那座寺庙。又是秋天，阿土也住了下来等候花开。第二年春天,朱槿花凌空怒放,寺里一片灿烂。奇迹就在此时发生了,真的有一株朱槿开出了美丽绝伦的红花。阿土激动地在树下挖出了一坛黄金。后来,阿土成了村庄里最富有的人。

今天的我们为阿呆遗憾,他与富翁的梦想只隔了一个冬天。他忘了把梦带入第二个灿烂花开的春天,而那足可令他一世激动的红花就在第二个春天盛开了!阿土无疑是个聪明人,他相信梦想,并且等待另一个春天!

每个人的人生都充满着梦想,每个人也都拥有自己的野心。然而,我们总是习惯于守候第一个春天,面对第一次的无果,我们往往会轻率地将第二个春天弃之于门外。殊不知,梦想之花垂青的总是那些有耐心并且执着追求的人。

第七章

圆融变通，多多思考才能把事办好

只有充分地思考，才能保证工作能够完成，而且做起来更容易；相反，没有思考的工作不仅毫无头绪，而且也无法判断结果，当然会留下许多漏洞和隐患，失败也在所难免。

1.没有准备就行动，只能使一切陷入无序

一个年轻的猎人带着充足的弹药、擦得锃亮的猎枪去寻找猎物。虽然老猎手们都劝他在出门之前把弹药装在枪筒里，但他还是带着空枪走了。

“废话！”他嚷道，“我到达那里需要一个钟头，哪怕我要装100回子弹，也有的是时间。”

命运女神仿佛在嘲笑他的想法似的，他还没走过开垦地，就发现一大群野鸭密密麻麻地浮在水面上。以往在这种情景下,猎人一枪就能打中六七只,够他们吃上一个礼拜了。可如今,就在他匆匆忙忙地装着子弹时,野鸭发现了他。它们发出一声声鸣叫,一齐飞了起来,很快就飞得无影无踪了。

猎人穿过曲折狭窄的小径,在树林里奔跑搜索,树林里荒凉寂静,他连一只麻雀也没有见到。

真糟糕,一桩不幸连着另一桩不幸。只听霹雳一声,大雨倾盆。猎人浑身上下都是雨水,袋子里却依然空空如也。最终猎人只好拖着疲乏的身体回家去了。

在看到猎物的时候才去装弹药,连作为一名猎手应该做哪些准备工作都不去思考,当然不可能有收获。

没错,有准备才是成功的保证!这一点在阿尔伯特·哈伯德的身上得到了很好的验证。

阿尔伯特·哈伯德生于一个富足的家庭,但他想创立自己的事业,因此他很早就开始有意识地做准备工作。他明白像他这样的年轻人最缺乏的是知识和必备的经验,于是他开始有选择性地学习相关的专业知识。为了充分利用时间,他甚至在外出工作时,也总会带上一本书,在等候电车时一边看一边背诵。他一直保持着这个习惯,这使他受益匪浅。后来,他有机会进入哈佛大学,开始了一些系统理论课程的学习。

经过又一次欧洲考察之后,他开始积极筹备自己的出版社。他请教了专门的咨询公司,调查了出版市场,尤其在从事出版行业的威廉·莫瑞斯先生那里得到了许多积极的建议。就这样,一家新的出版社——罗依科罗斯特出版社诞生了。由于事先的准备工作做得好,出版社经营得十分出色。他不断地将自己的体验和见闻整理成书出版,名誉与金钱相继而来。

然而阿尔伯特并没有就此满足。他敏锐地观察到,他所在的纽约州东奥罗拉当时已经渐渐成为人们度假旅游的最佳选择之一,但这里的旅馆业却非常不发达。阿尔伯特觉得这是一个很好的商机,于是他抽出时间亲自在市中心做了两个月的调查，了解市场行情，考察周围的环境和交通。他甚至亲自入住一家在当地经营得非常出色的旅馆，去研究其经营的独到之处。后来，他成功地从别人手中接手了一家旅馆，并对其进行了彻底的改造。

在旅馆装修时，他根据自己的调查，接触了许多游客。他了解了游客们的喜好、收入水平、消费观念，更注意到这些游客是因为厌倦繁忙的工作，才在假期来这里放松的，因此他们需要更简单的生活。因此，他让工人制作了一种简单的直线型家具。这个创意一经推出，很快受到人们的关注，游客们非常喜欢这种家具。阿尔伯特再一次抓住了这个机遇，一个家具制造厂诞生了。家具公司蒸蒸日上，也证明了他准备工作的成效。同时他的出版社还出版了《菲利士人》和《兄弟》两份月刊，其影响力在《致加西亚的信》一书出版后更是达到顶峰。

我们可以看到，阿尔伯特的成功是建立在充分的准备工作基础上的，所以他才能够在机遇到来时果断出击。正是充足的准备成就了他事业的辉煌。

阿尔伯特深深地体会到，准备是执行力的前提，是工作效率的基础。因此，他不但自己在做任何决策前都认真做准备，还把这种好习惯灌输了给他的员工。

然而，阿尔伯特的生命在1915年与被德国水雷击沉的路西塔尼亚号轮船一同沉入了海底，过早地结束了。罗依科罗斯特公司的重担落到了刚刚而立之年的小伯特·哈伯德身上。

虽然小伯特养成了勇往直前的战斗精神和积极主动的工作态度，但也造成了他忽视思考，盲目冲动的习惯。

当阿尔伯特发现了小伯特这一致命的弱点后，就经常提醒他："准备赢得一切！一个意识不到准备的重要性的人，无论做什么都不会成功。"但是，小伯特从没把父亲的话真正放在心上。他认为准备工作太简单了，根本不像父亲所说的那样玄妙。他认为一个人要想成功，只要勤奋、敬业就成了。

阿尔伯特去世后，面对家族企业中繁重的工作，小伯特毫不畏惧，他立志要完成父亲还没有完成的事业。于是小伯特每天工作都在12个小时以上，面对困难永远勇往直前，忙碌的程度远远超过了他的父亲。

但是,他的劳动却没有得到回报,漠视准备工作的弊端很快显现了出来。他对图书的构成和运作规律一无所知,也根本没有留意过家具市场的变化和风险,当然就谈不上什么成熟的思路。日益忙碌的他悲哀地发现,他付出的努力几乎没有任何价值,企业开始走下坡路了。

当时,管理层的意见又极不统一,这更让小伯特无从下手。他不熟悉公司的业务,不懂市场,公司很快陷入了混乱状态。由于小伯特的影响,公司原本形成的"准备第一"的企业文化已经荡然无存。员工们也开始像小伯特一样,什么事情都是先做了再说。长此以往,工作效率自然极其低下,使得公司的危机不断扩大。

阿尔伯特因对准备工作的极度重视而赤手打下一片天地。而小伯特因对准备工作的重要性浑然无知,白白地葬送了父亲一手创立的事业。

父子两个人的不同结局告诉我们,准备是一切工作的前提。只有充分地准备才能保证工作得以完成,而且做起来更容易。相反,没有充足准备的工作是毫无头绪的,也无法判断结果,当然会留下许多漏洞和隐患,失败也就不可避免了。

一个缺乏准备意识的人一定会不断出错,纵然具有超强的能力、千载难逢的机会,也不一定获得成功。

2.能防患于未然前,远胜治乱于已成之后

春秋时,魏文王有一天问名医扁鹊:"据说你家中兄弟三人,全都精于医术,那么谁的医术最高明呢?"

扁鹊答道:"大哥最好,二哥次之,而我是最差的。"

魏文王不解地说:"爱卿谦虚了吧,既然你是最差的,为何名气却是兄弟之中最大的呢?"

扁鹊解释说:"大王您有所不知。大哥治病,多是在病情发作之前,那时候病人还觉察不到,但大哥却早已当机立断,把疾病灭于无形之中。当然,这也使得大哥的医术纵然盖世无双,也难以被世人认可。

"二哥治病,多是在发病初期,症状尚不明显、病人尚未太过痛苦之时。这时候,二哥往往能够及时铲除病根。但也正因如此,乡里之人都认为二哥只是治疗小病小痛颇为灵验。

"而我治病,大都是在其病情十分严重之时,此时病人通常痛苦万分,病人家属则心急如焚。这时候,他们看到我在经脉上穿刺、放血,或在患处敷药以毒攻毒,动大手术直指病灶,使重病病人的病情得到缓解或者治愈。于是,我便侥幸得以闻名天下了。其实,跟大哥和二哥相比,我的医术还差得很远。"

扁鹊的这番话告诉我们一个道理:最高明的医术,不是事后控制,而是事前控制。而要成为一个成功人士,能防患于未然前,远胜治乱于已成之后。

不少人都习惯于等到错误的决策和做事的结果造成了重大的损失时,才慌慌张张地去弥补。但这样做即使能够补救,浪费掉的财力、物力、人力、时间也比事前控制的多得多。工作失误要花时间来修正,产品质量出现问题要花时间来返工,技术不过关要靠培训来弥补。也就是说,一个本来用一天时间就可以完成的工作,却要花费很多人一周的时间来完成。一个原本可以花费一元钱生产出来的优质产品,却要很多人在弥补产品质量的问题上再花费一元钱。

在世界企业的危机管理中,有一个著名的反面案例。

1999年6月9日,在比利时有120人(其中40人是学生)在饮用可口可乐之后出现了呕吐、眼花以及头痛等中毒症状。同时，法国也有80人出现了同样的症状。

已经拥有113年历史的可口可乐公司遭遇了历史上罕见的重大危机。在现代传媒十分发达的今天，这一危机可以在很短的时间内迅速而广泛地传播，其负面作用可想而知。

可口可乐公司立即着手调查中毒原因、中毒人数，同时收回了某些品牌的产品，包括可口可乐、芬达和雪碧。

一周后，中毒原因基本查清。比利时的中毒事件，是安特卫普工厂的包装瓶内误入了二氧化碳所致。而法国的中毒事件，是敦克尔克工厂的杀真菌剂洒在了储藏室的木托盘上而造成了污染。

从结果来看，事故与可口可乐公司本身似乎没有太大的关系。但真正的问题却是，早在事情发生前，可口可乐公司总部就得到过很多消息，反映可乐引起的呕吐事件及其他不良反应。但可口可乐公司只是在公司网站上粘贴了一份相关报道，报道中充斥着没人看得懂的专业词汇，也没有任何一个公司高层管理人员出面，对事件的中毒者表示深度关切，或者呼吁公司启动危机管理方案。

这种举动触怒了公众。消费者认为可口可乐公司没有人情味。很快，两国的消费者均不再购买可口可乐公司的软饮料，而比利时和法国政府还坚持要求可口可乐公司收回所有产品。

可口可乐公司这才意识到问题的严重性，事发后的第10天，可口可乐公司董事会主席兼首席执行官道格拉斯·伊维斯特从美国赶到比利时首都布鲁塞尔。可口可乐公司一边举行记者招待会，一边展开了强大的宣传攻势。

这次危机事件令可口可乐公司的企业形象和品牌信誉受到极其严重的打击，其无形资产遭受严重的贬值，企业的生存和发展一度遭到了几乎致命的冲击。1999年年底，可口可乐公司宣布年利润减少了31%，公司不得不花巨资做危机后的广告宣传和行销活动。而竞争对手抓住这一机会，迅速填补了可口可乐在各个地方货架上的空白，并向可口可乐公司49%的市场份额发起挑战，致使可口可乐公司全球总损失达到1.3万亿美元，几乎是最初预计的两倍。为此，可口可乐公司在全球范围内共裁员5200人，董事会主席兼首席执行官道格拉斯·伊维斯特也被迫辞职。

显而易见，事件的根源是由可口可乐做事被动引起的。如果当初在比利时安特卫普的生产工厂里，只要有员工发现包装瓶内含有二氧化碳，或者不让二氧化碳进入到瓶内，比利时的中毒事件就无从谈起。

法国的中毒事件也是如此。如果在敦克尔克的工厂里，那些杀真菌剂没有洒在储藏室的木托盘上，就不会对可乐造成污染，那么，后来的一系列麻烦事根本就不会存在。

更可怕的是，总公司没有从一开始就积极主动地做应急处理，从而使事件越闹越大，差点就让这家百年企业面临倾覆的命运。

一些人总是认为，在做事过程中遇到什么问题就解决什么问题，不用在费那么大的工夫做准备。恰恰就是这些人的这种观念、态度和做事方式，造成了事情总是挂一漏万、错误百出。

国内某著名时装公司最近接了一批日本的服装加工订单。因为工艺相当复杂，一件时装要用五种质地不同的面料，为此委托方专门派了一名职员过来监督。

这时候问题出现了。按照常规的第一步，中方员工总是把布料叠了很多层，然后在第一层摆好纸样，画线之后一刀裁下，这一剪子下去往往就是几百件衣服，既省工又省时。

但是日方工作人员看到中方员工铺好一层布后，就立刻制止，不允许他继续铺第二层布。中方员工很不理解，但日本人并没有做出解释，只是固执己见：铺好布料，摆好纸样，裁布，然后纽扣“定位”。

常规的第二步，不管多少件衣服，裁好后，量好纽扣的位置，然后一针“钻”下去，布上面立刻就钻出了一个小孔，然后流水线的工人就在这个孔的位置上，缝好扣子，锁好扣眼。而日方工作人员的做法是，每铺一层布，就用一种对人体皮肤无刺激的环保粉笔轻轻地在该位置上点一下即可，那种粉笔是他特意从日本带来的。

合同约定的五天时间很快就过去了，中国工人加班加点，按时交货。整个过程全部在日方工作人员的监督之下。交货的时候倒不费事，但在包装的时候，日本人却信不过德国产的金属探测器，固执地从皮箱里拿出一台很小巧的强力磁铁器，每一件衣服都从上至下探过一遍后，才肯同意装箱。

临走的时候，日方工作人员对中方员工说了一句话："你们如此辛苦，知道我们给你们多少加工费吗？50元人民币一件。而这样一件时装在日本要卖4000元人民币。其中有不少还要被你们到日本旅游的中国游客给买回来。你们有没有想过，为什么我们的衣服卖得贵，你们卖得便宜？原因就在这里，我们每一步都仔细，仔细到每一个扣眼。

"我对你们这几天的辛苦表示敬意！不过你们虽然能吃苦、聪明、能干，但缺乏思考。你们总是认为，只要把自己这个环节的任务完成了就万事大吉。所以你们只有在思维能力等方面提高了，你们的产品才真正地对我们的产品构成威胁！"

企业也许需要"万金油""救火队员"式的员工，但更需要那种可以未雨绸缪，防患于未然的人，因为重复和返工总是会提高成本。

任何优良的习惯和方法，如果我们不能在内心产生明确的意识和理念，即使再好的道理都有可能被人熟视无睹。

如果你真的认同了这个理念，那么建议你从明天早上起，对一天将要做的事情想一想，主动制订一个要完成的计划，而不是在慌慌张张盲目动手之后，才去思考。

3.为工作贡献汗水,更要贡献智慧

有的人发现,自己很努力地工作,也忠于企业,然而成就却远远落后于他人。这时,请不要轻易抱怨,应该先问问自己,问题到底出在哪儿?

优秀的员工不仅会努力工作,还会主动积极地为企业献计献策。当各种各样的问题发生后,他们会站在企业的角度,不推诿、不躲避,想方设法地解决,为企业提供更多的"附加值"。而不是指到哪儿动到哪儿,领导不说就不做。

每个企业都喜欢能够提出新思想、好方法的员工,因为这不仅能够解决工作中的实际问题,还有利于激活竞争力。善于创造性工作的员工是企业不可缺少的力量。

只有凡事想到位、落实好,才能创造更多的价值,也才能赢得更多的信任和机会,在工作中不断地成长进步,为自己的职业提供"附加值"。

下面两个年轻人的故事对我们或许会有所启迪。

两个年轻人同时大学毕业,又被同一家企业录用。两年以后,其中一位已经被提升为业务主管,而另一位却还在基层默默地工作。后者觉得很委屈,他认为自己比得到提升的那位同学兼同事工作更加尽力。

第三年,他的同学被提到了一个重要部门的经理位子上。终于,他忍无可忍,向总经理递交了辞职信,并抱怨自己一直辛勤工作却得不到提拔,而其他人却一帆风顺。

总经理耐心地听着,他知道这个业务员在工作中很尽力,但似乎缺少了点什么。后来他想到了一个主意。"这样。"总经理说,"你马上到客户那儿去一下,看看今天牌橄榄油出货的价格行情怎么样。"

没过一会儿，他很快就从客户那儿回来了，并向总经理汇报说："牌橄榄油今天售价138元/瓶。客户反映近期送货的时间比较长，我让他向公司客服反映，做个登记。"

"客户那儿现在还有多少存货？"总经理问。

他又连忙跑去，回来后汇报说："有52箱。"

"货品现在卖得怎么样？"

他一拍脑袋："那我再去问问他吧。"

总经理望着气喘吁吁的他说，"你还是休息一会儿吧，看看你的同事是怎么做的。"说完叫来他的那位同学："你马上到客户那儿去一下。看看今天牌橄榄油出货的价格行情怎么样。"

这个年轻人也很快从客户那儿回来了，汇报说，牌橄榄油今天售价138元/瓶，存货还有52箱，近期出货量明显加大，考虑到马上会进入销售旺季，他已经给客户做了一个预进货的方案。

同时，他还了解到客户现在正打算做一个市场促销活动，他看了活动的方案，给客户提了一些具体操作的意见。现在他已经把客户的方案拿回来了，请总经理有空时看一下。

另外，客户反映近期发货慢，他回来的路上联系了物流公司。物流公司解释是因为近期人手出现了问题，所以没有及时到货，并保证以后不会出现类似情况。随后，他马上打了电话向客户致歉并做了说明。

听着这一切，这个抱怨没有升职的业务员再也不说话了。

上面的故事中，第二个业务员只跑了一趟，不仅将所有的情况都弄清楚了，还对所有的问题给出了解决方案，而且处理完了。既省时省力，又扎实高效。可见卖力去做并不等于把事情做到位了。这才是问题的关键。

既能想到位，又能做到位。这样的员工才会显现出更大的价值。

日本JR电车每碰到下雨天一定会在车内广播："请不要忘了自己的伞。"

但丢伞事件在车上还是时有发生。

有位员工提出了异议："一成不变的广播词有何意义呢？"这个广播无非是提醒乘客注意，不要将伞遗失在车上，但因为没有新意，导致乘客出现了听觉"麻木"。

这位员工提出，如果在广播中改成："目前送到东京车站遗失物管理处的雨伞，已超过300把，请各位注意自己手边的伞。"这样，乘客们一定会洗耳恭听。

事实证明果真如此。从此，忘记带雨伞的情形大为降低。乘客们对电车公司的细致服务纷纷表示满意，而这位员工也因此得到了老板的赏识。

我们可以换位思考一下。如果你是老板，有人只要一遇到困难和问题就会来找你汇报，希望你出面摆平或解决，或者一个劲儿地抱怨客观情况如何不好，像一个问题传声筒，你还会考虑将重要的位置留给他吗？

尽管做得汗流浃背，有的人还是不能如期高质量地完成，你还会考虑将下一件重要的工作交给他吗？

答案显而易见是否定的。

正如GE公司前CEO杰克·韦尔奇所说："在工作中，每个人都应该发挥自己最大的潜能，努力地工作而不是浪费时间寻找借口。要知道，公司安排你这个职位，是为了解决问题，而不是听你关于困难的长篇累牍的分析。"

在一个纺织企业里，厂长视察后对生产主管说："说实在的，我觉得现在员工的左右手反应太慢，工作效率极低，你能想想办法吗？"

这位主管略加思考后，建议厂长组织员工每天利用业余时间去练乒乓球，在轻松愉快中锻炼手部的反应能力。结果半年以后，员工的工作效率大大提高了，工作情绪也非常高涨，皆大欢喜。

这位主管处理问题的能力和思考的水平给厂长留下了深刻的印象，认为他是一个得力的人才，他也最终得到了重用。

第七章

圆融变通，多多思考才能把事办好

请职场人士记住这句话："贡献汗水，更要贡献智慧；要努力，更要得力！"

日本东京贸易公司有一位专门为客户订票的小姐，经常给德国一家公司的商务经理预订往返于东京与大阪之间的火车票。

不久，这位经理发现一件看似非常巧合的事情：每次去大阪时，他的座位总是在列车右边的窗口，而返回东京时，又总是在靠左边的窗口。

有一次，这位经理把这件事告诉了订票小姐。这位小姐跟他说："日本的富士山景色秀美、风光迷人，很多外国客人都喜欢看它的景色。而火车去大阪时，富士山在您的右边，返回东京时它在您的左边。所以，每次我都会替您买相应座位的车票。"

这位德国客户听了非常感动，他当即决定把与日本这家公司的贸易额进行大幅提升。

有的人总感叹自己一辈子注定只能拿死薪水，发展的前途渺茫。我们不妨扪心自问："我负责的每项工作是否都用心地去做了？""是否仔细研究了自己工作中的每个细节？""为了给企业创造更多的价值，我是否在不断地学习，以便提升工作技能，是否找到了更好的工作方法？""我对所做的每一件事都尽心尽力了吗？"……

如果对这些问题无法做出肯定的回答，那就说明我们做得并不比他人好，也就不必疑惑为什么自己比他人聪明，却长期得不到提升了。因为只有用心才能优秀！

小李担任某宾馆前台的收银工作。这是一项十分细致的工作，它不仅要求工作人员拥有熟练的专业技能，还要热情地与客人沟通，真正做到令客人满意。为此，小李一直严格要求自己，用心观察并向老员工请教，同时还通过阅读和参加培训等方式不断提升自己的工作技能与水平。

有一次，她在前台值班时，有位客人走过来，要求将一张餐费发票更换为会务费发票。接过发票后，小李经过仔细检查鉴别，发现字迹及颜色都不太对，便断定发票可能是假的。于是她一边稳住客人，一边将发票的印章、打印字体再仔细核对。当她认定确实是一张假发票时，就在第一时间内通知了主管，让他马上报警，她自己则继续与客人周旋。

由于小李的用心工作，不仅避免了宾馆可能遭受的损失，又维护了宾馆的良好形象，她很快得到了公司的重用。

在每天的工作中，总有这样或那样的问题出现，企业迫切地需要那些勤于用脑、善于化解矛盾、处理问题的员工。一个用心思考、善于解决问题的员工对于企业来说是一种财富，也是职场的佼佼者。

一家公司经理收到一封非常无礼的信，信是一位代理商写来的。经理怒气冲冲地回复了一封同样很不客气的信，并叫秘书立即打印出来，马上寄出去。对于经理的命令。这位秘书有四种选择：

第一种：照办。也就是秘书按照经理的安排，遵命执行，马上回到自己的办公室把信打印出来并寄出去。

第二种：建议。如果秘书认为把信寄走对公司和经理本人都非常不利，那么秘书应该想到自己是经理的助手，为了公司的利益，有责任提醒经理，哪怕得罪了经理也值得。她可以这样对经理说："经理，这封信不能发，撕了算了。何必生这样的气呢？"

第三种：批评。秘书不仅没有按照经理的意见办理，反而向经理提出批评："经理，请您冷静一点。回一封这样的信，后果会怎样呢？在这件事情上难道我们不应该反省反省吗？"

第四种：缓冲。就在事情发生的当天下班时，秘书把打印出来的信递给已经心平气和的经理说："经理，您看是不是可以把信寄走了？"

结果，这位秘书选择了第四种"缓冲"。她的理由是：

第一种“照办”。对于经理的命令忠实地执行，作为秘书确实需要这种品质。但是仅仅“忠实照办”，仍然可能是失职。

第二种“建议”。这是从整个公司利益出发的。对于秘书来说，这种富于自我牺牲的精神固然难能可贵，可是这种行为超越了秘书应有的权限。

第三种“批评”。这是一种越权行为，最不可取。

第四种“缓冲”。在秘书的职责范围内。她用冷静的办法给了经理一段缓冲期，以便让他更好地审视自己的行为是否合适。

这位秘书正是以自己用心的工作态度，凡事想到位，仔细地考虑了种种利弊，不仅无越权之嫌，而且还收到了良好的效果。

4.摸着石头过河，拥有举一反三的能力

遇到困难时，人们总喜欢顺势思考，希望在相同的领域里找到能够解决问题的方法，但有时却根本满足不了我们的需求，我们完全可以试着从其他领域找方法。

人与人之间、事物与事物之间往往存在着很多相似点，虽然表现的形式可能不同，但只要你有一双善于发现的眼睛，就可以找到它们之间的共同点，从而刺激大脑，找到解决问题的方法。

300多年前，一位奥地利医生给一个胸腔有疾的人看病，由于当时技术落后，医生无法发现病因，病人不治而亡。后来经尸体解剖，医生才知道死者的胸腔已经发炎化脓，而且胸腔内积水。这位医生非常自责，决心研究出一种能

判断胸腔积水的方法。但很长一段时间过去了,他却始终不得其解。恰好,这位医生的父亲是个酒商,他不但能识别酒的好坏,而且只要用手指敲敲酒桶,就能估量出桶里面有多少酒。医生由此联想到,人的胸腔不是和酒桶有相似之处吗?父亲既然能通过敲酒桶时发出的声音判断桶里有多少酒,那么人的胸腔内如果积了水,敲起来的声音也一定和正常人不一样。此后,这个医生再给病人检查胸部时,就会用手敲一敲,听一听。他通过对许多病人和正常人的胸部的敲击比较,终于能从几个部位的敲击声中,判断出胸腔是否有积水了,这种诊断方法现代医学称为"叩诊法"。

后来,这种"叩诊法"得到了进一步发展。1861年,法国医生雷克在给一位患有心脏病的妇女看病时,非常为难。正在此时,他忽然想起了一种儿童游戏。孩子们在一棵圆木的一头用针乱划,另一头用耳朵贴近圆木能听到刮削声。由此,他有了主意。他请人拿来一张纸,把纸紧紧卷成一个圆筒,一端放在那妇人的心脏部位,另一端贴在自己的耳朵上,他果然听到了病人的心脏的跳动声,而且音效很好。后来,他就将卷纸改成小圆木,再改成橡皮管,另一头改进为贴在患者胸部能产生共鸣的小盒,就有了现在的听诊器。

尽管医生在探索的过程中能够感受到艰难,打破行业的界限也不是一件容易的事情,但在面临自己解决不了的难题时,既然没有更好的方法,那么我们完全可以开阔自己的思路,吸收一些不同的想法和做法,举一反三,让不相同的事物串起来,使不可能变成可能。

在生活中,我们更加需要这种以一点观全局,以此类事物联想到彼类事物的思维方式。特别是在职场中,我们身边的很多人都从事过不同的行业,他们可能会觉得自己的不同经历之间没有联系,其实这样的想法是错误的。你可能现在在做编辑,但是你曾经做过的销售工作,就可能为你开阔思路起到一定的作用,你的生活阅历也将是你进行创作的基础。你可能现在在做文员, 可是你以前的教师职业也能让你感受到办公室里的氛围,你的思想会在那个氛围当中得到很好的熏陶。虽然摸着石头过河有一些冒险，但当你渡过了难关，你就会发现，自己已经从毛毛虫变成了一只翩翩起舞的漂亮蝴蝶。

在企业当中，同样需要将触类旁通运用到极致。众所周知，市场是没有现成的规律可以遵循的，它总是在以飞快的速度变化着。如果我们想要依靠相同领域里的其他人的思想来为自己创造效益，那么我们无疑就是在模仿他人。然而跟在别人身后，是不会有什么大发展的，所以我们要走出一条属于自己的道路。但这又十分艰难。人的大脑有限，不可能事事都能想到对策，所以我们就要摸着石头过河，利用其他领域的观念，来创造自己的人生财富。

5.转个方向，身后会有更好的路等着你

一位心理学家说过："只会使用锤子的人，总是把一切问题都看成是钉子。"正如卓别林主演的《摩登时代》里的主人公一样，由于他的工作是一天到晚拧螺丝帽，所以一切和螺丝帽相像的东西，他都会不由自主地用扳手去拧。在工作中遇到问题时，你一定要努力思考：在常规之外，是否还存在别的方法？是否还有别的解决问题的途径？只有懂得变通，才不会被困难压倒，才能发现更多、更好、更便捷的路子。

姜仁善在《像希拉里那样工作，像赖斯那样成功》一书中写道："美国人并不害怕'能力出众的律师希拉里'。"美国最好的法律学校每年能培养出大量有能力的女律师。人们不能容忍的是希拉里的政治野心、对权力的露骨欲望，以及享受过程的态度。人们恐惧的不是希拉里的能力，而是她的野心。"正是由于人们对于这位传奇女性的褒贬不一的态度，给本来就格外引人关注的

2008年美国大选又增添了几分趣味性。

人们认为,希拉里对于权力的欲望已经到达了极点,她是个不达目的不罢休的人。但是谁也没有想到，在大选竞争进行得如火如荼的时候,她选择了放弃对总统的竞争,转而向副总统的位置发起进攻。希拉里无疑是聪明的。她深知总统竞选的残酷,也深深地了解对手奥巴马的强大,所以在没有任何胜算的前提下,与其与对手硬碰硬,不如转身为自己另谋更好的出路。

希拉里是成功的,虽然与总统的宝座无缘,但是当奥巴马宣布任命其为新政府的国务卿的时候,希拉里脸上是带着微笑的。她用自己的亲身实践向世人证明了一个道理:处于不利位置的时候,如果没有办法突破,那么不妨转个方向,给自己找条全新的出路。

其实,我们在生活中也常常会碰到这样的情况:如果执着于一件事情,但胜算并不大,那么,与其在不可能的事情面前耗费时间,不如转过身来,因为身后可能会有更好的路在等着你。

多年前,美国的可口可乐和百事可乐曾经先后走向台湾市场。因可口可乐抢滩登陆宝岛,率先出尽风头。后进者百事可乐面对已经具有市场基础的竞争对手,虽行销战略施行起来倍觉艰辛,但还是勇者无畏。一方为争夺市场,一方为保卫市场,顷刻间掀起了一场极为精彩的商战。

百事可乐的行销策略以及推销活动,虽然较富于机动性,却始终无法超越可口可乐全球的优势,因此一直屈居下风,被动的劣势似乎难以扭转。然而,可口可乐在“唯有可口可乐,方是真正的可乐”的口号下,一举乘胜追击,大有逼迫百事可乐偃旗息鼓、鸣笛收兵的气势,使得百事可乐一时间士气低落,销售陷入低谷。

百事可乐高层通过分析市场，了解到正面攻击不可能在短期内有效，于是悄悄地准备开辟另一个饮料市场来抢占可口可乐市场。在极端机密周详的策划下,第二年初春,百事可乐以迅雷不及掩耳之势推出了美年达汽水。这一产品顿时受到了消费者的喜爱。由于百事可乐能从较低层次的广大消费者入手,市场价位又极具吸引力,加上美年达饮料整体行销策略完善,因此,尽管美年达只是百事可乐公司的副品牌,但一时也占领了大量的饮料市场。反观可口可乐,因为陶醉于可乐大战后的胜利,忽略了新产品的开发。等到美年达饮料一夜间全面上市后,可口可乐却不知所措,导致了短期内的市场败北。

有人曾说过:“如果一个美国人想欧洲化,他必须去买一辆奔驰。但如果一个人想美国化,那他只需抽万宝路、穿牛仔服就可以了。”可见,“万宝路”不仅仅是一种产品,它已成为美国文化的一部分。但是,“万宝路”的发迹史也并非是一帆风顺的,它的成功跟公司员工善于变通分不开。

美国的20世纪20年代被称作“迷惘的时代”。经过第一次世界大战的冲击,许多青年自认为受到了战争的创伤,只有拼命享乐才能冲淡创伤。于是,他们或是在爵士乐中尖声大叫,或是沉浸在香烟的烟雾缭绕之中。无论男女,都会悠闲地衔着一支香烟。女性是爱美的天使,她们抱怨白色的烟嘴常常沾染她们的唇膏,所以她们希望能有一种适合女性吸的香烟。于是,“万宝路”问世了。

“万宝路(MARLBORO)”其实是“Man Always Remember Lovely Because Of Romantic Only”的缩写,意为“只是因为浪漫,男人总忘不了爱”。其广告口号是“像五月的天气一样温和”,意在争当女性烟民的“红颜知己”。然而,“万宝路”从1924年问世,一直到50年代,始终默默无闻。它颇具温柔气质的广告形象没有给淑女们留下多么深刻的印象。

经过沉痛的反思之后,莫里斯公司意识到变通的重要性。他们将万宝路香烟重新定位,改为男子汉香烟,大胆改变万宝路形象,采用当时首创的平开盒盖技术,以象征力量的红色作为外盒的主要色彩。在广告中着力强调万宝路的男子汉形象:目光深沉、皮肤粗糙、浑身散发着粗犷和原野气息，有着豪迈气概。他的袖管高高卷起，露出多毛的手臂，手指间总是夹着一支冒烟的万宝路香烟，跨着一匹雄壮的高头大马驰骋在辽阔的美国西部大草原。

这个广告于1954年问世后，立刻给公司带来了巨大的财富。仅1954—1955年间，万宝路的销售量就提高了3倍，一跃成为全美第十大香烟品牌。1968年，其市场占有率升至全美同行业第二位。在1955—1983年，莫里斯公司的年平均销售额增长率为247%，这个速度在战后的美国轻工业中首屈一指。

万宝路能成为世界500强的重要原因就在于其员工和领导的善于变通。思路决定出路，稍加变通，便有了更多的路子。

其实，成功并不是只有向前冲，向后走一样能够实现目标。但是，不少企业不能真正放下眼前的目标而转向身后，即使往前冲会撞个头破血流。生活不是玉，也不是瓦，所以不需要我们“宁为玉碎，不为瓦全”。退出不是消极的面对，也不是向生活认输，而是找到另一个突破口，征服生活。所以，在身处困境的时候，不要抱着视死如归的念头，而是要冷静下来，看看后方是不是有更好的出路。

在问题面前，我们要想办法解决。一种办法解决不了，我们还可以想其他办法。最重要的是在遇到问题时不能循规蹈矩、墨守成规，一头钻进死胡同，而要学会转换思路、改变角度，那样你会发现解决问题其实一点也不难。

我们必须意识到变化随时随地都有可能发生，因此，我们不但要适应变化，适时调整，还要学会预见变化，做好迎接挑战的准备。

“此路不通彼路通，此路风景独好，彼路风景更胜。”事实上，我们之所以会执着于此路而停滞不前，是因为我们的固有思维认为那是最顺畅、最好的一条路。惯性思维方式让我们错过了许多宽敞顺畅的大路，也错过了许多别样的美丽风景。

第七章

圆融变通，多多思考才能把事办好

“观光电梯”的发明其实很偶然，它的创意是在一次增设电梯的工程中闪现的。

因为人流量的加大，原本的电梯已不能满足人们的使用需求，美国摩天大厦出现了严重的拥堵问题。为了尽快解决这一问题，工程师建议大厦尽快停业整修，直到将新的电梯修好为止。这个建议很快得到了上层领导的认可并被付诸行动。当电梯工程师和大厦建筑师们做好了一切准备工作，打算穿凿楼层时，一位大厦里的清洁工在询问情况时激发了工程师们的创意。

“你们得把各层的地板都凿开吗？”清洁工问道。工程师向她解释，如果不凿开，就没法装入新的电梯。

“那大厦岂不是要停业很久？”清洁工又问道。工程师无奈地点头：“每天的拥堵情况你也看到了，我们没有别的办法，也不能再耽误了，否则情况会更糟。”

清洁工随口说道：“要是我，我就把电梯装到外面去。”

这个看似不经意的建议，其实蕴含了无限的智慧。也许身为清洁工的当事人并没有察觉到她的一句玩笑话会成为工程师们的创意亮点。于是世界上第一座“观光电梯”就这样孕育而生了。

专业工程师为了解决大厦拥堵的状况，决定在大厦内再安装一架电梯，这一方案可谓吃力不讨好。而另一个方案不仅解决了问题，缩小了大厦停业的可能性，而且还创造出了有观景作用的电梯。所以这条路不单单解决了问题，还能使人们欣赏到最美的风景。

为什么工程师们的专业眼光就产生不了这一奇妙的创意呢？根本原因就在于他们早已被束缚在了一成不变的建筑知识体系当中，形成了一套固有的思维方式了。因此，每个人都应避免这种思维方式对处理问题的束缚，这样才能发现更好的解决方法。

靠谱
比能力更重要

获得成功的途径是多种多样的。鲁迅并不是弃医从文才会获得成功，以他的伟大人格和深厚知识来说，即使他继续学医，往后未必不能成为一名优秀的医生。像天才达·芬奇，他的建树不仅在于艺术绘画等方面，在天文、物理、医学、建筑、水利和地质等方面，他也都有一些重要的成就，成为后世学科研究的最好参照。

正如“条条大路通罗马”一样，在不同的行业里，用不同的方式奋斗，都能使我们获得成功。“此路不通”的情况只存在于路标牌中，因为通过绕行，我们最终仍能殊途同归。

第八章

懂人心知人性，把事办得无往不利

在人与人的交往中，若不懂处世的方法，肯定会处处碰壁，遭遇事业和人生的失败。要想在这个高效运转的社会保护自己，获得发展，取得成功，过得幸福，我们必须懂人心、知人性，才能做到无往不利。

1.不要对人过分热情

每个人都需要一个能够把握的自我空间。它犹如一个无形的“气泡”为每个人划分一定的领域，而当这个领域被他人侵犯时，人们便会觉得不舒服、不安全，甚至开始恼怒。

许多人都有过这样的体会：与某人的关系越亲密，越容易与其发生摩擦，反倒不及与初次见面者交往容易。家庭成员、情侣之间常常相互埋怨，正是这种情况的表现。按理说应该是交往得越深，就越容易相处，相互之间的人际关系也就越好，可事实上并非如此。原因何在？

这其实可以用心理学上的刺猬法则来解释。

刺猬法则来自于一个十分有趣的现象：在寒冷的冬季，两只困倦的刺猬因为冷而拥抱在一起，但是由于它们各自身上都长满了刺，紧挨在一起就会刺痛对方，所以无论如何都睡不舒服。因此，两只刺猬就分开了一段距离，可是这样又实在冷得难以忍受，因此它们就又抱在了一起。折腾了好几次，它们终于找到了一个比较合适的距离，既能够相互取暖又不会被对方扎到。这也就是我们所说的人际交往过程中的“心理距离效应”。

在现实生活中，这种例子举不胜举。一个你原来非常敬佩或喜欢的人，与其亲密接触一段时间后，对方的缺点会日益显露出来，你就会在不知不觉中改变自己对其原有的感情，甚至变得对他非常失望。

曾有人做过这样一个实验。在一个大阅览室中，当里面仅有一位读者的时候，心理学家便进去坐在他(她)身旁，来测试他(她)的反应。结果，大部分人都会默默地快速远离心理学家，到别的地方坐下，还有的人会非常干脆明确地说：“你想干什么？”这个实验一共测试了80个人，结果都相同：在一个仅有两位读者的空旷阅览室中，任何一个被测试者都无法忍受一个陌生人紧挨着自己坐下。

由此可见，人和人之间需要保持一定的空间距离。法国前总统戴高乐曾经说过：“仆人眼里无英雄。”这也说明了人在和他人的交往过程中应该留有一定的心理距离，否则伟大也会变得平凡。

戴高乐是一个非常会运用心理学理论“距离效应”的人，他的座右铭是：保持一定的距离！这句话深刻地影响了他与自己的顾问、智囊以及参谋们的关系。在戴高乐担任总统的10多年中，他的秘书处、办公厅与私人参谋部等顾问及智囊机构中的任何人的工作年限都不超过两年。他总是对刚上任的办公厅主任这样说:“我只能用你两年。就像人们无法把参谋部的工作当作自己的职业一样,你也不能把办公厅主任当作自己的职业。”这就是他的规定。

后来,戴高乐解释说,这样规定有两个原因。第一,他觉得调动很正常,而固定才不正常。他的这一想法可能是受到部队做法的影响,因为军队是流动的,不存在一直固定在一个地方的军队。第二,他不想让这些人成为自己“离不开的人”。唯有调动,相互之间才能够保持一定的距离,才能够确保顾问与参谋的思维、决断具有新鲜感,并能杜绝顾问与参谋们利用总统与政府的名义徇私舞弊。

戴高乐的这种做法值得我们深思。如果没有距离,领导做决策时就会过分依赖于秘书或者某几个人,易于让智囊人员干政,进而使他们假借领导名义谋一己之私,如此一来,后果将非常严重。两者相比,还是保持一定距离为好。

在美国著名人类学家爱德华·霍尔博士看来:“通常而言,彼此间的自我空间范围是由交往双方的人际关系与他们所处的情境来决定的。”

据此,他划分了四种距离,每种距离分别对应不同的双方关系。

第一种是亲密距离。

这是人际交往中的最小距离,甚至被叫作零距离,也就是人们经常说的“亲密无间”。它的近范围在6英寸(约0.15米)内。在此距离内,人们相互之间可以肌肤相触,耳鬓厮磨,以至能够感受到对方的体温、气味以及呼吸。

它的远范围是6~18英寸(0.15~0.44米)。在此距离内,人们可以挽臂执手、促膝谈心,通过一定程度上的身体接触来体现出相互之间亲密友好的关系。

在现实生活中,这种距离主要出现在最亲密的人之间:在同性间,常常仅限于贴心朋友;在异性间,仅限于夫妻与恋人。

所以,在人际交往过程中,倘若一个不属于该亲密距离圈中的人,在没有经过对方允许时随意闯入这个空间,无论其用心与目的怎样,都是不礼貌的行为,都会引起对方的反感与彼此的尴尬,一般只会自讨没趣。

第二种是个人距离。

这是在人际交往过程中稍有分寸感的距离。在此距离内,人们相互之间直接的身体接触已不多。其近范围在1.5～2.5英尺(0.46～0.76米),以能够互相握手及友好交谈为宜。这是熟人之间交往的空间。若是一个陌生人贸然进入此空间,就会构成对他人的侵犯。

其远范围在2.5～4英尺(0.76～1.22米)。所有朋友与熟人都可以自由进入该距离,但一般情况下,和比较融洽的熟人谈话时,距离更靠近远范围的近距离(2.5英尺)的一端,而陌生人之间交往时则更靠近远范围的远距离(4英尺)的一端。

第三种是社交距离。

它和个人距离相比,无疑又远了一步,体现的是一种社交上或者礼节上比较正式的关系。其近范围是4～7英尺(1.2～2.1米),人们在工作场所与社交聚会上通常都保持这种空间距离。

这种社交距离的远范围是7～12英尺(2.1～3.7米),它被认为是一种更正式的交往关系。

在公司里,经理们一般使用一个大而宽阔的办公桌,并在离桌子一段距离处摆放来访者的座位,这样就能和来访者在谈话时保持一定的距离。同理,在企业领导人之间谈判、工作招聘面试、教授与学生的论文答辩等时候,也常常要隔着一张桌子或者保持一定的距离,这样不仅增加了庄重的气氛,也增加了双方的适应程度,显得更得体与正式。

第四种是公众距离。

这种距离是在公开演说时演说者和听众之间保持的距离。它的范围一般在12～25英尺(3.7～7.6米),其最远范围在上百英尺以外。

这是一个基本上能够容纳所有人的门户开放空间。在此空间内,人们可以相互之间不发生任何联系,甚至完全可以对处于此空间内的其他人视而不见。

由此可见，在人际交往中，双方的空间距离是彼此之间是否亲近、友好的重要标志。所以，在人际交往中，选择正确的空间距离非常关键。

有了距离，才有效果。有的时候，人们常有这样的感觉，每天和爱人朝夕相处的时候，不觉得爱人很重要，可是，一旦对方出差很长时间，却觉得对方在自己的生命里尤为重要。

这就是人们常说的“距离产生美”。就像我们经常在影视剧里看到的情景一样：一个男孩一直苦苦追求一个女孩，在追求的时候对她无比关心，可是女孩却总不领情，当这个男孩丧失信心停止追求之后，女孩往往会突然发现，自己好像已经爱上了这个男孩。这就是“距离产生美”的心理效果——不一定是真的爱，但却会引起心理上的变化。

懂得这个道理，我们就可以用距离来操纵对方的心理，实现自己的目标。运用到管理实践中，就是领导者与下属保持适当的心理距离，就可以避免下属的防备和紧张，可以减少下属对自己的恭维、奉承、送礼、行贿等行为，可以防止与下属称兄道弟、吃喝不分。

总之，这样做既可以获得下属的尊重，又能保证在工作中不丧失原则。一个优秀的领导者，要做到“疏者密之，密者疏之”，才是成功之道。

著名的酒店之王希尔顿就深谙此道。

他为自己的旅馆王国立下过一条原则：最低的收费和最佳的服务。他要求饭店的所有职员一定要做到和气为贵，顾客至上。不管是谁违反了这一规定，都要受到严厉的惩罚。

在工作中，希尔顿总是和蔼可亲。他爱与员工们谈天，关心他们的生活，热心帮助员工解决困难，所以员工与他的关系都很融洽。和希尔顿聊天，就像是和一位长辈谈心，员工不用拘束，也不用担忧，因为他把每个人都当作酒店的主人来对待。

但在原则问题上，希尔顿是绝不含糊的。在工余时间，他从不请管理人员到家做客,也从不接受他们的私人邀请。

一次,饭店一位经理与顾客发生了争执,后来居然还大吵了起来。希尔顿知道这件事后,立刻辞退了这位经理。虽然这位经理业务能力很强,为饭店做出过不小的贡献,但希尔顿并没有姑息他,而是严格地按规章办事。

希尔顿这种说一不二的性格,使得许多员工都认为他是一个特别严肃的人,所以都很尊重他,而正是这种保持适度距离的管理,让希尔顿在员工中的威望与日俱增。

与员工保持一定的距离,既不会使你高高在上,也不会使你与员工互相混淆身份,这是管理的一种最佳状态。距离的保持要靠一定的原则来维持,这种原则对所有人都应一视同仁,既可以约束领导者自己,也可以约束员工。掌握了这个原则,也就掌握了成功管理的秘诀。

除了在管理上,做生意也是如此。

一位朋友经常抱怨自己老是接到各种服务短信,说什么你刚才拨打的电话彩铃非常好听,要不要免费试用两个月?美容店、理发厅极力推荐美容新产品,推销办理各种会员积分卡、消费卡。到影楼拍摄照片时,店员极力推荐所谓的“优惠套餐”,并想尽办法让你增加洗片数量。到银行办理贷款,柜员费尽口舌要你办理某种理财业务;进入超市购物,服务员极力推荐某种洗发产品,等等。弄得她烦不胜烦。

记住:有的时候对人过分热情,不仅没有任何效果,甚至还会招来反感。

2.善用先冷后热效应

某化妆品公司的经理，因工作的需要，打算让家住市区的推销员小王去近郊区的分公司工作。在找小王谈话时，经理说："经公司研究，决定派你去担任新的工作。现在有两个地方，你可以任选一个。一个是在远郊区的分公司，一个是在近郊区的分公司。"

小王虽然不愿离开已经十分熟悉的市区，但为了保全工作，他只好在远郊区和近郊区中选择了离市区近点的近郊区。小王的选择，恰恰与经理的打算不约而合，因此经理并没有多费些口舌，而小王也认为自己选择了一个斗劲理想的工作岗位，双方意见一致，问题解决。

在这个事例中，"远郊区"的出现，缩小了小王心中的"秤砣"，从而使小王顺遂地接管了在近郊区的工作。经理的这种做法，虽然给人一种玩弄权谋的感觉，但若是从公司和小王的发展考虑，这种做法是应该倡导的。

其实仔细思考后会发现，生活中有很多情况都可以使用"先冷后热"效应，先把不好的情况告诉对方，然后再说出好的情况。如此一来，对方就会感到高兴，也就会化消极为积极情绪了。

一次，一架客机在即将着陆时，机上乘客忽被通知，因为机场拥挤，无法下降，估计到达时刻要推迟1个小时。话音刚落，机舱里一片埋怨之声，乘客们在期待着这难熬的时刻能早些过去。几分钟后，乘务员又通知说，再过30分钟，飞机就会平安下降，乘客们如释重负般松了口吻。又过了5分钟，乘务员说，此刻飞机就要下降了。虽然晚了十几分钟，乘客们却喜出望外，纷纷拍手相庆。

生活中与这种情况相似的情况很多，比如，对于饭店服务员来说，客人会催问他们需要几分钟菜才能做好，如果服务员说的时间比实际情况长，那么上菜时客人就会有喜出望外之感。相反，如果服务员说的时间比实际情况短，若时间到了菜却没有上，客人就会感到失望，甚至会发火。所以，聪明的服务员不会把时间往短了说。他们宁可先让客人有一点小失望，也不愿意因菜没按时上来，让客人发更大的脾气。

为人处世，难免不小心伤害到他人，也难免需要对他人进行批评指责，在这些时候，假如处理不当，就会损害自己在他人心中的形象。但假若你能巧妙地运用“先冷后热”效应，去操纵对方心理，不仅不会损害自己的形象，反而会获得他人的好评。

当事业出现滑坡的时候，不妨预先把最糟糕的情况委婉地告诉别人，以后即使失败了，也不至于太过难堪；当不小心伤害他人的时候，道歉不妨超过应有的限度，这样不但可以显示你的诚意，而且会收到化干戈为玉帛的效果；当要说令人不快的话语的时候，不妨事先声明，打好预防针，不仅不会引起他人的反感，反而使他人能体会到你的良苦用心。

某汽车销售公司的销售员老李每月都能卖出30辆以上的汽车，深得公司经理的赏识。由于种种原因，老李预计这个月自己只能卖出10辆车，于是，深懂人性奥妙的老李赶紧对经理说：“由于经济不好，市场萧条，估计我这个月顶多能卖出5辆车。”经理点了点头，对他的看法表示赞成。

没想到这个月，老李竟然卖出了12辆汽车，公司经理便对他大大夸奖了一番。假若老李说本月可以卖15辆或者事先对此不做说明。虽然他最后卖了12辆，公司经理会怎么认为呢？他会认为老李失败了，不但不会夸奖老李，反而可能指责老李。在这个事例中，老李把最糟糕的情况——顶多卖5辆车提前报告给了经理，使得经理心中的“秤砣”变小。因此，当这个月的业绩出来以后，经理对老李的评价不但没有降低，反而提高了。

老李在开始销售之前,先给经理泼了盆冷水,让他有个心理准备,等到实际业绩出来之后,老李又给经理端了盆热水,经理自然喜出望外,对他赞赏有加。其实车能卖多少老李心中有数,但他稍微用了一下冷热水效应,就成功地改变了经理的心情。

当我们来到一个陌生的工作环境,别人可能对你有很高的期望,这个时候,为了避免出现让别人失望的情况,我们也可以用一下冷热水效应。比如,刚入职场的新人,如果你没有把握能一下站住脚,不妨先把自己的姿态放到最低,这样,当你表现不错时,别人就会对你格外满意。

蔡女士很少演讲,一次迫不得已,她要对一群学者、评论家进行演说。她的开场白是:“我是一个普普通通的家庭妇女, 自然不会说出精彩绝伦的话来,因此恳请各位专家不要笑话我的发言……”经她这么一说,听众心中的“秤砣”变小了,许多一开始对她有所怀疑的人,也开始专心听讲了。她的简单朴实的演说完成后,台下的学者、评论家感到好极了,认为她的演说达到了极高的水平,纷纷报以热烈的掌声。

我们在试图说服对方的时候,可以多用一下冷热水效应,因为只是给对方端热水往往效果不大,比如,销售员总喜欢对着顾客鼓吹自己的产品有多好,对你有多大多大的帮助,然而这种方式总是收效甚微。如果能换个思路,结果可能就会大不相同。

乔治一直想销售保险给一家加油站的老板,却屡试不成。因为这个老板已经花了4000美元买了寿险,他觉得这样已经足够了。

但乔治始终觉得这个老板有购买保险的可能, 只是自己很难说动他,怎么办呢?忽然,乔治眼前一亮,想到了不久前发生在自己另一个客户身上的事,于是赶紧拿起电话打给加油站老板。

“不要再给我打电话了，我已经买了足够多的保险。”加油站老板没好气地说。

“是这样的，先生，我这次打电话并不是想让您现在就购买我们的保险，而是我想起一件事，希望您能听一下，占用您几分钟时间，可以吗？”乔治说。

“哦？什么事？”老板有点好奇。

“我有一个客户的妹妹刚结婚一年半，并且有了一个小宝宝。她的丈夫仅有1000美元的保险，孩子生下来之后，他曾考虑要多买5000美元的保险，不过他打算付清煤炭的账单再说。后来，他得了肺炎，死了。我的客户刚参加过他的葬礼。现在，我这位客户的妹妹和她的小宝宝只剩下5吨的煤炭和那1000美元的保险费。我觉得作为您的朋友，我希望您再考虑一下多买一些保险。当然，您不一定要从我这里买，只不过我们现在在搞促销，比较实惠一些。”乔治很诚恳地说。

“好的，谢谢你的建议，我考虑一下。”老板的态度变得客气起来。

没过几天，这位老板就主动打电话给乔治，要求多购买4000美元的保险。

是什么让这位老板的决定发生了翻天覆地的变化呢？是因为乔治讲了一个很好的例子，而这个例子就像一盆冷水一样，浇到了加油站老板的身上。虽然是发生在别人身上的事，但这位老板也害怕同样的事会出现在自己身上。

而在讲完这个例子之后，乔治又端出一盆温水，告诉客户“我是您的朋友”“现在在搞促销比较实惠”，起到了更好的说服效果。

讲这个故事不是为了告诉诸位“去恐吓对方吧，他会被说服的”，而是想告诉大家，在说服对方时，先拿出一些反面的、不好的例子，这样会增强你的说服力，更容易操纵对方的心理。

3.多给别人贴好“标签”

心理暗示的作用是巨大的，它不但能影响人的心理、行为，还能影响人体的生理机能。消极的暗示能扰乱人的心理、行为以及生理机能，而积极的暗示则能起到增进和改善生理机能的作用。

在生活中，你会发现，有些事情你本来没有把握，但你期望它能办成，结果它就真的成了。

子豪和静雯接手了一个工作项目。由于子豪还要把精力放在另一个更重要的项目上，所以他希望静雯能独立完成这项新任务，但是静雯以前很依赖子豪，所以她没有信心独立完成该项目。

子豪知道静雯没有把握，便为她打气：“其实这并没有什么。要是我一个人来做，大概半个月能完成，何况现在给了你一个月呢！时间应该绰绰有余。”子豪说这话时，心里其实是没底的，因为要真的让他自己来操作，估计至少也要将近一个月的时间。最后，子豪拍着静雯的肩膀说：“放心吧，这件事对我来说小菜一碟，若你实在完成不了就交给我吧！”静雯相信了子豪。

尽管在做的时候，静雯遇到了一些困难，但这些困难都被子豪说得很轻松，子豪也在一旁协助静雯找资料、调查市场。在整个过程中，即使再困难，静雯也没有抱怨过一句话。可能静雯真的认为这个任务并没有什么难度，或是认为即使遇到了困难，也有子豪帮她搞定，所以她一直都表现得很轻松。结果，静雯竟然真的独自一人在规定的时间内很好地完成了任务。这是子豪没有想到的。可见，子豪对静雯的暗示起到了很大的作用。

我们都知道，刚学骑车的人骑车上街，心里会特别紧张，怕撞到人，于是在心里默念“别撞上，别撞上”，结果却偏偏撞上了。参加重大考试时，告诉自己“别紧张，别紧张”，可往往最后脑中却一片空白。

美国著名心理学家罗森塔尔和雅格布森曾做过一项有趣的研究。他们先找到一个学校，然后从校方手中得到了一份全体学生的名单。在经过抽样后，他们向学校提供了一些学生名单，并告诉校方，他们通过一项测试发现，这些学生有很高的天赋，只不过尚未在学习中表现出来罢了。其实，这份学生名单是他们随意抽取出来的。然而有趣的是，在期末测试中，这些学生的学习成绩的确比其他学生高出很多。

这就是教师期望的影响。由于教师认为这个学生是天才，因而寄予他更大的期望，在上课时给予他更多的关注，通过各种方式向他传达“你很优秀”的信息。而学生在感受到教师的关注后，会产生一种激励心理，学习自然加倍努力，因此能取得很好的成绩。

海伦在一家外贸公司工作已经3年了，但是，国际贸易专业毕业的她在公司的业绩表现却一直平平。原因是她以前的上司胡悦是个非常傲慢和刻薄的女人，她对海伦的所有工作不仅从不加以赞赏，而且还时常给海伦泼冷水。

有一次，海伦主动收集了一些国外对公司出口的纺织品类别实行新的环保标准的信息，胡悦知道后，不但不赞赏她的主动工作，反而批评她不专心本职工作。自此，海伦再也不敢关注自己业务范围之外的工作了。海伦觉得，胡悦之所以不欣赏她，是因为她不像其他同事一样奉承她，她自问不是会溜须拍马之人，因此不可能得到胡悦的青睐，也就很自然地在公司沉默寡言了。

直到后来，公司新调来了Sam主管进出口工作。新上司自然要有新作风。从美国回来的Sam性格开朗，对同事经常赞赏有加，特别提倡大家畅所欲言，不必拘泥于部门和自身职责的限制。在他的带动下，海伦也积极地发表自己的看法了。由于Sam的积极鼓励，海伦的工作热情空前高涨。她不断地学习新东西，起草合同、参与谈判、跟外商周旋……

连海伦自己都非常惊讶，她没想到原来自己还有这么多的潜能可以发掘，更想不到自己以前那么沉默害羞，如今已经能够与外国客商为报价争论得面红耳赤了。

如果你要鼓励某个人，就要经常给他积极的心理暗示。只要他充满信心，事情自然会顺利进行。

在电视连续剧《士兵突击》中，每次许三多经历失败后，班长史金总是会用多种积极的心理暗示他一定能成功。在这种暗示下，许三多每次都能战胜重重困难，以至于最后蜕变为一名优秀的狙击手。

一个标签，无论是"好"是"坏"，它对一个人"个性意识的自我认同"都有着强烈的影响。

我们经常听到一些家长在哄小孩的时候说"你是一个乖孩子，玩具要给弟弟玩""你比弟弟勇敢多了，应该比弟弟先打针嘛"。如此一来，小孩了即使再不情愿，也会照着家长的话去做。其实何止小孩子，成年人也会受这种话的影响。

"既然在别人眼中，我是优秀的，那么我就要做得很优秀，做到和别人的期望相符。绝对不让他人失望。"这是人们在受到积极的暗示时的普遍心理。

一个男人结婚之前很勤快，他的宿舍跟其他的单身男子比起来整齐干净多了。但自从结婚后，他就常听到妻子抱怨"你这个懒人""你也太懒了吧"。妻子对他的评价除了"懒"，就是"非常懒"，并经常数落他不做饭、不拖地、衣服洗完了也懒得从洗衣机里面拿出来晾干。

有一次,朋友笑着对他说:“你以前有这么懒吗?是不是仗着自己找了个勤快的老婆,自己就不干活了?”他说:“有时候我本来想做点家务,可一听她说我懒,我就不想做了,既然她认为我是个‘懒人’,那我就干脆什么都不做,懒到底好了!慢慢地,我真的懒了。”

可是,只要一回到母亲家,他就勤快起来了,因为他的母亲经常在邻居们面前说她的儿子“勤快又孝顺”“只有5岁大的时候,他就会拿着扫把打扫屋子”。所以他的邻居都知道他是个勤快的孝子。所以每次回父母家,他都表现得很勤快,特别是在邻居面前。

这个男人本来是勤快的,结果因为他的妻子无意间给他贴上了“懒人”的标签,他就变懒了。而他的母亲给他贴的标签是“勤快”,所以他在母亲面前表现得很勤快。不好的标签就是一种负向的“期望”,会像魔咒一样控制他人的思想和行为。

第二次世界大战期间,美国心理学家在一批行为不良、纪律散漫、不听指挥的新士兵中做了如下试验:让他们每人每月向家人写一封自己在前线如何遵守纪律、听从指挥、奋勇杀敌、立功受奖的信。半年后,这些士兵发生了很大的变化,他们真的像信上所说的那样去努力了。

这种现象在心理学上被称为“标签效应”。标签效应实际上也是一种暗示作用。我们经常说的给某人“戴高帽”,其实就是给他贴标签。美国心理学家贝科尔认为:“人们一旦被贴上某种标签,就会成为标签所标定的人。”

如果你希望一个人有决断力,那么不管他是不是这种人,你都可以给他冠上“你是个做事很有决断力的人”的帽子。对方的自尊心在得到满足后,便不得不按照你给他贴上的“标签”去行动。也就是说,他会受到这个“标签”的约束。

给一个人贴“标签”的结果,往往会使其向“标签”所喻示的方向发展。因此，多给别人贴一些好的“标签”，对他人有积极的暗示，能鼓励他人像“标签”所注明的那样去做。

4.循序渐进，不断缩小差距

如果一下子向别人提出一个较高的要求，对方一般很难接受；如果逐步提出小的要求，不断缩小差距，人们就比较容易接受了。这就是所谓的“登门槛效应”。

一列商队在沙漠中艰难前进，他们昼行夜宿，日子过得很艰苦。

一天晚上，主人搭起了帐篷，并坐在其中安静地看书。忽然，他的仆人伸进头来，对他说：“主人，外面好冷，您能允许我将头伸进帐篷里暖和一下吗？”主人很善良，欣然同意了仆人的请求。

过了一会儿，仆人说道：“主人，我的头暖和了，可是脖子还冷得要命，您能允许我把上半身也伸进来吗？”主人又同意了。可是帐篷太小，主人只好把自己的桌子向里挪了挪。

又过了一会儿，仆人说：“主人，能不能让我把脚伸进来啊？我这样一部分冷、一部分热，又倾斜着身子，实在很难受。”主人又同意了，可是帐篷太小，两个人实在太挤，主人只好搬到了帐篷外边。

当个体先接受了一个小的要求后，为保持形象的一致，他可能接受一项更重大的要求，这叫作“登门槛效应”，又称“得寸进尺效应”。

心理学家认为，“登门槛效应”利用的是人们在不断满足别人提出的小要求的过程中已经逐渐适应，意识不到逐渐提高的要求已经大大偏离了自己的初衷。

通俗地说，“登门槛效应”就像我们登台阶一样，我们要达到台阶顶端，不可能一步跨过去，只有从脚下的台阶开始一个台阶一个台阶地登上去，才能最终到达。你若想操纵别人，让别人做一件事，如果直接把全部任务都交给对方，往往会让人家产生畏难情绪，拒绝你的请求。但是，如果你化整为零，先请他做开头的一小部分，再一点一点地请他做接下来的部分，对方往往会想，既然已经开始做了，就善始善终吧，于是就会做到底。

有两个人做过一次有趣的调查。他们访问了郊区的一些家庭主妇，请求她们将一个关于交通安全的宣传标签贴在窗户上，然后再在一份关于美化加州或安全驾驶的请愿书上签名。这都是一些小而无害的要求，很多家庭主妇都爽快地答应了。

两周后，他们再次拜访那些合作的家庭主妇，要求她们在院内竖一块倡议安全驾驶的大招牌——该招牌并不美观——并保留两个星期。结果答应了第一项请求的人中有55%的人接受了这项请求。他们又直接拜访了一些上次没有接触过的家庭主妇，结果其中只有17%的人接受了该要求。

既然已经在刚开始时表现出助人、合作的良好形象，因此，即便别人后来的要求有些过分，也不好推辞了。在生活中，要想让别人答应自己的要求，就需要利用“登门槛效应”。

如果你有一件棘手的事想请人帮忙，或者有某个要求想征得别人的同意，最好不要直接说出来，而是先提出一个估计对方肯定会拒绝的大要求，待别人否定以后，再提出自己真正的要求，这样，别人答应你的可能性就会大大增加。

二手车销售商在卖车时往往把价格标得很低，等顾客同意出价购买时，又以种种借口加价。有关研究发现，这种方法往往可以使人接受较高的价格；但如果最一开始就开出高价的话，顾客一般很难接受。

有一个人得了高血压，夫人遵照医嘱，做菜时不放盐，丈夫口味不适应，拒绝进食。后来，夫人将医嘱折中了一下，每次做菜少放一点盐，每次递减的程度很小。后来，丈夫逐渐习惯了清淡的味道，即使一点盐不放，也不觉得不好吃了。

这些都是成功运用“登门槛效应”的案例。在人际交往中，当你要求某人做某件较大的事情又担心他不愿意做时，可以先向他提出做一件类似的、较小的事情，然后一步步地提出更大一些的要求，从而最终达到你的目的。

总之，掌握了“欲进尺先得寸”的方法，你就掌握了让别人为你办事的技巧。

5.培养维护交情的好习惯

习惯人皆有之。南方人习惯吃大米，北方人则习惯吃面食，这是生活习惯。有的人喜欢边听音乐边学习，有的人则习惯神情专注、不受干扰，这是学习习惯。有的人工作时习惯快刀斩乱麻、雷厉风行，有的人则习惯有头有绪、条理不紊，这是工作习惯。

习惯真的可以说是无处不在。正因为习惯如此之多，以至于人们常常忽视它的存在，无视它的作用。但你可千万不能真的轻视习惯的作用。要知道，好的习惯是成功的助力器，而坏的习惯则可能是通往成功之路的绊脚石。

靠谱
比能力更重要

生活中不缺乏因为有良好习惯而成功的故事。萧伯纳坚持“该先做的事情就先做”的习惯使他成为著名的作家;爱迪生坚持“想睡就睡”的习惯,使他的思维始终能够保持活跃,从而保证了他工作时能以极高的效率完成一个又一个发明创造;约翰·洛克菲勒坚持“工作有张有弛”的习惯,使他成为全世界拥有财富最多的人之一……

事实上,失败的人和成功的人往往有很多条件是相同的,但在习惯方面却有很大的差异。也正是这些不同的习惯,造成了他们不同的命运。这是因为习惯是长期逐渐养成的,一时不容易改变的行为、倾向或社会风尚。

当我们每天重复做一件相同的事情时,那件事情就会成为习惯。所有的习惯都是养成的。维护人缘自然也是一种习惯,不能有事的时候才去求人,平日里就应给自己培养起维护人缘的好习惯。

(1)信息最重要

一名技术员特别爱交朋友,无论是同事、上司,还是顾客、同行,甚至保安、餐厅的工作人员,他都非常熟悉。只要是有过一两次来往的人,他都会把对方的电话记在电话本上。时间一长,他的电话本攒了厚厚的一摞。不仅如此,所有电话本上的人,他都会经常打个电话或者发个短信联系。

随着这名技术员升为项目经理,他认识的人更越来越多。3年前,他辞职开始自己创业,无论是启动资金,还是创业项目,甚至手下的员工,都来自于自己的人脉资源。

掌握了人脉资源,就相当于抓住了成功的关键。人脉是事业成功的助推器,可以提升成功的速度。人脉资源为职场人士打开了机遇的天窗,使得我们的事业从起步时就站在了“巨人”的肩膀上。同时,人脉资源还能在关键时刻或危难之际给我们提供帮助。

职场中信息最重要,而人脉资源就是职场的情报站,人脉有多广,情报就有多广。拥有无限的信息,事业就有无限发展的平台。

(2)工作中认识的人一概要积存、维护

每个人总是在不断地开发自己的人脉网络，而区别在于成功的人士总是比一般人具有更庞大、更有力量的人脉网络。

工作中常会接触到不同的人，有的人寒暄一番，礼节性地互留名片，过后名片就成了一张废纸。而有的人完成工作后，还会后期跟进，与其建立关系。项目结束后，如果不适合再与客户交往，你可以以推荐人的身份出现，比如，你可以说“朋友有个项目，我觉得你们比较合适，是不是可以找个时间聊聊”，这样既帮朋友拓宽了选择面，又替客户搭上了线。

(3)无论“大小”都是资源

有的人眼睛只盯着上层人士，而忽视了同事、下属，有的人只结交年长有经验的人，而忽视了年轻人。其实，无论什么样的人，都可能是不可缺少的资源。

即使是一个普通的技术员，你也许通过他可以为企业挖到优秀人才，即使是80后、90后的“小朋友”，和他们接触多了，你也能了解到一些新的信息。然而，人的精力是有限的，你不可能对所有的人脉关系都一碗水端平，因此，人脉也有大小之分。所谓的“小人脉”，就是可以为你提供服务，以备不时之需的人，比如办公用品商、网络维护员、物业管理人员等。这一类“小人脉”大多不必费心维护，只需建立清晰的数据库便可。而“大人脉”则是对你的事业发展有重大影响的人，这一类人脉一定要精心维护。

此外，人脉资源既要有广度和深度，还需要有关联度。人脉的关联度指人脉关系与个人所从事行业的相关性，以及人脉资源直接的相关性。要懂得利用朋友的朋友或他人的介绍去拓展自己的人脉资源，要从长远考虑，千万不要有人脉“近视症”，一定要关注人脉的成长性和延伸空间。

(4)维护人脉从问候开始

一般来说，问候是维护人脉关系的基础。无论是熟与不熟的人脉关系都要定期或不定期地问候对方。即使不能当面问候，电话、短信联系也会增进感情。经常问候，不至于与对方疏远，甚至让对方忘掉你，因此，一旦你有需要动用这份关系时,也不会太过尴尬。经常问候,你也能从各种人脉关系中了解信息,从中找到商机。

维护人脉关系,最重要的是双赢。人际交往是双向互惠的,单向利己的行为不可能长久,不要有“吃亏”的念头,也不要患得患失、因噎废食或心存侥幸。

乐意和别人分享包括:分享自己的专业知识;分享资源,包括物质和朋友的关系方面的;分享爱心,实在帮不上忙那就表示真诚的关心,别人也会将你铭记在心。

总之,人脉关系将伴随人的一生,是一个人一生最大的财富,无论如何建立和维护人脉资源,以诚待人是人际交往的根本。

(5)对他人表示感谢,强化他的成就感

维护良好的人际关系,表达心意最简洁的一句话就是“谢谢”。诚恳地说声“谢谢”会带给对方最大的满足和感动。因此记住,对帮助过你的人要记得说声“谢谢”,为别人对你的启发教诲要说“谢谢”,即使只是一些微不足道的小事,也要表达你的感激之情。

“谢谢”虽然是一句简单的话语,但只要你运用得当,就会给别人留下深刻的印象。每个人为他人付出时,都希望能获得预期的结果和反馈信息,特别是当他人为你提供了某些帮助的时候。尽管对方口头上说“这是应该的”“这没什么大不了”“不值得一提”,但在他的内心深处,其实是希望得到你的重视和认可的。你的一句话、一个笑脸都能让对方倍受鼓舞,继而再接再厉地做下去。

美国心理学家和行为科学家斯金纳认为, 人或动物为了达到某种目的,会采取一定的行为作用于环境。当这种行为的后果对他有利时,它就会在以后重复出现,否则就会减弱或消失。人们可以用这种正强化或负强化的办法来影响行为的后果,从而修正其行为,这就是强化理论。

所谓强化,从其最基本的形式来讲,指的是对一种行为的肯定或否定的后果(报酬或惩罚),它至少会在一定程度上决定这种行为在今后是否会重复发生。根据强化的性质和目的，可把强化分为正强化和负强化。正强化就是鼓励那些自己需要的行为，从而加强这种行为；负强化就是惩罚那些与自己的预期不相容的行为，从而削弱这种行为。

在社交上，正强化的方法包括认可、表扬、给予物质反馈等；而负强化的方法包括批评、蔑视、远离他人等。维持良好的人际关系，表达心意最简洁的一句话就是“谢谢”。诚恳地说声“谢谢”会带给对方最大的满足和感动。

当别人给你帮忙了，你要及时地表达自己的感激之情，你的感激之情表达得越充分、越及时，他们就越会觉得自己的付出是有意义的。否则，他们会认为自己“费力不讨好”“白帮忙”了，而当你再有困难的时候，他们可能会离你远去。

虽然那些热心的人总是宣称自己“帮忙不为什么，是应该做的”，但他们内心还是希望自己的付出能得到一定的回应。这种回应不一定是物质上的同等回报，精神上的奖励也同样会让他们产生满足感，让他们觉得他们给你提供的这个方便是值得的，有价值的。

“谢谢”通常是我们基于礼貌说的，但在表达内心的感激之情时，只说“谢谢”是远远不够的。你必须配合你的表情和声调，让对方感觉到“他在跟我道谢”。所以，在道谢的时候，最好加上对方的名字，如：“谢谢你呀，小张！”“李经理，非常感谢你！”你加了对方的名字，就等于把对方拉进了被感谢的角色中。

另外，在表示感谢的时候，如果你能把感谢事由也加入其中的话，对方的感觉会更胜一筹，也会显得你更诚恳。比如：“真谢谢你，小张，要不是你，我找不到这么好的工作！”“谢谢你帮我改了论文，让我的论文获得了第一。”“要不是你帮我渡过难关，我还不知道怎么应付这次失业呢！”这样的话会更加强化对方的重要性。他会觉得你是真的记得他的好。

别人帮了你的忙，你表示感谢是理所当然的，但是如果别人答应帮你，尽力了却没有帮上忙，你该如何做呢？抱怨别人不该答应你？指责别人没有为你尽力？或者是什么也不说，就当没发生过？

不管怎么样，只要对方付出了努力，无论结果如何，你都要表示感谢，否则就会让人觉得你是个势利的人。所以，在这种情况下，你可以说："我知道你已经尽力了，谢谢你！""真不好意思，让你为难了！""这件事的难度确实太大了，我自己再想其他办法，但还是非常感谢你的帮忙！"对方听到这样的话，心里肯定会感到很舒服，甚至会为没有帮上你的忙而感到愧疚，当你再次遇到困难时，他们一定会尽自己最大的努力来帮你，以弥补这次对你的亏欠。

记住，对帮助过你的人要说声"谢谢"，为别人对你的启发教诲要说"谢谢"，即使只是一些微不足道的小事，也要表达你的感激之情。

第九章

低调谨慎，事成之后莫张扬

聪明的人会在办事时隐藏自己的才华和锋芒，甚至千方百计地显示自己比别人蠢笨，这就是我们常说的“守拙”。它是一种掩饰自己、保护自己、积蓄力量、等候时机的人生韬略。

1.你可以比别人聪明，但不要让对方知道

成语“锋芒毕露”中的“锋芒”本指刀剑的锋利，如今人们将之比作人的聪明才干。古人认为，一个人如果看上去毫无锋芒，就是扶不起的阿斗，因此有锋芒是好事，是事业成功的基础。

在适当的场合显露一下自己的锋芒是有必要的，但锋芒可能会刺伤别人，也会刺伤自己，所以在运用的时候要小心谨慎。物极必反，过分外露自己的聪明才华,同样会导致失败。尤其是做大事业的人,锋芒毕露,尽展自己的聪明和优秀,非但不利于事业的发展,甚至还会失去身家性命。

一位年轻的海关员参加了一个重要的行业座谈会。在座谈会上,一位司长对年轻的海关员说:“《海事法》的期限是6年,对吗?”年轻的海关员愣了一下,看了看司长,然后率直地说:“不,司长,《海事法》没有这项期限。”这位年轻的海关员后来对别人说:“当时,会场立刻静默下来,似乎温度也降到了冰点。虽然我是对的,他错了,我也如实地指了出来,但他非但没有因此高兴,反而脸色铁青,令人望而生畏。尽管真理站在我这边,但我却铸成一个大错,居然会当众指出一个声望卓著的人的错误。”

在指出别人错误时,我们为什么不能做得更高明些呢?古希腊著名的哲学家苏格拉底曾一再告诫自己的门徒:“你只知道一件事,就是一无所知。”英国19世纪政治家查士德斐尔爵士则更加直白地训导他的儿子:“你要比别人聪明,但不要告诉人家你比他们聪明。”

无论你采取什么样的方式直接指出别人的错误,比如,一个蔑视的眼神,一种不满的腔调,一个不耐烦的手势,都有可能带来令人难堪的后果。因为这等于是在告诉对方:我比你更聪明。这样做无异于否定了对方的智慧和判断力,既打击了对方的自尊心,还伤害了对方的感情。这样一来,对方不仅不可能改变自己的看法,还会引起他的反击。这时,你即使搬出所有的权威理论和所有的铁定事实也无济于事。这不是给自己增加困难么!因此,在指出别人错误的时候,应当做得高明一些,不要表现出一副我比你更聪明的神情来。你可以用若无其事的方式提醒他,让人觉得他只是忘记了,或者是他没说清楚,这将会收到神奇的效果。

著名科学家玻尔就是这样一位极其尊重他人但又非常坚持真理的人。当他对别人的观点提出不同意见时,他常常预先声明:“这不是为了批评,而是为了学习。”这句话后来被人印在了一期物理杂志的封面上，作为献给玻尔的生日礼物。

有一次，一个人发表了一次学术演讲，效果非常糟糕，玻尔也认为这个演讲“完全是瞎扯”，但他仍然热情地对演讲者说：“我们同意你的观点的程度，也许比你想象的还要高！”

玻尔同爱因斯坦展开过一场为期近三十年的学术大争论，两人的观点完全对立。但爱因斯坦认为，在反对他的观点的阵营中，玻尔是最接近于公正地处理他所代表的学术观点的人。

玻尔的这种态度及他在为人方面的其他杰出表现，不但有助于他取得巨大的学术成就，而且使他深受人们的爱戴。他的为人甚至比他的科学教育成就更为人们所仰慕和歌颂。

锋芒是一把双刃剑，如果运用不当，就会刺伤别人和自己，所以你应该加倍小心地使用。

2.降低标准，是解决人生难题的一把钥匙

人往高处走，水往低处流。人生总是向上的，这是人们的认识，也是人生的理念，更是众生的普遍心理。然而事实上，这个理念毁了许多人。客观地讲，人生一世，是不可能总往高处走的，沉浮起落，坎坷挫折，处于下坡路的时候也很多。正如《贤愚经》中所说：“常者总要消灭，高者必然堕落。合会终有离别，有生一定有死。”

有钱人变为没钱人，局长降为处长，老板变成小工，昨天的名人沦为今天的泯然众人……诸事不如前的情况几乎每个人都经历过。每当这时，往日的

标准都会大打折扣。由此看来，人生不可能总是守在一个高标准上。高标准本身就是一种完美主义的化身，其中包含着对周围事物的苛求和对自己的苛求，长此以往，不仅自己累垮了，周围人也受不了。

更何况人生总有不顺的时候，诸如单位不景气、事业陷入困境、家庭遭受变故，等等。跟随而来的便是内在和外界标准的一同降低。如果这时还保持高标准的心理期待，还一味地人往高处走，就会遭遇打击，饱尝痛苦，陷入烦恼的境地。于是这时，降低标准才是正确的人生选择。尤其是在当今这个充满竞争的社会，“高标准”往往是靠不住的，极易被动摇。学会降低标准，反而成了人们一把解决人生难题的钥匙。

这里所说的降低标准，并不是要你退缩，更不是要你消极对待，它其实是一种心理调理和应对。人生总是不确定的，外在的事物在不断地变化，好与坏、顺与不顺，定会接踵而来。不管是在心理上，还是在客观上，过高的标准都会使人时时处处面临高度的威胁。有时候甚至会使人变得灰心丧气，破罐子破摔。

一味地高标准，不但会伤害自己，同时也会伤害别人。在现实社会中，许多人之所以不适应新的环境，之所以会痛苦烦恼，就是因为守着一个高标准不放。他们认为自己只能上升，不能下降。因此，高标准在很多时候反而成了极端片面的害人理念。

某公司被兼并了，几百名员工一同下岗，他们为此一蹶不振，而老李却挽起袖子，到一家小餐馆做了一名跑堂。

某企业倒闭了，员工都丧气到了极点，老张却在第二天下楼修起了鞋子。

老黄是某事业单位的领导，单位解散后，不但官职没了，吃饭也成了问题。可他二话没说，很快就找到了一家公司，做了一个看大门的。

降低标准，不仅要降低生活的标准，还要降低位置、放下架子、不顾面子。

在人生的大逆转中，许多人之所以败下阵来，就是因为他们不肯降低标准。而那些就此降低标准，放下身份的人，很快就会快乐起来。

由此可见,降低标准是人生的一剂快乐良方。只是这剂快乐良方,并不是每个人都能得到的。但综观我们的一生,不管是主动的,还是被动的,降低标准却是随时存在着的,比如降低自己的身份,降低自己的名誉,降低自己的头衔。正如佛家所说的“放下”。我们是否能够放下,同样需要英雄般的气概。

肯不肯降低标准,有时反而成了一个人能否生活下去的必要条件。说严重点,很多人都是病在、倒在、败在、死在了这个环节上。

许多伟人、大人物,其实都不是一味守着高标准不放的人,他们都能在降低标准中完善自己,从头再来。为了能够活得好一些,并时时快乐着,降低标准有时会是我们最明智的选择。

3.求人不丢人,放下身架把事办成

很多人总觉得求人是一件丢人的事情,但生活的残酷总是教育人们:“你必须求人。”因为抹不开面子就办不成事。其实很多时候,我们不要拘泥不化,放下所谓的面子,解决问题才是首要的。

战国时期,有个名叫许行的楚国人来到滕国定居。他和自己的几十个门徒穿着粗麻织成的衣服,靠编草鞋、织席谋生,以能自耕自足、不求他人为乐,并据此指责滕国的国君不明事理。因为在许行看来,人不能依赖别人,不能向人求助,所以身为一个真正贤明的国君,他既要替百姓服务,同时还要和百姓一样自耕自食。如果自己不耕种而要别人供养,那就不能算是贤明的国君。

一个叫陈相的人把许行的所作所为及其主张告诉了孟子。

靠谱
比能力更重要

孟子问陈相："许行一定只吃自己耕种收获的粮食吗？"

陈相回答说："是的。"

孟子接着又问："那么，许行一定自己织布才穿衣吗？他戴的帽子也是自己做的吗？他煮饭的铁甑都是自己亲手浇铸的吗？他耕作用的铁器也都是自己亲手打制的吗？"

陈相回说："都不是的。这些物品都是他用米、草鞋、草席这些东西换来的。"

孟子说："既然是这样，那就是许行自己不明白事理了。"

孟子和陈相的对话，明确地指出一个道理：不论衣食住行，我们都是有求于人的，即使拥有上亿的财产，也不见得买得到你真正想要或需要的东西。

宋代有一位理学家叫作张九成。张九成告老还乡之后，对当时流行的禅宗产生了极大的兴趣，甚至专程去拜访禅学大师喜禅师。

喜禅师问他："你来此地有何贵干？"

张九成学着禅师的口吻说："打死心头火，特来参喜禅。"

喜禅师便说："缘何起得早，妻被别人眠。"

张九成经喜禅师一说，怒声骂道："无明真秃子，岂敢发此言。"

喜禅师微微一笑，说道："你本非我佛中人，非要来凑热闹。我刚刚一煽风，你那边马上就起火，这种修养也能参禅吗？"

张九成这才明白喜禅师刚才是在试探自己。他非常后悔，可是已经来不及了。

这个故事讲的是儒家和禅宗的关系，但也可以用来说明求人成事时的面子问题。

很多人信奉"万事不求人"或"求人不如求己"的原则，认为请求别人帮助是自己无能的表现，似乎有些丢脸。这种看法其实有失偏颇。人与人之间的互相帮助是人类为了生存下去的必然需求，而非"无能"或"丢脸"。因此，找人办事、学会求人,就必须“打死心头火”。如果像张九成那样一听到对方的话不对自己胃口就马上“火冒三丈”,是难以悟到求人成事的要义的。

要求人,脸皮薄可不行。所谓“人在矮檐下,不得不低头”。求人成事,脸皮薄、放不下清高的架子是不会成功的。

20世纪80年代,艾科卡由于遭人嫉妒和猜忌被老板免去了福特汽车公司总经理的职务。面对打击,他没有消沉,而是立志重新开创一片天地。为此,他拒绝了数家优秀企业的招聘,接受了当时濒临破产的克莱斯勒公司的邀请,担任总裁一职。

到任后,他首先实施以品质、生产力、市场占有率和营运利润等因素来决定红利的政策。他规定,主管人员如果没有达到预期目标就扣除25%的红利;他还规定,在公司尚未走出困境之前,最高管理阶层各级人员减薪10%。

这一措施推出后,有人反对,有人赞成,反对的大多是公司的元老,他们认为这样做损害了他们的利益。艾科卡冷静地对待这一切,并且自己只象征性地拿一美元的年薪,让反对他的人无话可说。

为了争取政府贷款,艾科卡四处游说,找人求人,接受国会各小组委员的质询。有一次,由于过度劳累,他的眩晕症发作了,差点晕倒在国会大厦的走廊上。为了取得求人办事的成功,艾科卡把这一切都忍了下来。最终,他带领克莱斯勒公司走出困境。截至1985年第一季度,克莱斯勒公司获得的净利高达5亿多美元。艾科卡从此成为美国的传奇人物。

艾科卡之所以能够取得巨大的成功,秘诀就是“打死心头火”,即放下高傲的自尊。

求人时最忌讳的便是为了面子问题而发怒。发怒非但不能解决问题,反而会得罪能帮助你的人。求人遭遇刁难时,不妨先按捺住火气,拿出你的热忱,让别人看见你真正的需要,了解你的目的。张三拒绝你,不妨找李四,李四拒绝你,再找王五,总会找到肯帮助你的人。千万别为了一时的面子,而忘了求人的真正目的是解决问题!

当然,我们提倡的放下面子,也并不是让你对人点头哈腰、低三下四,只是让你放下不必要的面子,大胆地跨出去。

唐代诗人白居易16岁到长安应试时,向当时的名士也是著名诗人顾况求助,希望对方能推荐自己。

当时,白居易还只是一个无名小辈,地位已经很高的顾况自然瞧不起他。顾况一看见他姓名中的“居易”二字,就嘲笑道:“长安米贵,居不大易。”

言下之意非常明显,就是我为什么要帮助你这个无名小辈呢?并且帮助你在长安成名又有什么意义呢?一般人听了这话,大概会怒气冲冲地转身离开。但白居易不仅面无窘色,反而十分恭敬地递上自己的诗作。当顾况接着看白居易递上去的诗作,翻阅到其中一首《赋得古原草送别》时,不由得精神顿时清爽起来:

离离原上草,一岁一枯荣。
野火烧不尽,春风吹又生。
远芳侵古道,晴翠接荒城。
又送王孙去,萋萋满别情。

这首诗写得极有气势,把自然界的草木荣枯与人生的离合悲欢结合起来,特别是“野火烧不尽,春风吹又生”二句,表现出一种虽然饱受摧残,但仍然不屈不挠、奋发豪迈的精神。见此,顾况不由得击节赞叹,改口称赞道:“有才如此,居亦易矣!”

顾况认为白居易是个值得帮助的青年,于是答应了白居易的请求,帮助白居易广交长安名人雅士,并在仕途上助他一臂之力。

白居易用过人的才华为自己赢得成功的机会。我们在求人时,也不妨想想自己有什么地方值得让人帮助的。向人借钱,是不是该让人知道你有还钱的实力?向人求工作,是不是该让人知道你的工作能力能为他带来多少利润?

向人求爱，是不是该让人知晓你值得对方爱的优点？

求人时不必总是低声下气，但也不能狂妄自大。即使你是求人时的强者，也完全没有必要摆出一副居高临下的样子。你应该表现出自己的平易近人，开朗、热情、主动，眉慈目善，尊重对方，再配上微微一笑，使对方感到亲切而温暖，这样就会双方创造一种友好亲切的气氛，解除那种由于你的身份、你背后的权力与经济实力加在对方头上的压力。总之，身为强者的你应该放下架子，以缩短双方的距离，激发双方思想感情上的共鸣，以谦和的态度来赢得对方信任并达到自己求人成事的目的。

而作为地位比对方低的求人成事者，则应该不为对方的权势所动，不为对方的身份、地位所左右，克服畏惧、紧张、羞怯、遮掩的不良心态，大胆地表明自己的来意，以一种“人对人”的不卑不亢态度来与对方会谈，尽可能地展示自己的才华，这样才能在求人成事时获得成功。

4.高高在上的人总会有摔下来的那一天

在俗世里，你只有放下架子，平等地对待每一个人，才能打开他人的心灵窗户；如果你一味地高高在上的话，你就会失去朋友。当你察觉只剩下自己孤零零一个人的时候，你会发现，失去别人的参照，你的位置是高是低没有任何意义。

一个新上任的年轻军官要在火车站打个电话，但他翻遍了所有的口袋也没找到零钱。于是他来到站外，想看看有没有人能帮他的忙。这时有一位老兵走了过来。年轻军官拦住他说：“你有10便士零钱吗？”老兵忙把手伸进口袋，说：“等一等，我找找看。”年轻军官生气地说：“难道你不知道对军官应该怎样说话吗？现在让我们重新开始。你有10便士零钱吗？"老兵迅速立正回答道："没有，长官！"

这位老兵的兜里真没有10便士的零钱吗？未必，他之所以这么痛快地说没有，原因只有一个，这位军官的态度过于骄横了，他这样高高在上的样子让人看了都不舒服，又怎么会借给他钱呢！

高高在上，源于一种基于个人地位、财产、知识等方面高于别人而产生的优越感。这种优越感往往体现在人的表情、语言和动作上。高高在上可能给你带来暂时的心理上的满足，但它却在不知不觉中伤害了别人。

高高在上的人不会用平等的眼光看待别人，总觉得自己高人一等，别人都是"下等人"，只配给自己当配角，给自己打下手。可是他忽视了一个问题，也许别人的才学不如你，也许别人的经验不如你，也许别人的财力不如你，但别人的自尊和你一样不容他人的侵犯。所以，当你那瞧不起人的目光落到他人的眼中时，你已经触动了他心中最宝贵、最不能伤害的部分——尊严。很难想象一个被你看不起的人会真心地和你交朋友。

一个人的成就再伟大，也只是相对于个人而言，要知道，在我们生存的这个世界之中，没有什么不是渺小的。爱因斯坦取得的成就不可谓不伟大，但他从不看重这些，一直保持着谦逊的品质。有句话说："不要留恋你的影子，哪怕它很辉煌，因为它毕竟只是虚无缥缈的影子而已。当你望着自己的影子依依不舍的时候，你正背离着照亮你的太阳。"

爱因斯坦因为创立了相对论而声名大振。据说，有一次，他9岁的小儿子问他："爸爸，你怎么变得那么出名？你到底做了什么呀？"爱因斯坦说："当一只瞎眼甲虫在一根弯曲的树枝上爬行的时候，它看不见树枝是弯的。我碰巧看出了那甲虫所没有看出的事情。"

高高在上容易挫伤他人的积极性。高高在上的人一般不屑于去做具体细致的工作。不仅如此，他们也看不起从事细小工作的人，对于别人所做的工作,他们或是毫无道理地挑三拣四、百般刁难,或是不屑一顾、视而不见。一个人辛辛苦苦地工作,做出了满意的成绩,却得不到对方最基本的认同,怎么还会有继续做好工作的积极性?

高高在上的人最终伤害的还是自己。他们总要千方百计地维护自己所谓的权威,当他们觉得自己的权威受到挑战时,往往会做出过激的反应。另外,由于他们总是高高在上,听不到朋友的建议,不接受下属的意见,完全把自己封闭在云端里,盲目地自我膨胀,最终难免跌下云端。

两头驴子驮着沉重的袋子,吃力地往前走。一头驮的是财宝,另一头驮的是粮食。驮着财宝的驴子本来就有些盛气凌人,平时没事也要扯着嗓门儿冲天叫两声,生怕别人不知道它的存在。这次,它又驮着价值不菲的东西,更是显示的好机会,于是它昂首阔步,把系在脖子上的铃铛摆得悦耳动听。当然,它更忘不了不时地仰天长鸣。而另一头驴子则不声不响地跟在它后边。

突然一伙强盗从隐蔽处窜出来,扑向驴队。强盗跟主人扭打时,驮财宝的驴子惊吓得仰天大叫,四处转圈。强盗生怕被别人听到,就用刀刺伤了它,并把财宝抢劫一空。驮粮食的驴子却十分平静地继续向前赶路。它知道强盗对粮食不感兴趣,它自然会安然无恙。

强盗走后,驮财宝的驴子全无刚才的神气,大叹倒霉:“还是你运气好,虽然不神气,但总不至于挨刀子。”

这虽然是驴子不懂得收敛自己酿成的悲剧,但在生活中,一些人不也是在幸福降临时光顾着神气,忘了在令人仰慕的背后还暗藏着险情了吗?可见,盛气凌人往往会使自己处在很不利的位置上,这实在不是明智的做法。

虽然性格难以改变,却可以适当收敛。盛气凌人既误人又误事,这种例子实在不胜枚举。

傲慢自大,不会赢得别人的理解与尊敬。相反,谦逊礼让才是克服遇事冲动、不冷静的“灵丹妙药”,才是主宰自我的根本!

5.有荣耀不独享,有功劳不独吞

永远不要吃独食。有了荣耀,有了功劳不能独吞,要大气一点,要懂得与别人分享,这样才会赢得人心。做人不要太“独”,挡人财路的人一定不会有好结果。给别人留一碗饭吃,才会促进合作的达成,你才会有更大的生存空间。

身在职场,你要时刻记住这句话:功劳是大家的,责任是自己的。因此,有了荣誉一定要记得与他人分享,千万不要企图独自吞食。即使是你凭一己之力得来的成果,也不可独揽。

现代社会充满竞争,一旦你踏上工作岗位,就会面临同事之间的竞争。竞争的结果无非有两种:一种是它可以让你变得更优秀;另一种是你不适应这种竞争,最终被淘汰出局。对于一个刚参加工作的人来说,对公司的一切你还知之甚少,这就需要你去发现,去了解周围的同事。同时,周围的同事也在注视着你。所以,要想立足,首先要摆出竞争的姿态去适应工作环境。但也不要因为竞争丧失良好的形象,这需要你把握好尺度。

谁都希望自己与荣誉和成功联系在一起,可如果你无视别人,就很难在职场中立足。因此,不要感叹上司、同事和下属度量的狭小,其实造成最后这种局面的根源还是在于你自己。在享受荣誉的同时,不要忽略别人的感受。其实每个人都认为别人的成功中总有自己奉献的一份力量,而你却傻乎乎地独自抱着荣誉不放,别人当然会对你如此自私的做法感到不舒服了。

美国有个家庭日用品公司,几年来生产发展迅速,利润以每年10%~15%的速度增长。这是因为公司建立了利润分享制度,把每年所赚的利润,按规定的比例分配给每一位员工。这就是说,公司赚得越多,员工也就分得越多。员工明白了“水涨船高”的道理,人人奋勇、个个争先,积极生产自不用说,还随时随地地检查产品的缺点，主动加以改进创新。

当你在职场上小有成就时，当然值得庆幸。但是你要明白，如果这一成绩的取得是集体的功劳，离不开同事的帮助，那你就不能独占功劳，否则其他同事会觉得你抢夺了他们的劳动成果。

老王是一家出版社的编辑，并担任该社下属的一个杂志的主编。平时在单位里，他与上上下下关系都不错。老王还很有才气，工作之余经常写点东西。有一次，老王主编的杂志在一次评选中获了大奖，他感到荣耀无比，逢人便提自己的努力与成就，同事们当然也纷纷向他祝贺。但过了一个月，老王却失去了往日的笑容。他发现单位的同事，似乎都在有意无意地和他过不去，并处处回避他。

后来，老王才发现，他犯了“独享荣耀”的错误。这份杂志之所以能得奖，主编的贡献当然很大，但也离不开其他人的努力，所以这份荣誉应该是大家共享的。而现在老王独享荣耀，当然会使其他的同事内心不舒服了。

所以，当你在职场上因为有特殊表现而受到肯定时，一定不能独享荣誉，否则这份荣耀会为你的职场关系带来危险。正确对待荣誉的方法是：与他人分享、感谢他人、谦虚谨慎。

在工作中，最圆滑的处世之道，就是当你的工作和事业有了成就时，不独揽功劳。你要拥有团队意识，摒弃“自恃清高”的作风，换之“众人拾柴火焰高”的职业意识，你获得的荣耀就会助你更上一层楼，你的人际关系也将更进一步。

大大方方地和同事分享功劳，一方面可以做个顺水人情，另一方面上司也会认为你懂得搞好人际关系，从而给你更高的评价。可是卖这份人情的手法必须做得干净利落，不可矫揉造作，更不可对同事抱着“施恩”的态度，或希望下次有机会讨回这份人情。正所谓“放长线，钓大鱼”，将目光放远才是上策。

6.功高之时莫要忘记别人,更莫要忘记低调

很多人都遇到过这样的事情:自己的劳动成果被别人冒名窃取,而这个人偏偏还是自己的领导,于是内心抑郁难平。但很少有人想到,如果自己过分耀眼,功高盖主,也未必是件好事。

吕不韦是阳翟的大商人,他往来各地,以低价买进,高价卖出,积累了巨额家产。

秦昭王四十年(公元前267年),太子去世。过了两年,昭王立安国君为太子。安国君有个非常宠爱的妃子,被立为正夫人,称之为华阳夫人,但华阳夫人没有儿子。安国君有二十多个儿子,其中一个儿子名叫子楚,被作为秦国的人质派到赵国。由于秦国多次攻打赵国,赵国对子楚也不以礼相待。

子楚在赵国生活得十分困窘,很不得意。吕不韦到赵国都城邯郸做买卖时,结识了子楚。他知道子楚肯定是因为不被喜爱才被送往赵国做人质。按照一般商人的思维,对这样的人投资是毫无价值的,顶多给他一点好处,也许他哪天撞上了好运,侥幸回到秦国,以后再见面也可以给点照应。

但吕不韦并不这样看。他觉得子楚最大的政治优势就是他的父亲是太子安国君。虽然安国君有众多子女,子楚又不被安国君所喜爱,但他毕竟是安国君的亲生儿子,还是有希望成为秦王的。这就是他最大的投资价值。吕不韦于是问父亲:“耕田之利多少倍?”父亲答道:“十倍。”吕不韦再问:“珠玉之利多少倍?”父亲答道:“一百倍。”吕不韦接着问:“如果立主定国,那么利益又是几倍?”父亲很惊异地说:“如果能这样,利益当然是无数倍。”于是吕不韦认定子楚奇货可居。

于是吕不韦前去拜访子楚,为子楚出谋划策。他对子楚说:“秦王已经老

了，安国君也已经被立为太子。我听说安闻君非常宠爱华阳夫人，能够选立太子的只有一个华阳夫人，但华阳夫人没有儿子。在您的众多兄弟中，您排行中间，而且不受秦王宠幸，又长期被留在赵国当人质，即使哪天秦王驾崩，安国君继位为王，您也不要指望同您的兄弟们争继承人之位。”子楚一听，便问吕不韦该怎么办。吕不韦说：“您现在生活十分困窘，又长期客居在此，拿不出什么东西来献给亲长，结交宾客。我虽然也不是很富有，但愿意拿出千金来为你西去秦国游说，侍奉安国君和华阳夫人，尽力让他们立您为继承人。”子楚于是叩头拜谢道：“如果真有那么一天，我愿意拿出秦国的土地与您共享。”

吕不韦于是拿出五百金送给子楚，作为交结宾客之用，又拿出五百金买了一些珍奇玩物，自己带着西去秦国游说。吕不韦将所有宝物都献给了华阳夫人，顺便谈及子楚聪明贤能，所结交的诸侯宾客遍及天下，而且常常把夫人看成天人一般，日夜哭泣思念父亲和夫人。

华阳夫人一听十分高兴。吕不韦又让人劝说华阳夫人：“我听说用美色来侍奉男人，一旦色衰，宠爱也就会随之减少。现在夫人您侍奉太子，甚被宠爱，但没有儿子。不如趁这个时候早一点在太子的儿子中结交一个有才能而且孝顺的人，立他为继承人，并且像亲生儿子一样对待他。那么，不仅丈夫在世时受到尊重，即使丈夫死后，自己的儿子又能继位为王，始终也不会失势……现在子楚贤能，他自己也知道排行居中，按次序不可能被立为继承人，而且他的生母不受宠爱，他只有主动依附于夫人。夫人如果能在这个时候提拔他为继承人，那么您在秦国一生都会受到尊崇。”华阳夫人听后觉得十分有道理，于是便向安国君提议立子楚为继承人，安国君答应了。

接着，吕不韦又选了一位美貌女子送给子楚，这位女子为子楚生了个儿子，叫嬴政，就是日后的秦始皇。

不久，子楚和吕不韦密谋，逃回秦国，而将妻子和儿子留在了赵国。又过了几年，秦昭王去世，太子安国君继位为王，华阳夫人为王后，子楚为太子。安国君继位不久就去世了，子楚即位，他就是庄襄王。庄襄王任命吕不韦为丞相，封为文信侯。把河南洛阳十万户作为他的食邑。

庄襄王即位三年之后死去，太子嬴政继立为王，尊奉吕不韦为相国，称他为“仲父”。吕不韦权倾朝野。

当时，魏国有信陵君，楚国有春申君，赵国有平原君，齐国有孟尝君，他们都礼贤下士，结交宾客，并且都极力在这方面一争高下。吕不韦认为秦国如此强大，也应该在这方面超过他们。于是他召集了许多文人学士，给他们十分好的待遇，门下食客多达三千人。吕不韦组织自己的食客编了《吕氏春秋》，名闻天下。

秦王嬴政逐渐长大，对朝政有了自己的主见，但吕不韦仍然把持着朝政，于是君权和相权的矛盾开始激化。后来，秦王嬴政终于找到个理由，将吕不韦罢免，让他回到自己河南的封地去。

又过了一年多，各国的宾客使者络绎不绝，前来问候吕不韦。秦王嬴政怕他发动叛乱，于是写信给吕不韦：“你对秦国有什么功劳？秦国已经封你在河南，食邑十万户。你和寡人又有什么血缘关系而号称仲父？现在命令你和家属都一概迁到蜀地去居住！”吕不韦一看就明白，自己已经逐渐被逼迫，他害怕日后被杀，于是就喝下毒酒自杀。

历史上对吕不韦并没有多少好评，但对他卓绝的经商头脑确实赞叹不已，尤其是他所认定的“奇货可居”，说明了他这个人眼光十分敏锐，而且看得长远。

而吕不韦唯一看不长远的，是他没有看到自己干涉了一个英明国君的成长，他已经权倾朝野，还要著书立说，求得盛名，更不为秦王嬴政所容。

功高盖主而不自省，即便是再显赫的人，最终也会受制于人，成为过眼云烟。今日的骄横只会换来明日的妥协，给自己带来杀身之祸。所以，功高之时莫要忘记别人，更莫要忘记低调。

下篇

说靠谱的话

第十章

开口悠着点，改掉不良的说话习惯

毫无疑问，一个人的形象固然重要，但同样不可忽视的是口才。一些谈吐上的陋习都会给人"不靠谱"的坏印象。一个不会说话的人，不会得到别人的尊重。

1.言之有物，把废话"转掉"

在生活中，我们经常看到，有的人习惯于滔滔不绝地高谈阔论，却词不达意、语无伦次，让人听而生厌；有的人喜欢夸大其词，说话不留余地，没有分寸。这样都容易造成画蛇添足的反效果。因此，我们"在开口之前，应先让舌头在嘴里转十个圈"。把废话"转掉"，准备一些简单明了的话，一开口就往点子上说，千万不要东拉西扯，让人不知所云。

靠谱
比能力更重要

乔治是美国加利福尼亚州的大亨，资产逾10亿美元。某年，他与商业伙伴戴维从加州飞往中国某大城市，准备寻找合作伙伴，投资建厂。

三天后，乔治坐到了谈判桌前，谈判对象是国内某一大型企业的领导。这位领导精明能干，通晓市场行情，令乔治颇为欣赏。听了这位领导对合资企业的宏伟设想后，乔治觉得自己似乎已看到了合资企业的光辉前景。

正准备签约时，忽听这位领导又颇为自豪地侃侃而谈道："我们企业拥有2000多名职工，去年共创利税700多万元，实力绝对雄厚……"

听到这儿，乔治在心里暗暗算了一算：700万元人民币折合成美元是90多万，2000多人一年才赚这么点儿钱，而这位领导居然还十分自豪和满意。乔治非常失望，这离自己预定的利润目标差距太大了。如果真让这位领导经营的话，估计很难有较高的经济效益。于是乔治决定立即终止合作。

试想一下，假若那位领导不说最后那句沾沾自喜的话，谈判就会是另一种结局了。正是那位领导最后那些画蛇添足的话，不仅暴露了他自身的弱点，而且令外商失去了合作的信心，最终撤回投资意向。

子禽问自己的老师墨子："老师，一个人说多了话有没有好处？"墨子回答说："话说多了有什么好处呢？比如池塘里的青蛙，它们整天整天地叫，弄得自己口干舌燥，却从来没有人注意它。但是雄鸡只在天亮时叫两三声，但大家听到鸡鸣就知道天就要亮了，于是都注意它。所以话要说在有用的地方。"

墨子的话和古语"言不在多，达意则灵"一样，说的都是讲话要少而精。我们要追求用最简洁的话语来表达尽可能丰富的想法。

从前有个客商新开了一家酒店，为了招揽顾客，特备厚礼请几个秀才为他写一块招牌。甲秀才大笔一挥写下了"此处有好酒出售"七个大字。众秀才议论纷纷,乙秀才说:"'此处'二字太啰唆。"丙秀才说:"'有'字也属多余。"丁秀才认为酒好酒坏顾客自有评价,"好"字应当删去。这时,甲秀才带着几分怒气认真地说:"如此说来还是干脆只留个'酒'字算了。"没想到众秀才纷纷点头赞许,客商也欣然接受。

其实说话也如此,有时需要简练,惜言如金,有时需要详述,用语如泼。说话是否精彩不在于长短,而在于是否抓住了关键,是否说到了点子上,是否能打动听众。听众最喜欢的是有啥说啥,直来直去。对于那些空话套话,他们不但不愿听,甚至觉得是受精神折磨,是浪费时间。

《红楼梦》中有一回,凤姐让小丫头小红给平儿传话。小红从平儿处回来时,她把四五件事压缩在一小段话中回禀凤姐:"我们奶奶问这里奶奶好。我们二爷没在家。虽然迟了两天,只管请奶奶放心。等五奶奶好些,我们奶奶还会让五奶奶来瞧奶奶呢。五奶奶前儿打发了人来说舅奶奶带了信来,问奶奶好……"

局外人李纨听了自然不懂,追问是什么意思。凤姐却赞赏道:"这是四五门子的话呢。"她表扬小红能把"四五门子的话"用几句话表达出来。于是凤姐当即决定,把小红要到自己这里。小红用简洁、准确的话语,赢得了凤姐的信任。

说话简洁,能使人愉快,让人易于接受。说话冗长累赘,会使人茫然,使人厌烦,而你则会达不到目的。所以,人们交流思想、介绍情况、陈述观点的时候,为了能够使对方更快地了解自己的说话意图,领会要领,往往会用高度凝练的语言。

1981年世界杯排球赛最后一场是中日之战。中国女排轻松地赢得了前两局,这让中国女排兴奋不已,因而失控,打得毫无章法,导致第三、第四局稀里糊涂地输给了日本。主教练袁伟民一再要求暂停,面授机宜,却不见成效。怎样才能使女排姑娘们镇定下来,获得冠军而不失中华民族之志呢?

在第五局开始前的短暂时间里,袁伟民说了几句话:“要知道,我们是中国人,你们代表的是中华民族,祖国人民在电视机前看着你们,要你们拼,要你们搏,要你们胜。这场球不拿下来,你们要后悔一辈子!”姑娘们在这沉重的话语下,胜了第五局,赢得了全场比赛。

袁伟民将中华民族的精神和尊严,祖国人民的期望,这场球的关键意义,以及姑娘们自身利害得失等,在这几句话中表达得淋漓尽致。袁伟民的这段话言简意赅,既节省时间又有成效,为中国女排赢得世界冠军起到决胜的作用。

要想做到言简意赅,就要做到以下几点。

第一,培养分析问题的能力。要学会透过事物的表面现象,把握事物的本质特征,并善于综合概括。在这个基础上形成的交流语言,才能准确、精辟,有力度,有魅力。

第二,掌握尽可能多的词汇。福楼拜曾告诫人们:“任何事物都只有一个名词来称呼,只有一个动词标志它的动作,只有一个形容词来形容它。如果讲话者词汇贫乏,说话时即使搜肠刮肚,也绝不会有精彩的谈吐。”

第三,删繁就简。说话要简练,最好能够把复杂的话简单地说出来,这样才会明白易懂,使大家都爱听。

2.谈吐文明,纠正说话陋习

如果一个人的脸上长有疤痕,可以使用化妆品或药品加以治疗弥补。同样,谈吐方面的缺陷也可以改变,只要你能够清醒地认识到自己的这些缺陷即可。如果不清楚自己说话的缺陷，你可以试着在一面镜子前审视自己说话的姿态：是否手势过多，是否翘起嘴角，是否表情难看，是否过于冷漠、紧张、僵硬，是否强抑声调……

以下几点是我们说话时常有的缺陷，我们可以对照检查，并加以改正。

(1)说话用鼻音

用鼻音说话是一种常见且影响极坏的缺点。当你使用鼻腔说话时，就会发出鼻音。如果你用大拇指和食指捏住鼻子，你所发出的声音就是一种鼻音。如果你说话时嘴巴张得不够，声音也会从鼻腔而出。在电影里，鼻音是一种表演技巧，如果演员扮演的是一个喜欢抱怨、脾气不好的人，他们往往爱用鼻音说话。鼻音对于女性的伤害甚至比对男人更大，你不可能见到一位不断发出鼻音却显得迷人的女子。如果你期望自己在他人面前具有极大的说服力，或者令人心旷神怡，那么你最好不要使用鼻音，而应使用胸腔发音。正确的方法是，平时说话时，上下齿之间最好保持半寸的距离。

(2)声音过尖

一个人受到惊吓或大发脾气时，往往会提高嗓门，发出刺耳的尖叫。一般女性犯此错误居多，要多加注意。因为尖锐的声音比沉重的鼻音更加难听。你可以用镜子检查自己有无这一缺点：脖子上的血管和肌肉是否像绳索一样凸出？下颚附近的肌肉是否看起来明显紧张？如果出现上述情形，你发出可能就是刺耳的尖声了。这时，你要当机立断，尽快让自己松弛下来，同时压低自己的嗓门。

(3)说话忽快忽慢

人对说话的速度很难掌握，即使是一些职业演说家或政治家，有时也不容易把握好自己说话的速度。说话太快，别人就会听不懂你在说些什么，而且会听得喘不过气来。说话太慢，别人就会根本不听你说，因为大部分人缺乏耐心。据专家研究，适当的说话速度为每分钟120～160个字，当我们朗读时，其速度要比说话快。而且说话的速度不宜固定，你的思想、情绪和说话的内容会影响你表达的快慢。说话中把握适度的停顿和速度变化，会给你的讲话增添丰富的效果。

为了测量自己说话的速度，你可以按照正常说话的速度念上一段演讲词，然后用秒表测出自己朗读的时间。如果你说话的速度达不到标准，就应该调整说话速度。

(4)口头禅过多

日常生活中，大家在说话时似乎都有些口头禅，如“那个”“你知道不”“是不是”“对不对”“嗯”等。如果一个人在说话中反复不断地使用这些词语，一定会有损自己的形象。

当然，谈话中“啊”“呃”等声音，也是一种口头禅。著名演说家奥利佛·霍姆斯说：“切勿在谈话中散布那些可怕的‘呃’音。”如果你有录音机，不妨将自己打电话时的声音录下来，听听自己是否有这一毛病。一旦弄清了自己的毛病在哪里，那么以后在与人讲话的时候就要时刻提醒自己注意这一点。

下面介绍几种克服口头禅的方法，以供参考。

默讲。出现口头禅的原因之一，是对所讲的内容不熟悉，讲了上句，忘了下句，此时就要用口头禅来获得一点思考的时间，以便想起下句话。事前默讲几遍，对内容、措辞十分熟悉，正式讲话时就能减少或不出现口头禅了。

朗读。克服口头禅的朗读法，就是将自己的口语，从不清楚变为清楚、流利的语言。如果内部语言流畅贯通，就不会出现口头禅。多出声朗读老舍、叶圣陶等语言大师的作品，将有助于你用规范的语言来改善自己不规范的语言。

耳听。广播员、演员的语言一般都较为规范，没有口头禅。平时听广播、看电影时，可以边听边轻声跟着说。久而久之，你会惊喜地发现自己的口语精练了，口头禅少了，连普通话水平也提高了。

练习。听听自己的讲话录音，会对自己讲话中的口头禅深恶痛绝。这样，往往能使自己讲话时十分警惕，口头禅也会随之变少。

慢语。在一段时间内，尽量讲慢些，养成从容不迫地思维和说话的习惯，一句句想，一句句说，对克服口头禅有很好的效果。

(5)讲粗话

讲粗话是说话的恶习。俗话说,习惯成自然。随便什么事情,只要成了习惯,就会自然地发生,讲粗话也是如此。一个人一旦养成了讲粗话的习惯,往往会出口不雅,但自己还意识不到。虽然讲粗话是一种坏习惯,是极不文明的表现,但要克服这种习惯也并不是一件易事。比较有效的办法是,找出自己出现频率最高的粗话,集中力量改掉它。首先是改变讲话频率,每句话末停顿一下;其次是讲话前提醒自己,改变原有的条件反射。出现频率最高的粗话改掉了,克服其他粗话也就不难了。

请别人督促也很重要。当然,这里的“别人”最好是了解自己的人,这样督促起来可以直截了当。由于有时自己讲了粗话还不知道,请别人督促就能起到提醒、检查的作用。督促还有另一层心理意义,那就是造成一种不利于原有条件反射自然发生的外界环境,以促进旧习惯的终止。

(6)结巴

结巴是口吃的通称。

“结巴” 对于极个别的人来说是一种习惯性的语言缺陷, 是一种病态反应,他们也被称为“口吃患者”。口吃就是说话时字音重复或词句中断的现象。要想治愈说话“结巴”的毛病,除药物治疗外,更重要的是去除心理障碍。日本前首相田中角荣少年时代就是口吃患者,为了克服这个缺陷,他常常朗诵课文。为了发音准确,他就对着镜子纠正嘴形,后来他成了一位著名的政治家、演说家。有口吃的人不妨试一试这个方法,坚持朗读文章,只要坚持不懈并保持良好的心态,相信一定会产生好的效果。

(7)过多的肢体语言

可以检查一下自己,是否在说话时不断出现以下动作:坐立不安、蹙眉、扬眉、歪嘴、拉耳朵、摸下巴、搔头皮、转动铅笔、拉领带、弄指头、晃腿等。这些都是影响你说话效果的不良习惯。当你说话时,动作过于频繁,听者就会被你的这些动作所吸引,根本不可能认真听你讲话。

3.自信泰然,开口才能让人折服

有人曾就人们进行口才训练的原因做过调查,调查结果惊人的一致。他们这样回答道:“当人们要我站起来讲话时,我觉得很不自在,很害怕,使我不能清晰地思考,不能集中精力,不知道自己要说的是什么。所以我的最大愿望就是可以在公众面前自信、泰然地发表自己的观点,且逻辑清晰,内涵丰富,让人折服。”

有强烈自信心的人,一般来说都是能言善辩的人;而能言善辩的人,一般来说又都是具有强烈自信心的人。

自信,是提高说话能力的推动力,是事业成功最重要的力量。说话是自信能力的外在表现,是提高自信最有效的方法之一。林肯说:“不论人们如何仇视我,只要他们肯给我一个略说几句的机会,我就可以把他们说服。”这是何等的自信!

我们不妨从别人的经验开始我们的信心训练。卡耐基是一位享誉全球的当众讲话训练大师,他一生收到的感谢信堆积如山。他的学生遍及各行各业,三教九流都有。这些人都认为自己需要自信,需要在公开场合表达自己的能力,好让别人接纳自己的意见。他们在达到目的之后,就满怀感激地给卡耐基写信,以表示谢意。

下文这个成功的范例或许可以让我们从感性上认识到,获得出色的当众讲话能力并非什么很难的事情,他们的经验可以让我们从战略上藐视敌人。

有一位叫彼得森的医生。他是位热心的棒球迷,经常去看球员们练球。不久,他就和这些球员成为好朋友,并被邀请参加了一次球队举行的宴会。

在侍者送上咖啡与糖果之后,在事先没有通知的情况下,宴会主持人突然宣布:“今晚有一位医学界的朋友在座,我特别请彼得森医生上来跟我们谈谈棒球队员的健康问题。”

作为一个已从医30余年,有丰富卫生保健知识的人,这类问题对彼得森是小菜一碟,他甚至可以坐在椅子上向坐在两旁的人侃侃谈论这个问题一整晚。但是,要让他当众,即使面对很少的人讲这个问题,那却是另一回事了。彼得森不知所措,心跳加速,他一生中从未做过演讲,而他脑海中关于医学的记忆,现在全飞到爪哇国去了。

结果呢?宴会上的人全在鼓掌,大家都望着他,他摇摇头,表示谢绝。但他这样做反而引来了更热烈的掌声, 宾客们纷纷要求他上台演讲。“彼得森大夫! 请讲! 请讲! ”的呼声越来越大,也越来越坚决。

彼得的心情非常矛盾,他知道,如果他站起来演讲一定会失败,因为他根本无法讲出一段完整的话来。于是,他站起身来,一句话也没说,转身背对着他的朋友,默默地走了出去。

他不愿让自己再度陷入脸红及哑口无言的困境,所以他开始进行当众讲话训练。

通过不断地努力练习,彼得森的进步简直一日千里,他变得越来越自信。两个月后,他开始接受邀请,到各地演讲。他现在很喜欢演讲的感觉,喜欢那份成就感以及所获得的荣誉,更为从演讲中能结交到更多的朋友而高兴。

类似的奇迹还有很多,许多人因此改变了自己的命运。其中,有好多人在自己的岗位上获得了远远超过自己所希望的擢升,在商业上、事业上和社会上达于显赫的地位。

一次,一个公司的董事长找到卡耐基。他对卡耐基说:“我这一生每逢要说话时都很紧张。身为董事长不能不主持开会。董事们个个都已熟悉多年,大家围桌而坐时,我同他们对答如流,一点困难也没有,然而一旦起身说话,我竟然一个字也说不出。这种情形已有多年,我不奢求你的训练有帮助,这个毛病已经根深蒂固了。”卡耐基说：“你既然认为我帮不上你的忙，干吗还要找我？”“只为了一个原因。”他答道，“我有一个下属以前内向腼腆，每次见我都眼观地面，很少说话，但最近每次进办公室时，他都显得神采奕奕，信心十足，头颅高昂，还主动和我打招呼，甚至有一次开会时竟然当众作了10分钟发言，我惊讶于他的变化，后来才知道他参加了当众讲话的训练。”

卡耐基告诉他，定期来上课，并照课程的要求做，不出几星期，他就会喜欢在听众面前讲话了。

这位董事长果然来参加训练，并且进步神速。3个月后，卡耐基邀请他参加阿斯特饭店舞厅里的3000人聚会，并谈谈自己在训练中所获得的收益。为了以自己的故事激励更多的人消除讲话的恐惧，他推掉了自己的约会，如约在聚会上发言。卡耐基说让他讲两分钟就行，结果对着3000人，他足足说了10多分钟。

我们可以肯定地说，在正确的时刻，一场演说就足以使人大功告成。因为在这样一场演说中，人们可以以别人的经验为梯，摘取当众讲话的信心、勇气和技巧。

4.准确得体，掌握交谈中的细节

细节决定一切，谈话也是如此。重视谈话细节的人，往往是那些被称为“说话高手”的人，他们之所以能成为高手，是因为他们不轻易放过任何一次交谈机会，把说话的有利战果尽收囊中。

在我们的日常交际中，除了一些业务性质的交谈要求一开始就进入正题之外，一般社交性质的谈话多半是从闲谈开始的。但有些人就是不喜欢闲谈。他们觉得“今天天气怎样”“吃过早饭了吗”这一类的话，都是无聊的废话。他们不喜欢谈，也不屑于谈。然而，他们不知道像这一类看来好像没有意义的话语，却对接下来的正式交谈起着至关重要的作用。是什么作用呢？就是交谈的准备作用，好比在踢足球之前，蹦蹦跳跳、伸手伸脚的热身运动。

一般的交谈总是由闲谈开始的，说些看来好像没有什么意义的话，其实就是想先让大家轻松一点，熟悉一点，营造一种有利交谈的气氛。

当交谈开始的时候，我们不妨先谈谈天气，而天气几乎是中外人士最常用的话题。因为天气对于生活的影响太大了。天气很好，不妨同声赞美；天气太热，也不妨交换一下彼此的苦恼；如果有什么台风、暴雨或是季节性流行病的消息，就更值得拿出来谈谈，因为那是每个人都关心的事情。

交谈的确需要相当的经验。当你面对各式各样的场合，面对各式各样的人物时，要想做得恰到好处，实在不是一件容易的事。倘若交谈开始得不好，就不能继续发展彼此之间的交往，而且还会使得对方感到不快，给对方留下不好的印象。

自然、亲切有礼、言辞得体最重要。但做到这些，也不一定会收到良好的效果。因此，平时除了你最关心、最感兴趣的问题之外，还要多储备一些和别人闲谈的资料。这些资料应轻松、有趣，容易引起别人的注意。

(1)家庭问题

关于每个家庭里需要知道的各方面的知识，如儿童教育、购物经验、夫妇相处、家庭布置、亲友之间的交际应酬等。这些话题会使多数人产生兴趣，特别是家庭主妇。

(2)运动与娱乐

夏天谈游泳，冬天谈溜冰，其他如足球、羽毛球、篮球、乒乓球，都能引起人们普遍的兴趣。娱乐方面像盆栽、集邮、钓鱼、听唱片、看戏，什么地方可以吃到著名的食品，怎样安排假期的节日，等等。这些都是一般人会感兴趣的话题。特别是当世界著名的音乐家前来表演的时候，或是有好戏、好影片上演的时候,这些更是热闹的闲谈资料。

(3)健康与医药

谈谈新发明的药品,介绍有名的医生,对流行病的医疗护理,自己或亲友养病的经验,怎样可以延年益寿,怎样可以增加体重,怎样可以减肥……这一类话题,不但能吸引人的注意,而且对人有很大的好处。特别是遇到他本人或家人健康有问题的时候,假如你能向他提供有价值的意见,那他会对你非常感激的。

(4)无伤大雅的玩笑

例如,买东西上当,语言上的误会,办事摆了个乌龙,等等,这一类的笑话,多数人都爱听。如果把别人闹的笑话拿来讲,固然也可以得到同样的效果,但对于那个闹笑话的人就不免有点不敬了。因此,多讲讲自己闹过的笑话,开开自己的玩笑,除去能够博人一笑之外,还会使人觉得你为人随和,容易相处。

(5)惊险故事

自己或朋友亲身经历的惊险故事最能引起别人的注意。人们的生活往往不是一帆风顺的,大家每天照常吃饭,照常睡觉,可是某一天突然大祸临头了,或是被迫到一个很远的地方,路上可能遭遇到很多危险……怎样应付这些不平常的局面,怎样机智地或是幸运地在刻不容缓的时候死里逃生,都是永远不会被人漠视的题材。

(6)政治和宗教

这两方面的问题最容易引起人们谈话的兴趣,倘若你遇到的人在政治上和你见解颇为接近,或是具有共同的宗教信仰,那么这方面的话题就会变得最生动、最热烈、最引人入胜。

(7)社会新闻

假使你有一些特有的新闻或特殊的意见和看法,就足可以把一批听众吸引到你的周围。

(8)笑话

人人都喜欢笑话，假如你构思了大量的各式各样的笑话，而且又有说笑话经验的话，那么你恐怕会成为最受人欢迎的人。

(9)特长

每个人都有自己的特长或者是兴趣、爱好，而每个人都对自己的特长有一定程度的关心。只要我们在与人交往中用心去观察，就很容易发现对方的长处，然后在与之闲谈时投其所好，让对方对你感兴趣，从而轻轻推开交谈的大门。

5.口头表达的基本技巧

每一种谈话，无论怎样琐碎，总要有中心点，这也就是所谓的谈话目的，其目的就是能够促进你和对方的关系。你必须使人觉察你是一个有思想的人，绝非是个糊涂虫。单单无聊地空谈，是绝不会给对方留下非常良好的印象的，更不能显出你说话的水平。

当你们正用闲语来进行谈话时，如果你具有丰富的知识，你可以拿出来随时应付。人是社交的动物，每天都必须与他人频繁发生接触，所以对于世界上的形形色色的知识，自己都应当努力去获得。

怎样才可以得到这些知识，以便在你谈话之时有所帮助呢？最好的方法便是每天阅读报纸。还有一个方法，是随时留意你周围所发生的事，即便只是极琐碎的事也不要轻易放过它。另外还有个方法，是时常和人谈话。闲着无事时和别人谈谈天，不单脑子里可以贮藏起许多知识，可当成下次谈话的资料，而且还可以使你对谈话有兴趣，甚至连谈话的技巧也会更加熟练起来。

世界著名谈话艺术专家切司脱·费尔特先生，曾经教人在谈话时应注意下列问题。他说道："你应该时常说话，但不必说得太长。少叙述故事，除了真正贴切而简短之外，总以绝对不讲为妙。"

"和人谈话，同时也要注意到态度。切忌拉住别人的衣袖，手舞足蹈地讲话，应当和顺一些，切忌妄自尊大，要避免争论。谈话最好一般化，勿做自我的宣传，把自己捧上天去。外表应该坦白而率直，内心应该谨慎而仔细。

"谈话的时候，姿态可以表现你的诚意，所以要正面向着对方，不要随随便便，更不要模仿对方。

"和人家开口赌咒，闭口发毒誓，是既坏又蠢而且粗鄙拙劣的事。高声哄笑，是文化素养不高的表现。真实的机智和健全的理性，是绝不会引人哄笑的。此外，再没有比咬人耳朵，像蚊虫叫似的谈话态度，更叫人难受的了。"

在这位谈话艺术专家列出的各条警语中，除了"禁止大家哄笑"这一条值得商榷外，大多都是正确的。因为粗声喧闹固然有失常态，但出自情感挑动的人笑，是不会妨害到任何人的。

在任何谈话之中，切不可说到会触怒他人的话题上去。因为凡是在你面前听你谈话的人，一定会从你的谈话中窥测你的个性，同时也在留意你日后是否会说他本人的坏话。

以下是口头表达的一些基本技巧。

(1)轻松自然

美国著名的商品期货技术分析师约翰·莫菲说："我们不要硬是从头脑中榨出一些名言警句。当我们放松下来的时候，很多妙语就会自然而然地产生出来……"甚至在最具刺激性的谈话中，也有50%的内容是没什么意义的。只有经过一段加热过程，思想的车轮才能转动起来。

(2)循循善诱

一位出色的交谈家并不在于他有多聪明，或者有多少传奇性的经历，而在于懂得启发、诱导别人讲话。值得一提的是，"你"在谈话中是一个前进的信号,而“我”则是一个停止的信号。要设法把谈话引向对方的兴趣点,多用“为什么”“哪里”“怎么样”等。当他说“我在宁夏老家开了个店”时,你千万不要匆忙抢着说:“啊,我在西安也有两家店铺。”而应该问:“在宁夏的什么地方?”

(3)长于忍耐

在与人交谈中,千万不要期望对方一开始就热情高涨,善言者总是等到对方变得热心以后,才试图从他们那里引导出一些有趣的想法。因此,在谈话中一定要长于忍耐。例如,他们会先问:“请问您尊姓大名?您是哪里人?您的丈夫是干什么的?您准备在这儿待多久?您是乘飞机来我市的吧?”等等,以激起对方的谈话兴趣。“谁关心这些?”你也许会这样问。诚然,这些问题似乎没有任何风采和智慧可言,但它们的确能使交谈启动起来。

(4)注意谈话重心

无可否认,人们总是对自己的工作、家庭、故乡、理想表现出浓厚的兴趣。其实,即使像“你从哪里来”这样一个简单的问题,也可以表明你对别人感兴趣,结果会使别人对你也产生兴趣。但你千万别像一位年轻的剧作家那样,在跟自己的女朋友谈论了两个小时自己的剧本后,接着说:“有关我已经谈得够多了,现在来谈谈你吧。你认为我的剧作怎么样?”

(5)多说赞同的话

如果他说:“我是在农村长大的。”你最好回答:“我也是。”或多少讲一点你和农村之间的联系,这样会让他感到亲切。如果他说:“我喜欢吃冰激凌。”而你恰好也有同样的爱好,那你就一定要告诉他。如果他说他出生在东北的一个小镇上,碰巧你过去也喜欢在那里度暑假,那你也一定要告诉他……

(6)适当谈谈自己

当有人要求你讲自己的时候,不要拒绝,稍微告诉对方一点你的情况,他会感到十分荣幸。因为你是用非常友好的姿态与他交谈的。

(7)尊重对方

交谈双方应相互尊重,即使已经相熟,也不可胡乱开玩笑,逗弄和取笑会触痛别人的自尊,而威胁他人自尊的任何事情都是危险的,即使在玩笑中也是如此。民意测验的结果表明,人们不喜欢被取笑,即使是他们的亲朋密友。只有在非常亲密的朋友之间,才可以开一些充满善意的玩笑,因为他们是不会追究那些无关紧要的小事的。如果别人非常了解你,非常喜欢你,你也可以与他开个玩笑,但千万别开得过了头。

6.润滑人际关系的“说话术”

也许你一时之间还无法像专家一般掌握全部的话术,但至少可以先控制好自己的语言。下面的19条计策简单易行,至少可以帮助你在人际关系中起到一定程度的润滑作用。

(1)做一个真诚的倾听者

认真倾听对方的谈话,正是我们对他人的最好的恭维。很少有人能拒绝那种带有恭维的认真倾听。

成功的商业会谈,秘诀就是专心致志地倾听对方的讲话。

如果你希望自己成为一个善于谈话的人,首先就要做一个善于倾听的人。要做到这一点其实并不难,你不妨问问别人一些他们喜欢回答的问题,鼓励他们开口说话,说说他们自己的经历,以及他们所取得的成就。

(2)谈论对方最感兴趣的话题

要成为受人欢迎的说话高手,就要用热情对待别人。接触对方内心思想的妙方,就是和对方谈论他最感兴趣的事情。但如果我们只想让别人注意自己,让别人对自己感兴趣,那我们就永远也不会有许多真挚而诚恳的朋友。因为真正的朋友,一定不是用那种方法交来的。对别人漠不关心的人,他的一生困难最多，对别人的损害也最大。

(3)让对方感到自己很重要

假如我们一心只想得到回报，那么我们就不会带给人任何快乐，也不会给人任何真诚的赞美。假如我们的心胸狭隘，那我们就只会遭到应有的失败，而不会有任何成功和幸福。可是，如果我们违背这条法则，就会招致各种挫折。这条法则是：永远尊重别人，使对方获得自重感。每个人都有优点，都有值得别人学习的地方。承认对方的重要性，并由衷地表达出来，会让你得到他的友谊。

(4)说话时面带微笑

要做一个真诚微笑的人，因为微笑会让人觉得你非常友善，会让人明白你的心意。在管理、教育和推销当中微笑，会让你更容易获得成功，更容易培养快乐的下一代。如果你希望自己成为一位受人欢迎的说话高手，那么一定要记住：当你看见别人时，一定要面带微笑。

(5)学会用友善的方式说话

如果一个人因为与你不和而对你心怀不满，那么不管你用任何办法都不能使他信服于你。人们不愿改变他们自己的想法，你就不能迫使他们与你的意见一致。但如果我们温柔友善地与之相处，就有可能引导他们和我们走向一致。温柔、友善，永远比愤怒、暴力更强有力。一个人如果能认识到“一滴蜂蜜比一加仑胆汁能捕到更多的苍蝇”这个道理，那么他在日常言行中也会表现出温和友善的态度来。

(6)赞美和欣赏他人

用赞美的方式开始和人谈话。天底下只有一个方法能够说服人去做任何事，那就是激发对方的热情。我们先别忙着表述自己的功绩和自己的需要，先看看别人的优点，然后抛弃奉承，给他人以真挚诚恳的赞美。如果你是发自内心的赞美，那么对方一定会把你的每一句话都视为珍宝。即使你自己早已忘到九霄云外了，对方也仍然会铭记在心。

(7)站在对方的立场说话

在与人会谈之前，如果你对于自己所要说的，以及对方可能会做出的答复都没有很清晰的认识的话,那你宁可在过道上多走两个小时,也不要贸然走进他的办公室。为人处世能否成功,全在于你能否以同情之心接受别人的观点。当你认为别人的观念、感觉与你自己的观念和感觉同等重要,并向对方表示这一点时,你和别人的交谈才会轻松愉快。如果你是个听者,你就要克制自己不要随便说话。如果对方是听者,你就要表现出接受他的观点的态度来,这将会使他大受鼓舞,使他能够与你开怀畅谈,并接受你的观点。

(8)向对方表示同情

在你明天将要遇见的人当中,有3/4都渴望得到同情。如果你能给他们同情,他们就会喜欢你。同情别人,不仅能使你不再为自己忧虑,也能使你成为受欢迎的谈话者,帮你结交许多朋友,并获得更多的乐趣。“我一点都不奇怪你有那种感受。如果我是你,我无疑也会和你的感受一样。”这样的一句话,即使是脾气再固执的人,也会软化下来。

(9)让对方多说话

尽量让对方畅所欲言。对于他的事和他的问题,他一定知道得比你多,所以你应该向他提些问题,让他告诉你几件事。要有耐心,以及宽广的胸襟,要诚恳地鼓励对方充分发表他的意见。让对方说话,不仅有利于在商业方面赢得订单,而且有助于处理家庭纠纷。事情就是这样,即使我们是朋友,他们也宁愿我们只谈论他们的成就,而不愿意听我们夸显自己的过去。

(10)不要和别人争论

为什么非要证明一个人是错的呢?那样做难道就能使他喜欢你吗?为什么不给他留点面子呢?他并没有征求你的意见,也不需要你的意见,你又何必要与他争辩呢?所以我们要尽量避免和别人正面争论。天底下只有一种能赢得争论的方法,那就是避免争论,就像避免毒蛇和地震一样。如果你争强好胜,喜欢与别人争执,以反驳他人为乐趣,或许能赢得一时的胜利,但这种胜利毫无意义和价值,因为你永远得不到对方的好感。

(11)勇敢地承认自己的错误

假如我们知道自己免不了要受责备的话,为什么不抢先一步,积极主动地认错呢？难道自己责备自己，不比别人的斥责要好受得多？要是你知道别人正想指责你的错误，你就应该在他有机会说出来之前，以守为攻，自己先把他要说的话说出来。而他可能就会采取宽厚谅解的态度，宽恕你的错误。一个有勇气承认自己错误的人，也可以得到某种满足感。这不仅是消除罪恶感和自我辩护的机会，而且有利于解决实质性问题。

(12)让对方觉得是自己的主意

我们喜欢别人关心我们的愿望、需要及想法。在天才的每一项创造和发明中，我们都看到了过去被我们排斥的想法。然而，当这些想法再次展现在我们面前时，却显得相当伟大。所以，我们应虚心向对方请教，让对方帮自己出主意，并使对方觉得那是他自己的主意。

(13)委婉地提醒对方的错误

若想在不惹人生气的情况下提醒别人，只要把“但是”改为“而且”就可以轻易解决了。对那些不愿接受直接批评的人，如果能间接让他们去面对自己的错误，就会收到非常神奇的效果。批评解决不了任何问题，只会引起被批评者的反感。你若能委婉地提醒对方的错误，对方将会感激你，并乐意按你的建议去做。

(14)激发对方高尚的动机

一个人做事通常有两种理由：一是动听的，另一种是真实的。但我们每个人又大都是理想主义者，总喜欢听到那个说来动听的动机。所以，要改变别人，就需要激起他们高尚的动机。

(15)批评对方前先谈你自己的错误

如果批评者在谈话刚开始时就先谦逊地承认自己也不是无可指责的，然后再指出别人的错误，那么情形就会好得多。如果仅仅说几句自我谦恭、称赞对方的话，就能具有很大的作用。一个人即使还没有改正他的错误，但只要在谈话开始时就承认自己的错误，就有助于帮助另一个人改变其行为。

(16)建议而不是命令对方

给别人提建议，而不是强硬地命令对方，不仅能维持一个人的自尊，给他一种自重感，而且能使他更乐于合作。即使身为长者或上司，你也不能用粗暴的态度对你的晚辈或下属说话，否则你所得到的不是合作，而是激烈的对抗。

(17)给对方留面子

让别人保住面子，几分钟的思考、一两句体贴的话、对对方态度的宽容，减少对别人的伤害都大有帮助。而我们中却极少有人能够想到这一点。假使我们是对的，别人绝对是错的，但如果我们尖锐地批评他的话，也会因为使他失去颜面而毁了他的自尊。

(18)送给对方一个好名声

如果你要在某方面改变一个人，就必须把他看成早就具备这一方面杰出特质的人。莎士比亚说："假定一种美德，如果你没有，你就必须认为你已经有了。""人要是背了恶名，不如一死了之。"如果你想成为一位受人欢迎的说话高手的话，就请送给对方一个好名声，让他为此而努力奋斗。

(19)让别人乐意接受你的建议

给人以名誉和头衔的方法，能为拿破仑所用，当然也能为你所用，这会让你成为受人欢迎的说话高手。即使你想拒绝别人的邀请，也不要过于直接，而是要先感谢对方一番盛情，并让某人代替你，那么对方即使遭到拒绝，心里也不会感到难堪。如果你想让别人接受你的意见，你得先说出别人会从中获得什么利益，否则没有人会听你的。

第十一章

赞美有分寸，即使奉承也要坦诚得体

一句赞美的话能给人带来愉悦的心情，这是一件很值得高兴的事。靠谱的赞美不等于拍马屁，而是一门艺术，坦诚得体让人如沐春风。

1.赞美如春，把话说得让人心花怒放

赞美是一种说话艺术，运用得当，会使被赞美者心情愉悦。而作为赞美者自己，也能从赞美他人的过程中感受到快乐。

但是，在这里我们需要弄清楚一个问题，那就是赞美与“拍马屁”究竟有什么不同？赞美是否就是“拍马屁”？怎样才能让自己对他人的赞美不变成“拍马屁”？

真诚的赞美与"拍马屁"的最大区别就是:你的赞美是发自内心的。正常的赞美是发自于内心深处的一种冲动，它反映的是一个人对另一个人的认可。但"拍马屁"不同,它并非发自内心地对另一个人赞美或认可,而是基于内心早已存在的某种目的,进行的一种对眼前或日后能获得回报的投资。拍马屁者在赞美他人的时候,脸上虽然堆满笑容,但却总有几分不自然;言语尽管是甜蜜的,但内心其实一片冰冷。他在赞美一个人的时候,心里想的可能只是如何顺利办完与自己利益相关的事,如何获得自我满足。

真诚的赞美与"拍马屁"还有一个本质区别,真诚的赞美是实事求是的,是有理有据的,而拍马屁却常常是凭空捏造的,无理无据的。

一个人在真心赞美别人时,会非常有分寸,知道哪些是讴歌,哪些是提醒,哪些是反对。在他们看来,真正的十全十美是不存在的,事物不存在完美,人也不可能完美。因此,他们对一个人的评价根本不会用"最××"等类似的文字,也不会用"他是完美的""没有缺点的"等措辞来评价一个人。而"拍马屁"者喜欢用一些词语将赞美的东西扩大无数倍,大放厥词。他们喜欢大事特夸,小事大夸,无事也要夸。

要想满足人们对于赞美的渴望,我们需要把握下面几个小要点。

(1)赞美的内容要具体

赞美要具体,不能含糊其词,否则可能会让对方感到混乱和窘迫。赞美越具体,说明你对对赞美者越了解,也更容易让对方接受。

克莱斯勒公司为罗斯福总统制造了一辆汽车,因为他下肢瘫痪,不能使用普通的小汽车。工程师将汽车送到白宫后,罗斯福立即对它产生了极大的兴趣:"我觉得简直不可思议,只需按个按钮,车子就能跑起来,真是太奇妙了!"

罗斯福当着大家的面夸奖道:"我真感激你们花费时间和精力研制了这辆车,这是件了不起的事!"罗斯福接着欣赏了车的散热器、车灯等。也就是说,他提到了车的每一个细节,并坚持让夫人和他的朋友们注意这些装置。这些具体的赞美,让人感到了他的真心和诚意。

(2)赞美也要注意对策

虽然每个人都爱听赞美的话，但也并非任何赞美的话都能使对方高兴的。所以,赞美一个人一定要讲究使用策略性的手段,比如,你可以赞美他的一些“身外之物”,也可以赞美他的一些不为人知却自以为得意的事。只有别出心裁,才能打动对方的心。

赞美是一门大学问,需要我们用心揣摩。当你想赞美别人时,首先要引出对方更多的话题,看出对方希望获得怎样的赞美,然后再对症下药。也就是说,你的赞美要能满足对方的心理需要。因此,在没有弄清楚对方的喜好前,最好不要随便使用你的赞誉之词,以免弄巧成拙。这是其一。

其二,当你赞美了对方,而对方也表现出满意时,记得不要就此结束,应适当改变表达方式,再三地赞美同一点。因为仅仅一两次的赞美会被认为是一种奉承,而重复的赞美,可信度就会提高。所以,赞美对方一定要三思,并要随时注意对方态度的变化。

赞美是一把双刃剑,适度的赞美能增进人际交往中的人际关系,但过分的赞美就会被认为是过于虚伪,或别有用心。你也因此会受到鄙视,从而影响你和他人的正常交往。

事实上,我们在赞美他人的时候,无须在对方的人品或性格上下功夫,要针对其过去的事迹、行为或身上的优点等,即对成型的具体事物做适当的赞美。如果你对对方说:“你真是好人啊!”你的赞美也许同样是发自肺腑的,但在初次见面的短时间内,你的判断理由又是什么呢?因此,你的赞美便可能引起对方的怀疑和戒心。但若是夸奖对方的事迹或行为就不同了,因为对既成事实进行赞美,与交情的深浅没有太大关系,对方也比较容易接受。比如对方是女性,那么她身上的衣服与首饰便是你赞美的最好题材。

知道了赞美的效用后,与其毫无准备地面对一个初识的人,倒不如先准备好赞美的材料。有了这样的准备,对方往往会因为你的一句赞美而毫无保留地打开心扉,与你成为朋友。

不过,任何赞美的话都要切合实际。到别人家做客,与其乱捧一场,不如赞美房子布置得别出心裁,或赞美一个盆景的精巧,或赞美装饰的精致,要注意欣赏他人的爱好与情趣。主人喜欢养金鱼,你就试着去欣赏那些鱼的美丽;主人爱养花,你就试着去赞美他所养的花草。赞美别人最近取得的工作成绩,赞美别人心爱的宠物,要比说上无数空泛的客气话要有效得多。

特别关注别人的某一件事物,一定能使人在欣喜之余对你产生感激。“士为知己者死,女为悦己者容。”钟子期死时,伯牙不再鼓琴,其感恩知己至如此者,其原因不外乎子期能欣赏他的琴声,并能给予他恰如其分的赞美而已。所以,拥有“金口玉言”的人,常常会因为一句赞美的话说得恰到好处,为自己的前途打下基础。

2.背后赞美他人效果更佳

在《红楼梦》中有这样一段描写:

史湘云、薛宝钗一起劝宝玉好好学习,以后做官,宝玉对此大为反感,对着史湘云和袭人赞美黛玉说:“林姑娘从来就没有说过这样的混账话!要是她也说这些混账话,我早就和她生分了。”

恰巧黛玉此时走到窗下,听到了宝玉对自己的赞美,“不觉又惊又喜,又悲又叹。”之后,宝玉和黛玉二人互诉衷肠,感情倍增。在黛玉看来,宝玉是在背后赞美自己,而且不知道自己会听到,这种赞美就不是刻意的。如果宝玉当着黛玉的面说这样的好话,生性多疑的黛玉可能就会认为宝玉是在讨好她或打趣她了。

要赞美一个人,当面赞美固然能起到作用,但背后赞美的效果往往更明显。如果我们当面说别人好话,说得不当可能会被别人认为我们在奉承他,讨好他。如果在背后说相同的好话,被赞美者就容易接受我们的赞美之词,也容易领情。如果我们当着上司和同事的面赞美上司,同事们会认为我们在讨好上司,拍上司的马屁,从而引起他们的反感。而且,这种正面的赞美所起到的效果也不是明显的,甚至还会起到反作用。与其如此,我们不如在上司不在场时,对上司"大力吹捧"一番。不用担心,你所说的这些好话,一定会很快传到上司耳朵里的。

人都有爱听好话的心理,即使明知道别人说的是奉承话,心里也免不了会沾沾自喜,这是人性的弱点。一个人在听到别人对自己的赞美后,一定不会感到厌恶,除非对方说得太离谱了。赞美的魅力是无穷的,而最有效的赞美是在背后赞美他人。

在一般人的观念中,"第三者"所说的话大多比较公正、实在。因此,聪明的赞美方式是以"第三者"的口吻来表达,如此更能赢得被赞美者的好感和信任。

德国历史上著名的"铁血宰相"俾斯麦,当时为了拉拢一位敌视他的议员,便故意在别人面前赞美这位议员。俾斯麦知道,那些人听了自己对这位议员的赞美后,一定会将话传给他。果然不久,这位议员和俾斯麦成了不错的政治盟友。

在现实中,如果一个上司经常对下属说一些勉励的话,可能还不能让下属产生太大的感触,但当下属有一天从第三者的口中听到了上司对自己的赞赏,相信他一定会深受感动,从此会更加努力地工作,以报答上司对自己的知遇之恩。

多在第三者面前赞美你想赞美的人,是你与那个人融洽关系、增进交往的最有效的方法。如果有位陌生人对你讲:“某某经常与我谈起你,说你是位了不起的人!”相信你的愉悦心情一定会油然而生。也就是说,我们要想让对方感到愉悦,就应经常在第三个人面前赞美他,这种赞美要比一个魁梧的男人站在你的面前,说“我是您忠实的崇拜者”来得更让人舒坦。

3.赞美之中无小事

你了解你周围的每一个人吗?他们具备哪些长处和短处?你每天有没有看到周围的一些细微变化?你是否看到别人哪怕是一丁点儿的改变?很多人都精通赞美之词,但是,大多数人却不愿从小事上去赞美别人,只是认为遇到大事、重要的事时,才有赞美的必要。事实上,这是现实生活中的重重障碍遮住了他们的视线,让他们看不到小事也有值得赞美的闪光点。

出现这样想法的首要原因就是人与人之间的分工不同,责任不同,使人们认为别人所做的事、所取得的成绩都是分内之事,是应该的,没有赞美的必要。在这种心理的驱动下,很多人都不能正视别人的小成绩。还有些人胸怀“治国、齐天下”的“大志”,对眼前的小打小闹不以为然,认为那些事普普通通,没什么了不起。这些态度都是因为我们不懂得赞美的分寸造成的。

单纯就小事而论,它的确没有相当重要的意义。但如果我们用辩证法的观点去考察,就会发现,一件小事往往会引发大事,几件小事累积在一起,就可能产生出人意料的效果。

一位巡警在巡逻时发现仓库门口的灭火器坏了,就将此事及时地告诉了总经理。总经理很快就安排相关人员安装新的灭火器。此后谁也没有将这件事放在心上。然而半年后的一天,库房因电线短路突然起火,幸好灭火器能使用才及时扑灭。忙乱中,总经理首先想到的就是那位细心的巡警。如果他没有发现灭火器坏了,就不能及时更换,现在也无法使用,那么库房可能就完了,公司也保不住了。于是,总经理赞美了这位巡警,并代表公司向他致谢,号召全体员工向他学习。

“千里之堤,溃于蚁穴。”一口水也可能拯救沙漠中的迷路者,可见小事不可小视。

要想改善你的人际关系,就要学会从小事开始赞美别人,做一个有心之人,善于发掘赞美的材料,看到小事背后的重大意义。小事需要发掘,需要加工,如此才能产生神奇的效果。如果你没有一双识别它们的慧眼,它可能就会永远被埋在琐碎之中。

实际上,我们的生活就是由无数的小事和有数的大事组成的。如果你只是睁大眼睛注视大事,忽略小事,那么你是否发觉生活在很大程度上是空虚的呢?相反,如果你能去关注发生在自己周围的一些小事,去发掘一滴水中的世界,那么在彼此的赞美声中,我们所获得的就是世间荡漾着的温情。

不过,赞美别人也不是张张口,说说好话就能达到效果的,尤其是在赞美一些小人物、小事件时,更要有一个分寸。高帽尽管好,可尺寸也要合乎规格才行,滥戴过重的高帽只能适得其反。如果别人发现你言过其实,只会觉得自己受到了愚弄。所以,宁愿不去恭维,也不要夸大。

赞美人的方式各种各样,甚至有时在嬉笑怒骂间都能收到出奇的效果,从而增进朋友间的友谊,获得良好的人际关系。而你要想达到预期的效果,就要于细微之处下功夫,不忽略你身边每一件值得赞美的小事。

赞美是一件好事,但却并非一件简单的事。一般来说,如果你不喜欢某个人,有个简单的方法可以改变你对他的态度,那就是寻找他的优点。一旦你发现了他人身上具备的某些优点或才能,你就会对他另眼相看。

对一位事业有成的女性来说，如果你经常夸她有能力、有才干，她几乎每天都能听到这样的赞美，你再怎么费力地赞美她，她也不会觉得有什么特别。但如果你对她说："你的眼睛非常迷人，你不论坐着、站着，还是走路的时候，都是优雅万分。"相信她一定会喜上眉梢，认为你是一个很有眼光的人。

法国总统戴高乐在1960年访问美国时，在一次尼克松为他举行的宴会上，尼克松夫人费了很大的心思布置了一个鲜花展台，在一张马蹄形的桌子中央，用鲜艳夺目的热带鲜花衬托了一个精致的喷泉。

戴高乐一眼就看出这是主人为欢迎他而精心制作的，不禁赞不绝口："女主人真是用心，她一定花了很多时间来进行漂亮、雅致的计划与布置。"尼克松夫人听后，喜悦之情溢于言表。

也许在其他人看来，尼克松夫人布置的鲜花展台不过是她作为一位总统夫人的分内之事，没什么值得赞美的。但戴高乐却能领悟到她的苦心，并因此向夫人表示了特别的肯定与感谢，从而也使尼克松大人异常高兴。

称赞一个人时，与其称赞她最大的优点，不如发现她最不显眼，甚至连她自己也未曾发现的优点。因为她最大的优点已成为她性格中的一部分，在很多人看来已不足为奇。如果经常称赞一个人这样的优点，可能会让这个人产生反感，而那些小小的优点，因为从未或很少被人发现所以就越发显得弥足珍贵了。而你的发现与称赞为对方增添了一份对自己的认识，也增加了一次重新评估自己价值的机会。同时，你不同凡响的观察力还会获得对方的器重。

在第一次世界大战结束时，德意志帝国惨败，皇帝威廉二世顿时成了全世界最讨厌的人，甚至连他自己的国民也都与他为敌。正当他准备亡命荷兰时，却意外地收到了一位少年的来信，信中充满了稚嫩的赞美词："不管别人怎样想您，我永远都爱您！"

威廉二世看了这封信,异常感动,立即给这位少年回信,希望能与他见面。少年的母亲带着他会见了威廉二世,最后还意外地促成了威廉二世与少年母亲之间的一段美好姻缘。

每个人都不会拒绝别人真诚的赞誉,包括领导。但赞美之词一定要有闪光的地方,不可过于流于世俗。拿破仑对于奉承一向很反感,这一点他的士兵都知道。然而有一位聪明的士兵却对拿破仑说:“将军,您是最不喜欢奉承话的,您真是位英明的人物!”拿破仑听后不仅没有斥责他,反而还十分自豪。

这位士兵之所以赞美成功,就是因为他了解拿破仑的脾气秉性,深知他讨厌奉承的话。但他又很聪明,因此能准确地赞美拿破仑的闪光点。

事实上,世界上没有人会对别人对自己的赞美无动于衷,只不过有人会赞美他人,有人不会赞美而已。大文豪肖伯纳曾说过:“每次有人吹捧我,我都头痛,因为他们捧得不够。”可见,高帽子人人都爱戴,关键是赞美的人能不能抓住被赞美之人的闪光点而已。

4.发自内心地赞美你的对手

我们每一个人都希望自己在各方面都能胜人一筹,然而事实上,这永远只能是一个梦想。一些素质不高的人在面对别人的优点与成绩时,往往禁不住妒火中烧,很难坦然地欣赏他人。在这些人眼里,办事能力强变成了爱出风头;你好心好意去帮他,他私下里还担心你无事献殷勤,非奸即盗。于是,这些人对待他人优点与成绩的态度要么不屑一顾,要么打击、报复他人。而对方往往也不是省油的灯，一来二往，就带来了人际关系的恶性循环，自己的事业也会因此严重受挫。

每个人都有自己的优点和成绩，都希望获得别人的肯定与赞美。有些优点是与生俱来的，比如长得漂亮、智商很高，等等。因此，对于别人优点的肯定不仅不会贬低自己的位置，而且还可以使旁人从中认识到你所具备的优良素质，从而获得他人的称赞。

战国时期，公子重耳与公子小白争夺王位，鲍叔牙辅佐重耳，而管仲则为公子小白出谋划策，最终公子重耳当上了齐国国君。重耳想拜鲍叔牙为相，鲍叔牙却说："公子如果想统治齐国，任我为相就足够了，而公子如果想一统天下，则非拜管仲为相不可。"于是重耳任用管仲为相，终成为一代霸主。鲍叔牙虽不及管仲有才华，却能坦然地欣赏管仲的优点，并大力举荐，从而获得了天下人的称赞，并借此得以留名青史。

面对他人的成绩，我们首先应该懂得，他人的成绩是用勤劳和汗水获得的，我们应该坦然地欣赏，并予以肯定。与此同时，我们也要检讨自己，虚心请教，学习他人的勤奋向上的精神。主动请别人向你传授学习工作的要领，不仅是对他人成绩的一种高度赞扬，而且也可以督促自己继续前进。既有利于你技术水平的提高，也有利于你处世水平的提高。

要坦然地欣赏别人的优点和成绩，是需要相当的自信和勇气的。

在日常生活中，我们经常遇到别人比自己强的情形，而赞美之词却怎么也说不出口，主要是因为缺乏自信心，觉得自己不如对方，于是心理失衡，没有勇气为对方喝彩。要么觉得"不好意思"；要么认为结果不言自明，不用自己多此一举；要么觉得自己人微言轻，赞美了也不会引起重视；要么害怕会引起非议，被人误解为是溜须拍马。结果，不仅失去了一次坦然欣赏别人优点与长处的机会，也失掉了一次抛弃自卑与胆怯心理的机会。

第十一章

赞美有分寸，即使奉承也要坦诚得体

迈克尔·乔丹是一位超级篮球精英，但他却对别人说队友皮彭在投三分球方面比他更有天赋，还说皮彭在扣篮方面也比自己胜出一筹。皮彭显然是最有希望超越乔丹的新秀，而乔丹却处处对他大家赞扬。这一方面反映了乔丹自我挑战的勇气，另一方面也是他自信心的体现。

因此在生活中，如果棋逢对手，不妨采取“吴越同舟”的策略，同对手友好相处，对其优点成绩大大方方地表示祝贺，然后奋力追赶。

在这方面，做得最好的要数日本了。日本人在解释其经济在战后迅速发展的原因时说：“我们日本国民的一大优点是，对外人不停地鞠躬，不停地说好话。可以说，善于发现别人的长处，善于赞美别人是日本走向世界的一个重要原因。”20世纪中叶，日本从战争的废墟堆里站起来，抓起“赞美”这杆新式武器，开始了向西方发达国家学习，发展民族产业的进程。今天，日本已成为世界上为数不多的经济大国。

日本国民将“赞美”这种武器更广泛地运用于经济领域，如日本的推销之神原一平，他在阐述自己的推销秘诀时说：“推销的秘诀在于研究人性，研究人性的关键在于了解人的需要，我发现对赞美的渴望是每个人最持久、最深层次的需要。”因此，要想慷慨地赞美别人的优点和成绩，就必须从坦然接受别人的优点开始。

富兰克林有句名言：“良好的态度对于事业与社会的关系，正如机油对机器一样重要。”如果你是一位品格高尚的人，不妨试着发自内心地赞美一位正与你相互竞争的同学或同事，甚至举荐一位有可能位居你之上的职员给老板，这是一种更高境界的赞美。

5.三思而后赞，不要让赞美打折扣

赞美别人不光要慷慨大方，而且要有远见卓识。赞美要符合实际情况，称赞他人时如果老用一些过激的形容词，就会因为言过其实而让人扫兴，要深入了解对方的能力、性格、经历、成果等，这样赞美起来才不至于空洞无物。总之，要使自己的赞美经受得住时间的考验，就要赞美得具体、贴切、与众不同，而且要有一定高度。

古时候有个叫彭玉麟的官员，有一次他路过一条狭窄的小巷，一位女子正在用竹竿晾晒衣服，一不小心竹竿掉下来，正好打在彭玉麟的头上。彭玉麟勃然大怒，指着女子大骂起来。

那女子一看是官员彭玉麟，不禁冒出了冷汗，但她猛然间急中生智，正色道："你这副腔调，像行武的人，所以这样蛮横无理。你可知彭官员在我们此地清廉正直，假使我去告诉他老人家，怕要砍了你的脑袋呢！"

彭玉麟一听这女子夸赞自己，不禁喜气上升，而且也意识到自己的失态，马上心平气和地走了。

此女子并非当面夸赞，却胜过当面夸赞，说得彭玉麟心里美滋滋的。他认为自己在民间既然有这么好的吏治声誉，就不应该为这些小事而损害形象。于是转怒为喜，心平气和地离开了。

要用长远的眼光去审视你所要赞美的人和事，使自己的赞美能经受得住时间的考验，不要搬起石头砸自己的脚，因为在日常生活中，"话音未落"式的尴尬状况并不少见。你刚夸他做事小心谨慎，他却冷不防捅个大娄子。所以，事情还没有完成之前，一定不要轻下赞词。因为说不定就在最后关头，事情就宣告失败了。有些人见到事情成功在望,便禁不住大加赞叹,甚至夸下海口:“这回赢定了。”结果却失败了,岂不让人笑掉大牙。

因此,在赞美人的时候,一定要做到“三思而后赞”。对于一些相对稳定的东西,如一个人的性格、习惯、容貌等,称赞起来比较容易,而一个人的行为、态度等往往不容易琢磨,因此称赞时一定要小心。俗话说:“一辈子做一件好事容易,但做一辈子的好事就难了。”因为人迫于某种压力和需求,有时难免会做错事。所以,赞美一个人千万不要就事论事,否则一不小心,你就成了一位目光短浅的人。

赞美别人要善于从小事着手,于细微之处见高下,要注意赞美对方较不易为人知的优点。

一个人无论存在多少不足或者缺陷, 也会有一两个值得赞美的优点。例如,一位年轻的女孩子或许长相难看,但牙齿很漂亮,或者皮肤很白,你也可以就此对她大加赞美。也许有的人根本不在乎这些小优点,但无论如何,你的赞美一定会使她心情愉快。如果你面对的是一位美貌绝伦的女子,如果你老调重弹,夸其美得如何沉鱼落雁、闭月羞花,往往引不起她多大的兴趣,而如果你能找出她不易为人所知的优点,则往往可以使对方感到意外的惊喜。

赞美别人需要站在一定的高度上,充分发掘别人成绩的意义,并推测它将带来的影响,因为赞美一个人的行为和贡献比赞美他本人更动听,但一定要说中要害,这样你的赞美才会有品位、上档次。

在赞美一个人的贡献时,你的赞美不但要显得具体贴切,而且要让人觉得特殊、真诚。赞美一个人的成绩,还要避免偏见或功利主义。因此,在日常生活中,与其对一个人说:“你真了不起。”不如仔细阐述他所做的某一件事情带来的巨大的效益。赞美一个人的工作,会促使他工作时更加卖力;赞美一个人的行为,他的行为则会因此大有改善。

赞美的话必须一语中的,就像射箭一定要射中靶心一样。赞美别人的首要条件,是要有一份诚挚的心意和认真的态度。因此,在赞美别人时,千万不要讲出与事实相去甚远的话。例如，你千万不要对年迈的母亲说："你看起来比我姐还年轻。"这样只会招来一顿狂骂。

称赞他人的时候，请不要提及会让赞赏打折扣的旁枝末节。请紧紧围绕赞赏这一主旨，主要谈论对方的成绩。永远别忘记赞美他人，而且要不止一次地去赞美。但是许多人在称赞他人时都容易犯一个严重的错误，就是把赞赏打了折扣再送出。不是给予百分之百的赞赏，而是画蛇添足地加上几句令人沮丧的评论，或是一些能削弱赞赏的话语。尤其是那些对杰出成绩的赞赏，总是会和批评一起"搭卖"。成绩越是突出，人们就越觉得自己有责任去评论，而不仅是称赞成绩本身。他们无法忍受只唱赞歌，一定要多少挑出点缺憾才罢休。

一位语言学家曾说："同样的音调或语句反复出现时，常具有感化人的力量。譬如林肯的名言'民有、民治、民享的政府'，倘若他仅为了提出一项政见，仅说'民主的政府'即可。但是，他三度强调'民'字，遂产生更深刻感人的效果。"的确，每个人听到这句铿然有力的话语时，都会情不自禁地加深自己对此种理想的政府的向往之情。

此外，还要小心另一种错误的观念，即以为打了折扣的赞赏会更真实可信，更有分量。

不要自作聪明地指点同伴，怎样做会更好，哪怕是生活中的小事。比如："您做的菜味道真好，哪一样都不错，就是汤里的盐多了一点……"这种说法不仅破坏了赞赏的效果，还有可能成为引起激烈争论的导火索。

当你在某个必须对一项工作做一次全面的总结和评论时，赞赏和批评就不可避免地联系在一起了。在这种情况下，你也没有必要把优秀成绩打折，把总结中的批评当作与赞赏相对立的独立部分即可。

另外还要注意，别让对方的谦虚削弱了赞赏的作用。有些人很少受到表扬，因此在听到别人称赞自己时会不知所措；还有些人在收到称赞的时候想要表明，当下取得的优秀成绩对他来说是家常便饭。虽然动机不同，但这两种人面对赞赏的反应几乎一模一样："这不算什么特别的事，这是应该的，是我分内的事。"

听到对方这样回答的时候,你不要一声不响,否则就表示你同意他的话,好像在对他说:“是啊,你说得对,我为什么要表扬你呢,我收回刚才的话。”你应该做的是再次称赞他,强调你认为这是值得赞赏的事。重复一次你对他哪些方面的成绩特别看重,以及你为什么认为他表现出众。

还有人错误地把赞赏他人当成自我表现的机会。他们以为能够通过打了折扣的赞赏来证明自己的“批判性思维能力”,从而也出出风头,显出他们的理性和水平。比如,他们会说:“您这一生中不断获得成功。不过有一回,那次金融风暴时您的公司日子也不好过,可话又说回来,谁都不会十全十美嘛……”

任何赞赏只要打了折扣,就会有瑕疵,从而产生不必要的负面影响。它就像雪白的桌布沾上一块黑色的污迹,使人们偏离正题,求全责备。它破坏了赞赏的作用,使受赞赏的一方原有的喜欢之情一扫而空,反而是那几句额外搭配的非议让人难以忘怀。

第十二章

幽默不可少，会心一笑能提升语言魅力

如果说语言是心灵的桥梁，那么幽默便是桥上行驶最快的列车。它穿梭在此岸与彼岸之间，时而鲜明时而隐晦地表达着某种心意，并以最快捷的方式直抵人的心灵，提升幽默者在对方心中的分量。

1.善谈者必善幽默

幽默能显示出说话者的风度、素养和魅力，能让人在忍俊不禁、轻松活泼的气氛中工作和学习。幽默是一种高深的说话艺术。恩格斯曾经说过："幽默是具有智慧、教养和道德的优越感的表现。"幽默不仅能给周围的人以欢乐和愉快，同时也可以提高个人的语言魅力，为谈话锦上添花。

第十二章
幽默不可少,会心一笑能提升语言魅力

在某公司举办的产品展销会上,几位年轻的营销人员正用非常专业的语言向消费者详细地介绍产品的性能、使用方法等,给人以业务精通的良好感觉。在回答消费者提出的问题时,他们也反应很快,对答如流。最重要的是,他们的表现既彬彬有礼,又幽默风趣,给消费者留下了非常难忘的印象。

有消费者问:“你们的产品真能像广告上说的那么好吗?”营销人员立即答道:“您用过后就会发现它会比广告上说的更好。”

展销会大获成功,产品销量远远超过往次,更重要的是,产品品牌的知名度得到了提升。在公司召开的总结会上,经理特别强调,是营销人员语言训练有素才让这次展销如此成功。他要求公司全体人员都应像营销人员那样,在“说话”上下一番功夫,这样既能提升自己的语言魅力,也能提升公司的整体形象。

英国思想家培根说过:“善谈者必善幽默。”友善的幽默能表达真诚友爱,能沟通心灵,能拉近人与人之间的距离,填平人与人之间的鸿沟,是有望和他人建立良好关系不可缺少的东西。尤其是当一个人在表达内心的不满时,如果能使用幽默的语言,别人听起来也会比较顺耳。

当一个人需要把别人的态度从否定变为肯定时,幽默的语言是最具说服力的。当一个人和他人关系紧张时,即使是在一触即发的关键时刻,幽默也可以使彼此从容地摆脱不愉快的窘境,甚至消除矛盾。

在人际交往中,我们轻松幽默地开个得体的玩笑,就可以松弛神经,活跃气氛,营造出一个适于交际的愉快氛围。因此,幽默的人常常受到人们的欢迎与喜爱。但是,玩笑一旦开得不好,幽默过了头,效果就会适得其反。由此可见,掌握幽默的分寸非常重要。要想幽默得体,你需要注意下面几个问题。

(1)幽默的内容要高雅

幽默的内容取决于幽默者的思想情趣与文化修养。幽默内容粗俗或不

雅,有时也能博人一笑,但过后就会让人感到乏味无聊。只有内容健康、格调高雅的幽默,才能给人以启迪和精神享受,从而在他人心中成功塑造美好的形象。

(2)幽默时态度要友善

幽默的过程,是感情互相交流传递的过程。如果借幽默来达到对别人冷嘲热讽、发泄内心厌恶和不满感情的目的,那么这种玩笑就不能称为幽默。也许有些人不如你口齿伶俐,表面上你占到上风,但对方一定会认为你不够尊重他人,以后也不会愿意和你继续交往。

(3)幽默要分清场合

美国总统里根一次在国会开会前,为了试试麦克风是否好用,张口便道:“先生女士们请注意,五分钟之后,我们将对苏联进行轰炸。”一语既出,众皆哗然。显然,里根在不恰当的场合和时间开了一个极为荒唐的玩笑。为此,苏联政府对美国提出了强烈的抗议。可见,在庄重严肃的场合里幽默一定要注意分寸。

(4)幽默要分清对象

我们身边的每个人,因为身份、性格和心情的不同,对幽默的承受能力也有差异。同样一个玩笑,能对甲开,不一定能对乙开;能对乙开,却不一定也能对甲开。一般来说,晚辈不宜同长辈开玩笑,下级不宜同上级开玩笑,男性不宜同女性开玩笑。在同辈人之间开玩笑,也要注意对方的情绪信息和性格特征。如果对方性格外向,能宽容忍耐,幽默稍微过大一点也无妨;若对方性格内向,喜欢琢磨言外之意,对他幽默就要慎重了。对方即使平时生性开朗,但若恰好碰上不愉快或伤心的事,也不能随便与之幽默。相反,对方性格内向,但正好喜事临门,此时与他开个玩笑,幽默的氛围也会一下子突现出来。

(5)用幽默来化解僵局

在人际交往中,我们会经常遇到一些意想不到的事情,或是自己失言失态,或是对方的反应不如我们事先预料得好,或是周围的环境出现了我们没有考虑到的因素,等等。总之,这些猝不及防的情境往往会令我们狼狈不堪。

这个时候,最有效的解决方法,就是用幽默来化解尴尬。

一位诗人与一位将军同时出席宴会,女主人一味地向别人炫耀自己:“我这位诗人朋友马上要为我作一首诗来赞美我。”诗人感到很尴尬,但又不好直接拒绝,只好说:“还是请将军先做一门大炮吧!”只用一句幽默的话,诗人就化解了自己的尴尬,真是高明至极!

2.巧用幽默六法

在说话艺术中,幽默是运用意味深长的语言再现现实生活中喜剧性的特征和现象,传递某种特殊信息的一种表达技巧。懂得幽默的人,往往三言两语就能使人忍俊不禁。生活中没有一个人不喜欢风趣幽默的语言,在中国传统文艺晚会上,相声、小品之所以能成为最受欢迎的节目之一,就在于它幽默的表现形式。幽默按其修辞表现的手段不同,可分为以下六种。

(1)借代

邓小平同志在讲到尊重知识、尊重人才、充分发挥知识分子的作用时,这样说过:“要充分发挥知识分子的专长,用非所学不好。有人建议,对改了行的,如果有水平,有培养前途,可以没收一批回来。这意见是好的。‘四人帮’创造了一个名词叫‘臭老九’,‘老九’并不坏,《智取威虎山》里的‘老九’杨子荣是好人嘛!错就错在那个‘臭’字上。毛泽东同志说,‘老九’不能走。这就对了,知识分子的名誉要恢复。”

在这里,邓小平将“老九”借代为“知识分子”,并引用毛泽东的“老九不能走”这句话,风趣幽默地表达了自己的观点。

(2)夸张

夸张即言过其实,也是日常生活中常见的一种修辞手法。

马克·吐温有一次坐火车到一所大学讲课。因为离讲课的时间已经很近了,他十分着急,可火车却开得很慢,于是他想出了一个发泄怨气的办法。当列车员过来查票时,马克·吐温故意递给他一张儿童票。列车员一看,说:"您真有趣,看不出您还是个孩子哩!"马克·吐温说:"我现在已经不是孩子了,但我买火车票时还是孩子,因为火车开得实在太慢了。"

(3)拟人

南唐时期,赋税繁重,民不聊生。恰逢京师大旱,烈祖便问群臣:"外地都下了雨,为什么京城不下?"大臣申渐高说:"因为雨怕抽税,所以不敢入京城。"烈祖听后大笑,于是决定减轻赋税。

申渐高在回答中巧借话题,将"雨"拟人化,委婉地道出了"税收繁重,令人生畏"的意思,机智地讽谏烈祖减税,并取得了预期的效果。

(4)反射

反射是指现场套用对方的话语来戏谑、反驳对方,是一种语言回归,目的是以其人之道还治其人之身。

小约翰放学回来,将成绩单交给了爸爸,爸爸一看有两门功课不及格,就冲着小约翰怒气冲冲地喊道:"你知道吗?华盛顿像你这个年龄时已经是全校最优秀的学生了。"

小约翰不慌不忙地回答道:"那么你知道吗爸爸?像你这个年龄时,华盛顿已经是美国总统了!"

(5)讽喻

讽喻是用富有机智和幽默情趣，并寄寓深刻哲理的虚构故事，来阐明某种道理。

某个单位组织退休老干部乘大客车外出旅游，上车时大家你谦我让，耽误了不少时间。开车后，一位老同志朗声打趣道："我给大家讲个故事助兴：从前有一位妇女，怀孕十年才生下一对双胞胎。妇女问这对双胞胎为何迟迟不肯面世，他们说，根据礼节，年长位尊者应该先行，但他们两个不知谁是兄长，就这样互相推让了十年，结果把妈妈生孩子的事给耽搁了。"

这番话引得车上的老干部们面面相觑，继而哄堂大笑。

(6)仿拟

仿拟是一种故意模仿套用已有的固定语言形式来叙说的表达方式，主要特点是套用现有的词、句、篇等语言形式来揭示所描述事物的内在矛盾，创造出新的意境。

苏轼有位姓刘的朋友，因晚年患病，鬓发、眉毛尽皆脱落，鼻梁也快要断了。一天，苏轼同众朋友相聚饮酒，这位姓刘的朋友建议大家各引古人语相戏。苏轼对这位姓刘的朋友说："大风起兮眉飞扬，安得壮士兮守鼻梁？"话音一落，满座大笑。

苏轼仿拟的是汉高祖刘邦的《大风歌》"大风起兮云飞扬，威加海内兮归故乡，安得猛士兮守四方"的首尾两句，两相对照，趣味盎然。

3.幽默是有效缓解矛盾的润滑剂

有位哲人说过："幽默是我们最亲爱的伙伴。我们的生活需要幽默，我们的人生需要幽默，一个健全的社会更不能没有幽默。没有了幽默，生活将会变得单调而缺乏色彩，岁月将会变得枯寂、干涸。幽默给予我们的是源源不断的甘泉，它滋养着我们的心灵，润饰着我们的生活。幽默使我们在黑暗中看到光明，在绝境中看到希望。它是寒冬里的一盆炉火，它是窘迫时的一个笑容……幽默美妙而又神奇。"

不要抱怨自己或者身边的人缺乏幽默感，其实只要留意一下，你就会发现，我们无时无刻不身处在幽默的氛围之中。比如，乘公共汽车难，但大家都幽默地戏称为"公共汽车咏叹调"。又比如，车上人多，乘客没有听见报的站名，错过站的人慌慌忙忙擂车门，大喊："售票员，下车！"而此时，售票员正在酝酿几句奚落话。只听一位乘客及时插嘴道："售票员不能下车。售票员下车了，谁卖票呢？"乘客报以微笑，售票员也变得和颜悦色了。此时的幽默是有效缓解矛盾的润滑剂，能够很好地调节人际关系。

一位车技不高的小伙子，骑车时见到前边有个过路的老人，连声喊道："别动，别动！"那老人站住后，还是被他撞倒了。小伙子赶忙扶起老人，连连道歉。老人幽默地说："原来你叫我别动是为了瞄准呀！"

由于老人有幽默、洒脱的态度，因此矛盾被巧妙化解了。

有一对夫妇去参观新潮美术展览，当他们走到一幅仅以几片树叶遮掩着私处的裸体女像油画前时，丈夫站在画前久久不愿离开。妻子忍无可忍，狠狠地揪住丈夫道:“喂!你想站到秋天,等待树叶落下来才甘心吗?”

此时的幽默是滑润干涩的高质润滑剂,是托起爱情之舟的安全气垫。

幽默能使我们消除烦恼,化解痛苦,幽默还能美化、“乐化”我们的生活,增添生活的笑声,使生活变得五彩斑斓。近代著名作家林雨堂说:“幽默越幽越默而越妙。”

拿喝茶来说。在最好的茶的品类里,无论是西湖龙井,还是铁观音、碧螺春,都是刚喝的时候不觉得有什么特别的好味道,只有静默几分钟后才能品味出茶中“只可意会,不可言传”的妙处。若有人因为铁观音的味道不太强烈,先加牛奶再加白糖,那只能说他不会喝铁观音。幽默也是雅俗不同,越幽而越雅,越默而越俗。幽默虽然不必都是幽隽典雅,然而从艺术的角度来说,自然是幽隽的比显露的更好。幽默固然可以使人失声哈哈大笑,甚至于“喷饭”“捧腹”而笑,然而最值得欣赏的幽默,却是能够使人嘴角轻轻上扬的微笑。

钱钟书曾写过这样一段文字:“晚清直刮到现在的出洋热那股狂风并非一下子就猛得飞沙走石,开洋荤当初还是倒胃口的事……”他把抽象的“社会风气”的“风”比喻为自然现象中的“风”,只有这样才能刮得飞沙走石,既形象风趣,又没有大张旗鼓地幽默,但幽默的味道早已从字里行间显露无遗。

培养机智、敏捷的洞察力,是提高幽默的一个重要方面。只有迅速地捕捉事物的本质,以恰当的比喻、诙谐的语言进行描述,才能使人们产生轻松的感觉。当然,在幽默的同时,还应注意,重大的原则不能马虎,不同问题要不同对待,在处理问题时要极具灵活性,做到幽默而不俗套,使幽默能够为人类精神生活提供真正的养料。

幽默是智慧的产物。如果把幽默比拟成一位美人,她应该是内涵丰富、艳若桃花、气质如兰的,她应当能给人带来愉悦的享受。她比滑稽更有气质,也更耐人寻味。

司马迁在《史记·索引》中曾经把“滑稽”解释为“能乱同异”,即通过巧妙的联想,把客观事物之间的“三分之一或四分之一相似转变为全部相等”。这种“化异乱同”或者偷换概念的方法就能造成一种“机智的幽默”。

一位少妇对她的丈夫说:“亲爱的,住在咱们家对面的那个男的,总是早上出门前吻他的妻子,晚上回家一进门也是先吻她。难道你就不会这样做吗?”

丈夫回答道:“当然可以,不过我跟她还不是太熟。”

聪明的丈夫巧妙地把自己的妻子换成了对门的少妇,偷换了概念,在不经意间显露出机智的幽默。

违反人们正常思维规律,对事物进行巧妙地解释,或者说出人们意想不到的大实话,都会很好地达到风趣幽默的效果。

一位顾客在一家餐厅吃饭,米饭中的沙子很多,顾客把它们一一挑出来放在桌子上。服务员见此情景很抱歉地说:“都是沙子吧?”顾客摇摇头,说:“不,也有米饭。”

顾客巧妙地回答,利用违反常人的思维模式,轻松自然地造成了幽默和讽刺的效果。

一个衣衫褴褛的人蹲在积水只有五厘米深的水坑前钓鱼,所有经过的人都认为他是个傻瓜。其中一位路过的人不禁动了怜悯之心,他和蔼地对钓鱼的人说:“喂,你愿意和我喝一杯吗?”钓鱼的人高兴地接受了他的邀请。他们喝了几杯饮料之后,这个人问钓鱼的人:“你在钓鱼,是吗?”“是的。”“那今天上午你钓到几条鱼呀?”“算上你,已经有八条了。”

钓鱼人看似愚蠢的行为,背后其实隐含着戏谑的动机,一旦真相大白,自然令人捧腹。

机智的幽默含蓄而又婉转,锋利而又忠厚,让人觉得尖利而又不鲜血淋漓,热辣而又不至灼伤。机智的幽默不是哗众取宠,而是一种乐观的人生态度,它使人在逆境中能乐观面对现实,在顺境中也能感到忧患。

4.幽默是一种激励艺术

幽默作为一种激励艺术,在日常的交往中有着重要的作用。在富有幽默艺术的领导、主管周围,很容易聚集一批为他效力的员工,主管的幽默会化解许多尴尬,维护员工的自尊。

美国历史上的许多重要人物,如林肯、罗斯福、威尔逊等,都是善于运用幽默艺术的代表。

有一次,林肯与一位朋友边走边交谈,当他们走至回廊时,一队早已等候多时、准备接受总统训话的士兵齐声欢呼起来,但那位朋友还没有意识到自己应退开。这时,一位副官走上前来提醒他退后八步,这位朋友才发现自己的失礼,立即涨红了脸,但林肯微笑着说:“白兰德先生,你要知道也许他们还分辨不清谁是总统呢!”就这么一句简简单单的话语,立刻打破了现场的尴尬气氛。

人应该善待自己、善待他人,勇敢面对生活中的失败、痛苦,甚至身体的缺陷。如果你换个角度去看,用有趣的思想,轻松的心态去对待,也许你的生活就会充满色彩,你本来忧郁的心情就会变得明朗。

美国的一位肥胖的女政治家在竞选演讲中自我解嘲:“有一次我穿上白

色的泳装在大海里游泳，结果引来了苏联的轰炸机，他们以为这是一艘美国的军舰。”结果在笑声中，选民反不以其肥胖为意，使她在竞选中处于优势。

从管理的角度看，幽默不只是孩童的把戏，开心的笑脸，它和提高生产效率应该是相辅相成的。竞争的加剧，经济的动荡，企业员工面对着超乎寻常的压力。对公司而言，如何保持员工的士气，同时又能激发他们的创造性和“突破桎梏的思维”显得比任何时候都重要。

运用幽默进行管理，管理者往往可以取得很好的效果。据美国针对1160名管理者的调查显示：77%的人在员工会议上以讲笑话来打破僵局；52%的人认为幽默有助于其开展业务；50%的人认为企业应该考虑聘请一名幽默顾问来帮助员工放松；39%的人提倡在员工中开怀大笑。一些著名的跨国公司，上至总裁下到一般部门经理，已经开始将幽默融入日常的管理活动当中，并把它作为一种崭新的培训手段。

幽默还可以使人与人之间的关系变得融洽，使公司的内部矛盾得以化解。经济的衰退使公司不得不面对裁员问题时，还可以利用幽默化解裁员过程中可能出现的各种风险。

美国欧文斯纤维公司曾在21世纪之初解雇了其40%的员工，考虑到可能由此而引起的种种问题，该公司管理层聘请了专门的幽默顾问，利用两个月的时间对1600多名员工施行幽默计划，在公司内开展了各种幽默活动。结果，没有出现公司所担心的聚众闹事、阴谋破坏、威胁恫吓、企图自杀等可怕后果。

人人都喜欢与幽默的人相处。所以幽默的主管比古板严肃的主管更易于与下属打成一片。有经验的主管都知道，要使身边的下属能够齐心合作，就有必要通过幽默使自己的形象人性化，那么怎样才能使自己成为一个幽默的主管呢？

博览群书，拓宽知识面显然是必不可少的。知识积累得多了，与各种人在各种场合接触就会胸有成竹、从容自如。一个心胸狭窄、思想消极的人是不会有幽默感的,幽默属于那些心宽气明、对生活充满热忱的人。

作为一名企业主管,要有意识地训练自己对事物的应变能力。多参加社会交往,多接触形形色色的人,从而使自己的幽默感增强。

幽默的人相信失败是成功之母。失败和成功在一定条件下是可以相互转化的,正因为曾经有过失败,所以才能在不断地总结失败的教训后获得成功。如果一个人一直都被成功包围,那么偶尔一次小小的失败对他来说可能就是一次相当残酷的考验,失败可能就会从此如影随形。

幽默中渗透着坚强的意志。有幽默感的人往往是一个奋力进取的弄潮儿,他们在面对失败的打击,恶劣的环境时,能够以幽默的态度自强不息。

发明家爱迪生就是一个善于以幽默的态度对待失败而又不断进取的人。

爱迪生在发明电灯的过程中,试验灯丝的材料失败了1200次,总是找不到一种能耐高温又经久耐用的好金属。这时有人对他说:“你已经失败1200次了,还要试下去吗?”

“不,我并没有失败。我已经发现1200种材料不适合做灯丝。”爱迪生幽默地说。

爱迪生就是以这种惊人的幽默力量,从失败中看到希望,在挫折中找到鼓舞。这就是这个伟大的发明家百折不挠、硕果累累的诀窍。有时候,面对失败,我们的意志和信心可能会滑坡,而适时的幽默可以帮助我们避免这一点。

有人打网球打不过他的朋友,他就可以幽默地对朋友说:“我已经找出毛病在哪里了,我的嗜好是网球,可我却到乒乓球俱乐部里去学习。”

他也可以说:“咱们打个平局,怎么样?我不想处处赶上你,你也别超过我。”

这种幽默不是自欺欺人,也不是要我们像鸵鸟一样在危险到来时把头埋进沙子里,这种幽默可以有效地防止我们意志滑坡,还能在会心一笑中拉近我们同他人的心理距离。

5.幽默有度,小心踏入对方禁区

幽默是一种创造性的工作,你要随机应变,根据对象、环境以及刹那间的气氛而定,但也需注意以下技巧。一是不要随意幽默。幽默并不是随时随地都可以运用的,应在某些特定的场合和条件下发挥幽默。例如,在一个正式的会议上,当你的下属在发言时,你突然冒出一两句逗人的话,也许大家会被你的幽默逗笑,但发言的那位下属心里肯定会认为你不尊重他,对他的发言不感兴趣。二是幽默要高雅才好。三是没条件幽默时无须硬要幽默。如果当时的条件并不具备,你却非要表现出幽默,结果必定是强人所难,令彼此陷入更尴尬的境地。

凡事都要有个分寸,幽默也要适“度”。如果过了度,做出了有失礼节的事,结果肯定会适得其反。因此,应掌握恰如其分的尺度,还要因时、因人、因地和因内容而定,避免误入禁区。

懂得幽默的人都知道,玩笑的趣味很少含在话语本身的台词中,究竟有趣与否,完全得看幽默的人是怎样讲的。一百个人讲同一个幽默故事,可能会有九十九人要失败。如果你确实想成为一个具有幽默感的人,千万不要假冒幽默,而应该努力培养你的悟性,使你无论到什么地方,都备受欢迎。

不要不分场合地开玩笑,一旦场合不对,玩笑不仅无法达到预期效果,而且还可能受到别人的讪笑,以至于引起别人的反感。

当你出席一位朋友父亲的葬礼时,如果你安慰朋友说:“你的父亲一定是个很坚强的人,因为他是个有名的石匠呀,哈哈哈!”将石匠和坚强联想在一起幽默侃谈,固然无可厚非,可是由于使用的场合不对,结果只会令周围的人感到气愤:这个人怎么如此没眼力?大家都这样伤心,而他一个人却嬉皮笑脸!

有种族歧视性以及嘲笑残疾人的笑话也不适当，因为这可能会冒犯到别人。例如，拿别人的生理缺陷开玩笑，这是在故意揭别人的伤疤，是在把自己的快乐建立在别人痛苦的基础之上。

有些幽默有可能会导致意外，而且不是每个人都能够接受。例如捕风捉影，把小道消息作为茶余饭后的笑料，这都是不负责任的低级趣味。

还有就是不要刺伤别人的心。如果玩笑可能刺伤在座的任何一个人的话，你还是不要说出来的好。因为受到伤害的人会因为别人的笑声，内心更为难受，甚至对你产生怨恨。当然，如果你事先注意到这点的话就不会伤害到任何人，但有时你可能会有所疏忽，说出口后才猛然想到：糟了，这个玩笑刺伤了某人！尤其是当你刺伤的对象是某个重要人物时，还可能引起其他人的不满。

不可用玩笑来蔑视别人的职业。玩笑不应含有蔑视别人职业的成分存在，如果你拿来开玩笑的职业和对方的职业无关的话，那倒还不要紧。可如果你开玩笑的职业正是对方的职业，那就不高尚了。一般人虽未必对自己的职业不满，可是和人谈到自己的职业时，总是要客气一些，以表示自己的职业不如对方。

不要挖苦女性的容貌。若对方是女性的话，尤其是妙龄少女的话，那么你的玩笑只会使对方感到厌恶而已，对方甚至会对你的印象大打折扣。

不要露出心不在焉的表情。当大家聚集在一起时，人们一定会表现出各种表情，那时，总不能别人都笑成一团，唯独你板着面孔。板着面孔只不过是心不在焉的表情，因为你不笑会破坏整个现场的气氛。因此，即使你觉得并不够好笑，也应笑一笑，以表示你的赞赏。这本身就表现了你对幽默的融合和理解。一旦大家笑出声后，整个场面的气氛就变得更融洽，大家的心情也会变得更轻松。接下来一旦你再表现出幽默，一定会产生更好的效果，结果受惠的还是你自己。

不要错过适当幽默的时机。幽默的效果与时机具有非常密切的关系。当你和别人谈话时，脑海里突然浮现出一句幽默的话，本来你想说出来，然而你又突然想到:“我说出来会使对方感到好笑吗?”结果因为犹豫错失良机。要记住,一有灵感就要立刻毫不犹豫地说出来,否则时机一过,效果会大打折扣。

不能一味地模仿,必须发挥自己的创意。有些人即使随便举起一只手,也会令人笑出声来。然而你要是照本宣科,就未必令人觉得好笑了。当你在路上碰到熟人时,举起了一只手,然而对方并不觉得好玩,于是你们俩面面相觑,事后你自己也发现,这个动作就像是在叫住出租车一样。因此,如果对方举起一只手向你打招呼时,你不妨说道:“嘿!你什么时候变成希特勒了?”相信你的朋友这时一定会笑出声来。

另外,要避开别人的痛处。在人际交往中,开个得体的玩笑可以松弛神经,活跃气氛,营造出一个适于交际的轻松愉快的氛围。但是,千万不能碰到别人的痛处,如果你拿别人的忌讳开玩笑,恐怕不仅不会起到幽默的效果,还会适得其反。

小芸平时爱说爱笑,性格开朗活泼。在一次同学聚会上,她遇到了朋友小章。小章有谢顶的问题。当小芸得知他最近高升后,便快言快语地说道:“你小子可真行啊,真是热闹的马路不长草,聪明的脑袋不长毛。”说得大家哄堂大笑。而小章则红了脸,怒斥道:“你的脑袋才不长毛呢。”结果,原本高兴的同学聚会闹了个不欢而散。

其实,聊天中开玩笑的人动机大多都是友好的,但若把握不好分寸和尺度,就会产生不良后果,正所谓“说者无心、听者有意”。因此,聊天开玩笑的时候掌握一些分寸还是很有必要的。

电影《十五贯》说的就是因一句玩笑引发的悲剧。

尤葫芦喜欢开玩笑,而他的养女苏戍娟却是个爱较真的人。一次,尤葫芦对养女开玩笑:“我已经把你卖了。”不料,苏戍娟信以为真,竟在夜里偷偷逃走了。她跑得匆忙,忘了关门,正巧娄阿鼠前来行窃,杀死了尤葫芦。而苏戍娟却因蓄意谋财害命而被捕下狱。真可谓是“皆由玩笑生,家破又丢命”。

如果是别人,听了这个玩笑,撒个娇或回敬个玩笑也就算了,可尤葫芦却不顾养女的性格特点,开了这个“严重”的玩笑,最后酿成了悲剧。

你拿对方的缺点开玩笑,即使你是无心的,也很容易被对方认为你是在冷嘲热讽。倘若对方又是个比较敏感的人,你就会因一句无心的话而触怒对方,以致毁了两个人之间的友谊。而且这种玩笑话一说出去,不仅无法收回,也无法郑重地向对方解释。

第 十 三 章

听完再插嘴，既要入耳又要入心

只有很好地倾听别人，才能构建稳定的人际关系。凡是高明的谈话者，都有着很好的倾听素质。

1.拉拢人心，会倾听也就赢了一半

在一个久远的年代的一个不知名的国度里，有一个整日坐在王座上的国王。一天，他收到邻国王子送来的三个一模一样的金人。使者说他们的王子要请教国王一个问题：三个金人中哪个最有价值？回答正确的话，这三个金人将全部归国王所有，回答错误的话，国王就只可获得一个金人。这可难住了国王，因为无论是称重量还是看做工，它们都是一模一样的。

最后，一位智慧的老臣拿出了三根稻草。他把第一根稻草插入第一个金人的耳朵里，稻草从另一边耳朵出来了。他又将一根稻草插入第二个金人的耳朵里，结果稻草从这个金人的嘴巴里出来了。最后他把第三根稻草插入第三个金人的耳朵里，结果稻草掉进了金人的肚子里。

老臣说："最有价值的是第三个金人。第一个金人是前耳朵进，后耳朵出。第二个金人是用耳朵听了，用嘴巴说出来。只有第三个金人是用心去倾听。"使者默默无语，空手而回。

一双会倾听的耳朵胜过一张能言善辩的嘴。事实上，倾听是获得他人好感的关键，用心倾听他人说话，胜过在众人面前口若悬河、滔滔不绝。

那些整日在他人面前喋喋不休的人，总显得锋芒毕露、夸夸其谈、油嘴滑舌。话说多了，还有可能祸从口出。而静心倾听不仅没有这些弊病，而且益处颇多。用心倾听别人说话，别人就会觉得你谦虚好学、诚实可靠、善解人意。善于倾听的人常常会有意想不到的收获：蒲松龄因为虚心听取路人述说，写下了《聊斋志异》；唐太宗因为能够倾听魏徵等人直谏，成就了大唐盛世；刘备因为恭听诸葛亮之言，最后成为一方霸主。

一个不懂用心倾听的人，通常也是不尊重别人观点和立场、孤傲自大的人。这种人会无可避免地成为他人反感的对象。而用心倾听则是对说话者的尊重，它不仅是维系人际关系、保持友谊的最有效方法，更是解决矛盾冲突和处理抱怨的最好方法。

刚工作不久的兰兰在一个小店里买了一件连衣裙，但不久她发现衣服褶皱得厉害，于是，她拿着裙子来小店退换。她想跟售货员说明了缘由，但售货员却打断她的话："我们卖了几十件这样的裙子，您是第一个找上门来抱怨衣服起褶的人。"兰兰听了很生气，与对方吵了起来。

正在此时，老板娘来了。她很内行，礼貌地向兰兰询问事情的经过。兰兰说话的时候，她一句话没讲。听完兰兰的话后，她又听了售货员的观点。弄明白事情的原委后，她就开始反驳售货员，并帮兰兰说话。她不仅指出了裙子起褶的问题，还强调店里不应当出售使顾客不满意的货品，应该立即退回厂家。

当然，她也承认她不知道裙子为什么会出现这种问题，“您想怎么处理？我尊重您的意见。”她对兰兰说。

兰兰仍旧要求退货，老板娘爽快地答应了。这时兰兰觉得心里有愧，决定换买另一条裙子。从此，兰兰完全信任了这家小店，也成了小店的常客。

只有很好地倾听别人，才能构建稳定的人际关系。凡是高明的谈话者，都很会倾听。他们在听别人说话的过程中，能够体察别人的感情，体谅别人的难处，宽恕别人的错误，容忍别人的缺点；他们有耐心，能够长时间地听取别人零乱、不成熟，甚至是语无伦次的谈话；他们还拥有一颗谦虚的、吸收力强的心。他们能够从别人的谈话中找到要害，能够用别人的思想来提升自己。他们又都是有趣的人，偶尔听到别人说出有趣的话，就会心一笑。当别人讲出一些经典话语时，就连连点头。由于具备这些素质，高明的谈话者往往能深刻洞察别人的心思，所以说出口的话也就能深入对方的内心。

2.不当话痨，把话语权分给别人一些

希腊斯多噶派哲人芝诺说：“我们之所以长着两只耳朵一张嘴，就是为了多听少说。”当一位青年向他滔滔不绝地说话时，他打断说：“你的耳朵掉下来变成舌头了。”

世上有许多能言会道的人。他们的嘴是身上最发达的器官，无论走到哪里，嘴巴都是他们最锋利的武器。他们只想表达自己，很少愿意倾听他人。虽然他们和别人交流的机会非常多，但他们说得越多，了解别人的机会就越少。所以他们并不了解别人，人缘一般。

第十三章

听完再插嘴，既要入耳又要入心

只有让对方多说，你了解他的机会才会越多。而越了解一个人，你就越能赢得他的好感，他就越愿意与你打交道。

纽约大学的社会学专家达尼尔·格兰做过这样一个试验：他把每三个女大学生分成一组，每一组由两名同校女大学生和另外一名外校女大学生组成，让她们进行十分钟的交谈。在谈话过程中，因为三人中有两人是同一所大学的，所以大家在谈话的时候就会忽视另外一个人。结果，正常对话的同校女大学生在交流中使用的重音占谈话的11%，而被忽视的那名外校女大学生的对话中重音达到了41%。而且在这些被忽视的外校女大学生中，也就是重音使用率为41%的女大学生中，有一半的人觉得自己性格内向。

这个试验说明，当两个同校女生毫不顾忌地说话时，会夺走另一个外校女生的发言权，导致她因内心不舒服而出现说话声音增大的现象。这表明她产生了一种消极的情绪。因此，从今以后，与人聊天时，别只顾着自己说，也要问问别人："你是怎么认为的？"多听别人说，引导别人多说，才是有效的沟通之道。

(1)谈话中的20:80法则

意大利著名学者帕累托指出，在任何特定群体中，重要的因素通常只占20%，其余80%是次要因素。因此，只要掌握了20%的重点，就能操纵局面。在谈话中，这个原则同样奏效。也就说，用80%的时间倾听，20%的时间说话，是最好的时间分配方案。这样，你才能从对方的言谈中了解到更多，才能冷静地分析对方的谈话内容，抓住关键之处。

同时，在倾听对方说话时，不要只是简单地发出"嗯""是"这样的声音，而是要安静下来，多注视对方，时机恰当时，通过有意义的语言和肢体动作来回应对方，这样才能形成较好的人际互动。

(2)多用设问句，引导别人多说

在谈话过程中，你可以采用设问的形式引导对方多说话。设问用得好，能够诱人思考,使谈话更加有吸引力。但并不是什么都可以问,你最好问些能够引发对方兴趣,让对方感到骄傲的事情。比如,他事业成功的经验,他目前最关心的话题以及他的兴趣爱好等。

日本著名的销售员原一平在做销售时,拜访了一位建筑企业的董事长渡边先生。渡边先生一见到原一平就下了逐客令。原一平并没有就此退却,而是诚恳地问渡边:“渡边先生,咱俩年龄差不多,为什么您如此成功呢?能告诉我原因吗?”

渡边先生见原一平求知若渴,想学习自己的成功经验,就不好意思再回绝他了。接着,渡边先生就讲述了自己的成功历程。没想到一聊就是半天,而原一平始终认真地听着,并在适当的时候提了一些问题,以示请教。这样渡边先生非常高兴。最后的结果可想而知,原一平拿下了渡边建筑公司的所有保单。

可见,征服人心其实很简单。不当话痨,把话语权多分给别人一些,你就拥有了更多成功的可能。

(3)拿出诚意听,适时重复对方话语中的关键词

有些人在听他人说话时,听不到十分钟,就开始走神,眼睛时不时地飘向对方的嘴巴、手、腿,抑或像一尊雕像般凝望着窗外。对于倾听者的这些动作,对方虽然口里不说,但心里多半会发火。

一个好的倾听者,即便对对方的话题不感兴趣,也会不时地重复对方话中的关键词,这样对方就会觉得面前的人是在认真地听,并且对自己的谈话感兴趣。

心理学上把这种行之有效的重复关键词技巧称之为“反射”。宾夕法尼亚州立大学的心理学家罗帕多·埃里克做过这样一个试验。

罗帕多·埃里克让90多名女大学生与接受过培训的工作人员进行对话。

有一半的女大学生在谈话时用的感情用语或关键词被这些工作人员重复，而另一半的女大学生在和工作人员说话时，工作人员并没有重复这些富有情感色彩的关键词。结果显示，和后半部分的女大学生相比，前半部分女大学生的谈话时间要长，谈话次数也多。她们对工作人员的好感度要比另一半学生高出11%，而且她们还非常乐意同工作人员谈话。

显然，注重重复对方的感情用语或关键词，不仅能够让对方更愿意交谈，还会让对方对你产生兴趣，引发好感。当然，找到对方谈话中的关键词和带有感情的词语，是需要用心的。比如，有朋友高兴地说“我升职当科长了”，你这时候需要重复“升职”这个词。若是你搞错了，说成“你吗？”等类似的话，你们之间谈话的气氛就会一下子变了，对方甚至还会以为你在有意讽刺他。找到对方谈话中带有感情色彩的关键词，关键是要把对方谈话时的情绪与他所说的话结合起来。这样，你只需要略微注重对方的话，就可以让对方认为你对他的话题感兴趣。

通常情况下，在你重复对方话语中的关键词后，对方都会很乐意让话题继续下去。当他说得尽兴的时候，你也别忘了时不时地来附和几句。附和他人有两个法则：第一是尽可能地多说，附和的声音要大一点，用自己的热情来引发对方的谈话兴趣。第二是对谈话的前半部分附和要少，对谈话的后半部分附和要多。若能如此，谈话的氛围将会比较活跃。

至于附和用语，最具有魔法效力的是“是啊”。它含有“你所说的非常合理”以及“我非常认同你”这两种微妙的语感。它能让你和谈话者之间建立起互信关系，从而使交谈变得更加顺利。

你也可以用一些问句来附和，诸如“为什么？”“怎么会？”“真的吗？”“后来呢？”等。这些附和性的问句一样能激发对方的交谈兴致。

每个说话的人都想从听众那里获得赞同的声音或表情，这样他才能更放得开地继续往下说。只要你的反应是鼓励式的，不管对方是谁，他都能在愉快交谈的同时，对你这个人有个好印象。

3.说“我懂你的委屈”,不如静静地听

卡卡总觉得自己是一个很会安慰人的人,每次朋友向他倾诉内心的委屈时,他都会说“我明白你的难处”“我知道你很倒霉”“我晓得”,然后他会开始述说自己最近工作不太顺利,追女孩没有追上。到了最后,他们之间的谈话变成了各说各的心事。事实上,朋友并不认为卡卡了解自己,而卡卡也不觉得朋友能听得进他的话。而且,朋友认为卡卡“根本不可能了解我的委屈,他是站着说话不腰疼,只不过在敷衍罢了!”

一个人想了解另一个人是一件很难的事。我们会憧憬着今年能挣多少钱,过两年投资点什么,但我们很难分心去想遥远的非洲有人因饥饿而瘦得皮包骨头,也很难了解那些刚刚遭遇地震、台风的人们,他们的心被怎样的痛苦侵蚀着。

不了解就不要说“我了解”。因为当事人向你倾诉的时候,需要你听,也许他也很希望你能给他指出一条好的路子,但他一定不需要一个只是嘴上说懂他的痛苦,但实际上并没有用心倾听他的人。

“我懂你的痛苦”这句话,并不是每次别人向你抱怨时都能应付过去,有时候甚至会显得不合时宜。比如,有人向你抱怨:“我本来去理发店是要烫梨花头的,可是店主却给我烫了个大妈头,丑死了。”“我都有眼尾纹了,老了。”这时,你最好立即说“哪有,很好看”或者“没有你想得那么糟糕”之类的话,如果此时你说“我懂你受的苦”“我了解岁月的无情”,恐怕会让对方心情更差。

不痛不痒地说“我懂你的委屈”,不如安静地倾听对方,做一个好的听众。

要做一个好的听众,就需要注意以下规则。

规则一:在听对方说话的过程中,要始终保持积极的态度,这样做能营造

良好的交谈气氛。对方越能感受到你的倾听兴趣，他就越能准确表达自己的想法。相反，如果你在听话的时候表现出消极态度，总是动不动就说“我知道”“我懂了”之类不耐烦的话，对方就会很伤心，进而不再想和你交谈。

规则二：全身心地倾听。别人同你说话的时候，你要面向说话者，同他保持目光的亲密接触，同时注意姿态和手势，无论你是坐着还是站着，都要与对方保持最适宜的距离。

规则三：以相应的行动回答对方的问题。对方与你交谈是想得到某种可感的信息，或者迫使你做某件事情使你改变观点，或者渴望得到你的安慰理解。这时，你要采取适当的行动，比如对方和你聊到自己遭遇到的工作瓶颈，如果你有好的建议尽管告诉他，如果有能帮他的书籍或者工具也可以提供给他。这本身就是对对方最好的回答。

规则四：倾听的时候，感同身受的对对方表示理解。这包括理解对方的语言和情感，把自己假设为对方，站在对方的角度体会他的内心感情。

规则五：不要不懂装懂。作为一个倾听者，不管在什么情况下，如果你不明白对方说的是什么意思，就应该让他知道你没听明白。永远别不懂装懂，那样早晚会被人识破。

规则六：要观察对方的表情。交谈很多时候是通过非语言方式进行的，因此你不仅要认真听，还要时刻注意对方的表情变化，比如对方的眼神、说话的语气以及音调和语速的变化等，同时还要注意对方站着或坐着时与你的距离，这有助于你更好地倾听对方。

在倾听对方说话的同时，还有几个方面需要提醒你。首先，别提太多的问题。问题提得太多，容易造成对方思维混乱，说话时注意力不集中。其次，不要在别人说话的时候走神。有的人在听别人说话时，习惯考虑与谈话无关的事情，因此在对方问他话的时候，他会不知所云，想不起对方刚才说了些什么，让彼此交流就变得困难。最后，别匆忙下结论。别人在说话的时候，不管你是表示赞许还是反对，都不要急着说出来，不经过认真思考的判断和评价，很容易让对方陷入防御状态，造成彼此间的隔阂。

4.适度的沉默能使沟通更加顺畅

如今,沉默是金这一理论逐渐被颠覆。人们从开始的赞同,到后来的反对,现在更是大加批驳。现在,沉默似乎是一件消极的事情,是谈话的大忌。人们每每聚在一起,都会想方设法发出点声音。比如,你去亲戚朋友家做客,一般情况下,主人会第一时间打开电视,或边聊天边看,或干脆沉浸电视之中,倾听电视“说话”,被电视节目控制着。电视上的某个节目大骂演艺圈,大家也跟着骂两句;电视上某个热门剩女栏目闹点笑话,大家就跟着笑几声。几个小时下来,看似气氛不沉闷,可是大家真正交流的时间根本没多少。再亲近的朋友与亲戚,都不可能每分每秒都喋喋不休地讲个不停。可一旦不讲话,就会有一段时间很沉默。但沉默未必是坏事,适度的沉默,不但不会令谈话降温,还能使彼此的交流更顺畅。

沉默是一种无声的语言,并不是所有的对话都必须保持持续的状态才有意义。一般来说,一个人如果重复并且长时间听一个话题,注意力就会逐渐分散,厌烦对方的谈话,最终导致“你说你的,我走神你也不知道”的局面。这样的对话看似在进行,实际上却在受阻。因此,一旦遇到这种情况,说话者可以突然沉默不语,这样听者自然就会把注意力转移到说话者的身上。

听者也可以利用突然沉默这一策略打断对方的谈话,引出自己想谈的话题。这样既能使谈话的人反省,又能不伤害他的自尊。比如在办公室,你的一位同事已经就一件事向你重复了好几次,你已经听得耳朵起茧了,但作为同事,你不能直接对他说“你已经说了好多遍这件事了”,因为这样做会伤害他的自尊。可如果继续听下去,你的心情真的会不太好。因此,当他滔滔不绝时,你不妨突然沉默不作任何回应,让他自觉停止谈话,这时你可以乘机巧妙地转移话题。

第十三章

听完再插嘴,既要入耳又要入心

突然沉默之所以能终止那些让你感到厌烦的话题,是因为你的沉默让对方感到意外,他会在心里嘀咕:“为什么这人一点反应都没有?是在想别的,还是不想听我说话?”带着这样的疑问,对方不得不停下来,找你喜欢的话题说。

有时候沉默不仅是金,更是一种倾听的技巧与智慧,甚至会产生恭维他人的效果。

张磊与孙谦同是一家大型文化传播公司的策划,两人的项目设计均思维缜密、创意十足。按理说他们的水平旗鼓相当,在公司也应是平分秋色,但偏偏张磊被提拔为策划经理。

让孙谦最不能接受的是,每次讨论他的策划方案时,大伙都提不出什么意见。偶尔有人说点什么,孙谦都据理力争,直到让对方哑口无言。虽然大家都认为他说得有理,但感觉他有点清高,不好相处。特别是在总监极有风度地点拨他的策划案中的某些缺陷时,孙谦就显得略欠沉稳,每次都要把总监辩倒才罢休。因此总监觉得孙谦非常不给他面子。

相比之下,张磊就特别平易近人,大家讨论他的策划案时,他在大部分时间里都是保持沉默。无论是领导还是同事,不管是水平高的还是水平低的,都可以畅所欲言。张磊谦虚豁达、从善如流,他对每个人的意见都会做详细记录。即使有时候觉得别人是错的,他也会保持沉默,洗耳恭听。最后,他的策划书必定会融汇百川,但又能以最高层的意见为主线。为此,公司里的领导和同事都愿意为他的策划案提出自己的看法。

在张磊和孙谦都想竞聘策划经理的时候,大家几乎是不约而同地把票投给了张磊,而孙谦则愤然跳槽。过了两年,听说孙谦再次跳槽,而张磊则春风得意马蹄疾,即将担任策划总监一职。

与人争辩会让人觉得自己不被尊重,觉得你不喜欢倾听他的想法。这并不能给你带来什么好处。而适当的沉默则是一种倾听智慧,它在帮你赢得人缘的同时,也征服了所有人的心。

5.最好不插嘴,即使插嘴也要讲艺术

每个人都会有情不自禁地表达自己内心想法的冲动。比如,当你看到你的朋友和另一个你不认识的人聊得起劲时,可能有参与进去的想法。但如果在他人说话的时候,你不顾当事人的感受,不分场合与时机,随便插嘴、抢话,这样不仅会扰乱对方的思路,还会引起对方的不快,有时甚至会产生不必要的误会。更糟的是,也许他们正在商议某件非常重要的事情,而你的加入,使他们无法集中思想谈下去。或是他们正在热烈讨论、苦苦思索以解决一个难题,而由于你的插话,他们思维卡壳,忘了刚才的话,导致讨论失败。

刚开贸易公司不久的江涛和几个客户正在办公室里谈生意,在谈得差不多的时候,江涛的一位朋友来了。这位朋友平时就大大咧咧的,他以为这几个客户是来找江涛闲谈的人,于是也不问缘由,就开始插话:“哇,我刚才坐地铁的时候,看见一个老头和一个年轻人因为座位发生争执……”江涛给他使了个眼色,示意他不要说了,但他却说得津津有味。江涛告诉他:“这几个是我的新客户,我们正在谈生意。”这位朋友顿感尴尬,借口去洗手间,悻悻地离开了办公室。

“刚才说到哪里了?”几个人想继续刚才的话题。可江涛的朋友可能觉得自己刚才挺失礼的,想给人家道歉,于是再次走进江涛的办公室,左一个“对不起”,右一个“对不起”,然后又开始啰唆自己刚才的话。

客户见谈话被打乱,就对江涛说:“你今天先和朋友聊吧,我们改天再来拜访。”说完就走了。不久,当江涛再次邀请这几位客户时,人家已经把订单给了别的厂家。

如果没有朋友过来插话,江涛可能早就做成这笔大生意了。发生了这件

事后，江涛很长一段时间都不想理会这个朋友。

随便打断别人说话或中途插话，不仅有失礼貌，而且往往会在不经意间破坏自己的关系网。要想获得好人缘，要想让别人喜欢你，万万不可在别人说话时随便插嘴。

(1)当你想插话时，请提醒自己耐心再耐心，至少听完对方的话再发表观点

心理学上有个名词叫作“心理定势”。即当一个人心里有事或有想表达的话题时，他就会启动其心理定势准备讲话，直到他把事情全部说完，他的心理定势才会转而倾听别人的话语。所以，要想让别人倾听你，首先必须做到不随便打断别人说话，也不随便插话，而是耐心地听完对方的话。这么一来，对方会有一种你很注意听他说话的感觉，认为你尊重他的意见，所以等他说完之后，他也理所当然想听听你的想法。

如果你要发表观点，最好能做到即便话语遭到他人反对，或他人只是发牢骚时，也耐心地听对方把话讲完，并询问对方是否还有别的什么事情要说。这样做就消除了对方的抵触情绪，使他意识到你对他观点的感兴趣。

(2)如果实在是想插话，最好这样做

当对方担心你对他的话题不感兴趣，显露出犹豫、为难的神情时，你可以乘机插入一两句话，让对方知道你在听，并且喜欢他的谈话。你可以说：“我对你说的话题十分感兴趣。”“你能谈谈那件事吗？我想多了解一些。”“请你继续说，很有意思。”一旦你向对方传达一种“我愿意听你说话”的意思后，对方会更喜欢和你交谈。

当对方在叙述中加入了过多的主观情感，甚至不能控制情绪时，你可以用一两句话来疏导他，诸如“你一定很生气”“你心情看起来很烦躁”“你心里很难受吧”，对方听到你说这些话后，很可能会发泄一番。因为这些话的目的就是鼓励对方把心中那些不良情感“诱导”出来，当对方发泄一番后，会感到轻松、解脱，也更想继续聊下去。

第十四章

开口有技巧，换个说法更靠谱

人类语言具有多样化的特点，一样的意思可以用多样的话说出来，而对方也会有不同的反应。有时候，换个说法更靠谱，更有说服力！

1.少说“我”，多说“你”

说话如同驾驶汽车，应随时注意交通标志，也就是要随时注意听者的态度与反应。如果红灯已经亮了仍然向前开，闯祸则是必然了。

人们最感兴趣的就是谈论自己的事情，而对于那些与自己毫不相关的事情，大多数人会觉得索然寡味。你自己有浓厚兴趣的事情，不仅常常很难引起别人的兴趣，而且还令人觉得好笑。年轻的母亲会热情地对人说：“我的宝宝会叫‘妈妈’了。”她这时的心情是高兴的,可是旁人听了会和她一样高兴吗?不一定。他们心里可能会想:谁家的孩子不会叫妈妈呢?你真是大惊小怪!这是正常的事情,如果不会叫妈妈的孩子才是怪事呢。所以,在你看来充满喜悦的事,别人不一定有同感,这是人之常情。

在放学回家的路上,吴欢遇到了王老师,她气鼓鼓地说:“王老师,你说江珊多可恨,我和她吵起来了。”

“为什么?”王老师一脸的不解。

“她非说张学友是最好的歌星,张学友鼻子那么大,丑死了。我就和她吵起来了。”吴欢接着说,“江珊太不够朋友,本来在班里我和她是最要好的朋友,可是她有什么心里话都不告诉我!”

王老师问:“你从来都会把任何心里话都告诉江珊吗?你想一想是不是每个人的喜好都一样呢?”

一句话使吴欢顿时像泄了气的皮球。她不好意思地说:“其实我也没把什么话都告诉江珊。”

自己喜欢的,就要求别人也要喜欢;自己没有把心里话都告诉好朋友,却要求对方对自己毫无秘密,全部公开。世界的丰富多彩就是因为每个人都是不同的,包括他们的个性爱好。每个人都有自己的隐私,怎么能要求别人公开隐私呢?即使是好朋友也没有这个权利。

在与人交谈时要竭力忘记自己,不要总是谈个人的事情。人们喜欢的是自己最熟知的事情,在交际上明白别人的弱点,尽量去引导别人说他自己的事情,这是让对方高兴的最好方法。你以一颗充满同情和热诚的心去听他叙述,就一定会留给对方最佳的印象,而对方也会热情地欢迎你、接待你。

说话时,把“我的”变为“我们的”,可以巧妙地拉近双方的距离,使对方更容易接受你和你的话。

如果你在说话时,不管听者的情绪或反应如何,只是一个劲地提到“我如何如何”，那么必然会引起对方的反感。如果改变一下，把“我的”改为“我们的”，这对你不仅不会有任何损失，还会让你获得对方的好感，使你同他的友谊得到进一步加深。

我们经常看到记者这样采访：“请问我们这项工作……”或者：“请问我们厂……”我们还经常发现演讲者使用“我们是否应该这样”“让我们……”等表达方式。这样说话方式能使被采访人觉得和记者的距离更接近，听来和缓亲切。因为“我们”这个词，也就是要表现“你也参与其中”的意思，所以会令对方心中产生一种参与感。如果你说“你们必须深入了解这个问题”，便拉开了听众与演讲者的距离，使听众无法与你产生共鸣。如果你改为“我们最好再做更深一层的讨论”，就会缩短与听众之间的距离，使气氛立刻活跃起来。

2.先说次要的，再说主要的

很多人容易情绪激烈，一语不合，就可能翻脸。在沟通的时候，我们虽然不能确保每一句话都说得很妥当，但至少从第一句话开始就要特别小心，以诚恳的语气来让对方放心，使对方了解我们不会采取敌对的方式，或者让对方没有面子的方式来进行沟通。这样，对方才会逐渐放松。

一开口就引起对方的戒心，让他觉得自己可能会吃亏，或者可能会没有面子，他就会采取躲避的策略，即使躲不开，也会且战且走。一旦对方想“溜”想“躲”，你与他的沟通就不可能获得圆满的结果。

有些人说话很少开门见山，而是先寒暄一番，看看对方的反应如何。如果对方心情不错，就可以做进一步沟通。如果没说两句话，对方就很不耐烦，甚至要端茶送客，那你就算有再重要的事也要忍一忍，因为此时多说无益，“话不投机半句多”便是此理。

有人可能认为，寒暄是在浪费时间，有正事不说，非得在无关紧要的事情上大费唇舌，是不分轻重的表现。其实，这是他们不懂得寒暄的妙处。东拉西扯，说一些没有用的寒暄话，目的在于了解对方的情绪状态，并且产生稳定对方情绪的作用。不急着讲正题，先摸清楚情况再说，乃是上策。

你可以将自己的真实意图隐藏起来，先谈别的事情，以增强彼此的亲近感，待消除隔阂后再慢慢将话题引向自己的看法或者建议，最终顺利地达到预期的目的。

三国时期，刘备的甘夫人是个很会说话的女人。刘备与甘夫人的感情很好，即使在亡命途中，两人也是形影不离。

后来，有人向刘备献上一个精巧的玉人。此玉人高达三尺，栩栩如生，光彩照人。刘备对它爱不释手，就把它放置在甘夫人的房间里，让两者媲美生辉。在他看来，自己已经有了巴蜀这块宝地，而且外事内政都有丞相诸葛亮在操持张罗，不用他费心，于是常常拥着甘夫人赏玩玉人，口中还念念有词：“玉之可贵，德比君子，况为人形，而不可玩乎？”

如此一来，国事倒被刘备放在了次要位置。这可急坏了甘夫人。她知道，刘备是经过长期的努力，才从一个不名一文的贩夫成为拥有西川，建立蜀汉政权的君主。但目前这份基业才刚刚创下，刘备应当更加努力、发愤图强才是。但是，自从建立蜀汉政权以来，刘备只顾着观赏玉人，意志消沉，大志即将磨灭。长此以往，哪里还能实现他囊括四海、复兴汉室的宏愿呢？甘夫人不能不忧虑。她几次想谏言，奈何自己只是一个不参政的妇道人家，不好直言。

有一天，甘夫人从玉人身上得到灵感，想到了春秋时期“子罕不以玉为宝”的典故，于是以此为谏词，借古讽今来说服刘备：“古代宋人得一玉石，献给宋国的正卿子罕。可是子罕不但不接受，连看都不看一眼。献玉的人说：‘此玉呈玉人状，是一块稀世之宝，故而才敢奉献给你。’子罕却说：‘我平生以不贪为宝贵，你是以玉为宝贵，若是将玉赠送给我，那你、我都丢失了宝贝。你丢掉的是宝玉,我丢掉的是廉洁这块宝。'从此子罕不以玉为宝,在春秋时期传为佳话。"

正当刘备听得津津有味之时,甘夫人又说:"现在曹操、东吴都未消灭,陛下你却对一块玉石爱不释手。你可知道,凡是淫、惑必生变,千万不能一直这样下去啊!"

刘备听了甘夫人的话,深感惭愧,便命人把玉人搬走。

甘夫人并没有开门见山地叫刘备发愤图强,而是以宝玉为喻,婉转地表达自己的意思,这就比较容易让对方接受。她首先以子罕不贪宝玉的典故作为话题,让刘备心情轻松舒畅,不会产生逆反和抵触心理。等他解除精神防线,正要听夫人继续往下说时,甘夫人却"总结陈词",令刘备醍醐灌顶,头脑猛然清醒起来,体会到对方讲典故的良苦用心,从而反思自己的玩物丧志。

假如一开始你就企图说服对方,让对方服从你,那么只能增加对方的防范心理,从而抵触你所说的话,你也就达不到说服对方的效果。对方一旦听不进去,就算你有千言万语,他也会全当耳旁风。对方听得进去,是良好沟通的第一步。所以开口之前,必须谨慎,以免徒劳无功。当对方听不进去的时候,我们宁可暂时不说,也不要逼死自己。"能拖即拖"并非完全没有道理,运用得当,也会是一种有效的沟通方式。

比如,一个推销员叫你赶快买他的产品,因为产品马上要涨价了,你可能会觉得他在有意骗你,觉得他是想尽快完成销售任务,而不是好心地为你省钱。但如果你意外地听到他对自己的好朋友说要买某种产品时,那你肯定就相信了。因为这时你不会发觉到他对你的企图。

再比如,人们一见面,通常会说些无关紧要的话,如:"你最近气色不错。"对方如果说:"我最近吃不好、睡不好,气色怎么会好?"那你就知道对方心情不佳,不管什么事都需要延后。一旦你贸然说出来而对方一口回绝的话,可能连个商量的余地都没有了。如果对方回答:"还好,最近没什么烦心事。"说明他心情不错,这时,你有什么事都可以说。

3.卖个关子，让对方对你的话感兴趣

有人事先在屏风上钻一个小孔，旁边贴上“请勿窥视”的纸条，再用隐蔽式摄像机拍下过路人的反应。结果，每个经过的人都会向里张望一番。

电视连续剧每集的结尾总是在关键时刻结束，将悬念留给观众，吊起观众的好奇心，以至于观众不得不锁定频道，等着看下一集。可见，人的好奇心是很强的。

在心理学上，有一个名词叫“禁果效应”。你越想把一些事情或信息隐瞒住，不让别人知道，就越会引来他人的兴趣和关注。人们对你隐瞒的东西充满了好奇和窥探的欲望，甚至会千方百计地通过各种渠道获得这些信息。

很久以前，在法国，从美洲引进的土豆很长时间都无法得到推广。因为教士把它叫作“鬼苹果”，医生认为它对健康有害，农学家断言，土豆会使土壤变得贫瘠。著名的农学家安瑞·帕尔曼切在德国当俘虏时吃过土豆，觉得法国人不吃土豆实在太可惜了，因此回到法国后，他决意要在自己的故乡培植土豆。可是很长时间过去了，他还是不能说服任何人，于是他打算利用“禁果效应”诱使人们就犯。

1787年，安瑞·帕尔曼切得到国王的许可，在一块出了名的低产田上栽培土豆。按照他的要求，国王派了一支全身武装的国王卫队看守这块地。但只在白天看守，到了晚上，警卫就撤了。这时，人们受到“禁果”的引诱，每到晚上就来挖土豆，并把它栽到自己的菜园里，帕尔曼切就这样达到了目的。

探究周围世界的未知事物，是人类普遍的行为反应。无人知晓的神秘事物，比能接触到的事物对人们有更大的诱惑力，也更能促进和强化人们渴望

接近和了解的诉求。我们常说的“吊胃口”“卖关子”，就是针对对方对你的信息充满期待的心理。

当你想说服别人时，最要紧的是先引起别人的兴趣。只有别人对你将要说的话感兴趣了，你才可能有机会说服别人。那么，怎样才能让别人对你的话产生兴趣呢？最好的办法就是设置悬念。只要你使用一点小小的技巧，有时候就能让整个谈话改变走向。

比如，你直接跟某人说：“有件事情，我要跟你说一下。”对方可能会漫不经心地回应：“你说吧！”如果你换个形式，给对方设置悬念：“有件事，不知道当讲不当讲？”他马上会竖起耳朵，催促你：“快讲吧，到底什么事？”

又比如，你说“告诉你一件事”，这不足以引起别人的兴趣。如果你说“这件事我还是不告诉你了”，那么对方就会立即来了兴趣。这样一来，就把话题引向了你要的方向。

某工地的工头坚持反对一切改进计划，所以姚工程师以前提出的好多想法都被他否定了。这一次，姚工程师想买一个指数表，但他想到工头必定要反对的，于是他腋下挟着一个新式的指数表，手里拿着一些要征求工头意见的文件去找工头。

当大家讨论文件时，姚工程师把指数表从左腋下到右腋下互换了好几次，工头终于先开口了：“你拿的是什么东西？”

姚工程师漠然地说：“哦！这个吗？这不过是一个指数表。”

工头说：“让我看一看。”

姚工程师说：“哦！你还是不要看比较好！”接着假装要走的样子，说：“这是给别的部门用的，你们部门用不到这东西。”

他越是这样说，工头越想看。他很好奇，什么东西是别的部门能用，自己的部门就用不上呢？工头就对姚工程师说：“我很想看一看。”姚工头只好给他。当他审视这个指数表时，姚工程师就随意但又非常详尽地把这东西的效用讲给他听。

工头看了，终于喊起来说："我们部门用不到这东西吗？其实，它正是我想要的东西呢！"姚工程师听到工头这样说，暗自笑了。就这样，他的目的达到了。

在现实世界中，很多地方都可以用到"禁果效应"。

在一次新课开始前，一名教师故弄玄虚地说："同学们，我这里有一道题目，本想让你们做一做，可是连我都没有办法做出来，对你们来说就更难了。"好几个学生请求道："老师，让我们看看这道题目吧。"老师装出无可奈何的样子把这道题目写在黑板上。全班同学忙碌起来。不一会儿，有很多学生举起手。老师故意拉长腔说："怎么样？不会做吧？"

谁知，同学们齐声说："老师，我们已经做出来了！"几个同学清晰地说出了解题的方法和思路。老师装作甘拜下风，说："同学们，你们真的太厉害了，比老师还聪明，这节新课你们肯定一学就会，有没有信心？"同学们大声说："有！"

此后，同学们学习兴趣盎然，积极性高涨。

通常，一个人的某种欲望被禁止的程度越强烈，他所产生的抗拒心理也就越大。这个老师非常聪明，他正是利用了这一点，激起了学生们的解题欲望。

因此，你要引起别人的兴趣，不妨先故作悬念，引起别人的好奇心，让对方主动对你说的话产生兴趣。记住，你越是卖关子，对方越对你的话感兴趣。

4.切勿轻易说“你错了”

当我们犯了错误时，并非意识不到错误本身，只是顽固地不肯承认而已。所以，当你对一个人说“你错了”时，必然会撞在他固执的墙上。

多数人都多多少少会有武断、固执、嫉妒、猜忌、恐惧和傲慢等缺点，所以我们很难向别人承认自己错了。

一个人说错话或者做错事总是有客观原因的，所以我们即使明知自己错了，也会强调客观原因，认为错得有理。正如罗宾森教授在他的《下决心的过程》中所说：“我们有时会在毫无抗拒或被热情淹没的情形下改变自己的想法，但是，如果有人说我们错了，反而会使我们迁怒对方，更固执己见。我们会毫无根据地形成自己的想法，但如果有人不同意我们的想法，我们反而会全心全意地维护自己的想法。显然不是那些想法对我们珍贵，而是我们的自尊心受到了威胁……‘我的’这个简单的词，是做人处世的关系中最重要的，妥善运用这两个字才是智慧之源。不论说‘我的’晚餐，‘我的’狗，‘我的’房子，‘我的’父亲，‘我的’国家或‘我的’上帝，都具备相同的力量。我们不但不喜欢说‘我的表不准’，或‘我的车太破旧’，也讨厌别人纠正我们对火车的知识……我们愿意继续相信以往惯于相信的事，而如果我们所相信的事遭到了怀疑，我们就会找借口为自己的信念辩护。结果呢，多数我们所谓的推理，变成找借口来继续相信我们早已相信的事物。”

一位先生请一位室内设计师为他的居所布置一些窗帘。当账单送来时，他大吃一惊，这才意识到自己在价钱上吃了很大的亏。

过了几天，一位朋友来看他。当朋友得知那些窗帘的价格后，惊讶地说：“什么？太过分了。我看他占了你的便宜。”

这位先生却不肯承认自己做了一桩错误的交易,他辩解说:“一分钱一分货,贵有贵的价值,你不可能用便宜的价钱买到品质高又有艺术品位的东西……”

结果,他们为此事争论了一个下午,最后不欢而散。

当我们不愿承认自己错了的时候,已经完全是情绪作用,跟事情本身没有关系。当我们错了的时候,我们也许会对自己承认。如果对方处理得巧妙而且和善可亲,我们也会对别人承认,甚至以自己的坦白直率而自豪。但如果有人想把难以下咽的事实硬塞进我们的食道,那我们是决不肯接受的。

既然我们自己是这种习性, 那么就可以理解别人也具有同样的习性,因此不要把所谓的“正确”硬塞给对方。

一位汽车代理商在处理顾客的投诉时,常常冷酷无情,决不肯承认是自己这方面的错误,总想证明问题的根源在顾客身上。结果,他每天陷于争吵和官司纠纷中,心情一天比一天坏,生意也大不如前。

后来,他改变了做法。当顾客投诉时,他首先说:“我们确实犯了不少错误,真是不好意思。关于你的车子,我们有什么做得不合理的地方,请你告诉我们。”这个办法很快使顾客解除武装,双方也由情绪对抗变成理智协商,最终让事情得以圆满地解决。如此一来,这位代理商就能轻松地处理每一件事情,生意也越来越好。

当我们说对方错了的时候,对方的反应常常让我们头疼;而当我们承认自己也许错了时,就绝不会有这样的麻烦。承认自己错了,不仅会避免争执,而且可以使对方变得跟你一样地宽宏大度,承认他也有错。

常言道:“人非圣贤,孰能无过?”人都免不了会犯这样那样的错误,且人们犯了错误后都很难及时醒悟,甚至不愿承认。这样,就必须要有人对他人的错误及时给予纠正,而纠正他人的错误又是一种得罪人的事。

靠谱
比能力更重要

小黄刚到公司上班的第一天，晚上加完班后，老板为了犒劳大家，提出请大家去唱卡拉OK，小黄和部门同事兴高采烈地接受了邀请。进了包房，小黄很自然地在离自己最近的一个沙发坐下。老板进来后，发现沙发已经满了，就顺势坐在了小黄身边的一把椅子上。

过了半个小时，老板离开了。小黄万万没想到，老板一走，其乐融融的气氛大变，室温仿佛骤然下降了十几度。一个男同事语气激动地指责小黄："你这人怎么这么没眼色？老板坐在你旁边，都不知道让个座？真是太不懂事了！"

长到23岁，小黄从没被人这么大声训斥过，尤其还是当着全体同事及KTV服务生的面。她的脸一下子红到了脖子根，委屈的眼泪也忍不住在眼眶里打转，心中不禁无限懊恼："啊，自己怎么就缺根筋呢？老板以后会怎么看自己？"

这位男同事的初衷可能是想教小黄在职场上做人的道理，但因为他说话方式不太恰当，不仅让小黄尴尬，也破坏了当时的气氛。其实，如果早先他主动给老板让座，别人看在眼里，自然能心领神会，效果不是更好？

并不是每个人都能乐意倾听他人的批评，接受他人的批评的。有的人做错了事，被人指出时不但不会坦然承认，反而还会找出种种理由为自己的错误辩护。但在现实生活中，无论父子、兄弟、上下级、同事，还是知己、朋友，绝对不批评别人也是不可能的。那么，在纠正他人的错误时应该采取怎样易于为对方所接受的说话方式呢？以下方法可供参考：

第一，对人要具有极大的同情心，这样我们不仅不会对人吹毛求疵，而且还会对其产生错误的原因加以谅解。重要的是，我们要时刻想着自己与对方是站在一边的，而不是和他敌对。

第二，说话要温和委婉，不可用刺激的或使人听了不舒服的字眼。如果你说的话令对方无法忍受，那么即使对方嘴上承认自己错了，心里也是不会服气的。

第三，纠正他人的错误时，语言要简练，最好能用一两句话就使对方明白，然后转至其他话题，不可啰唆，使对方陷于窘境，甚至产生反感。

第四，别人做错了事，我们对其不妥之处固然须加以指出，但对其可取之处更须进行极大地赞扬。这样做可使对方保持心理平衡，心悦诚服。

第五，最好能设法在不知不觉间将我们的意见移植给对方，使对方觉得是他自己改正了，而不是由于受了我们的批评。

第六，对于别人出现的不可挽回的过失，我们应该站在朋友的立场，给予恳切正确的指正，使他知过而改，而不能对之施以严厉的责问。

第七，纠正别人过错时，切忌采用命令的口吻，最好采用请教式的语气。

第八，旁敲侧击，隐晦地指出别人的错误，以保留对方的自尊心，使他自觉地改正过失。

当然，纠正错误的方法还有很多，但使用时一定要讲究策略。只有我们做到了这一点，才能成功。

5.委婉含蓄，换个说法会更好

我们经常需要向别人表达一些不太好说出口的意思，比如请求、谈判、批评等。这些话之所以不容易说出口，是因为人有自尊心，谁都不愿意遭到拒绝、指责和冷遇。很多人在内心深处都认为自己是最好的，一旦现实与心愿不符合，自尊就会受到挫伤，从而产生伤悲、仇恨、鄙视、嫉妒等负面情绪，并且表现出来。

因此，有些话说不好，就会得罪人，为自己招来麻烦。

好在语言具有多样化的特点，一样的意思可以用多样的方式表达出来；而不同的人听到用不同的方式讲出同样的意思，也会有不同的反应。这种情况使智慧的说话方式大有用武之地。

比如，你要批评一个人的文章，如果直言不讳，显然会令他难堪。但如果你换个说法，找出他文章中一些可取之处，先满足他的自尊心，待他兴高采烈，视你为知音的时候，再把批评化建议提出来，这样他就会心悦诚服地接受你的意见，而且还会对你很钦佩。你可以这样说："我一看开头就想看下去。我发现你一贯擅长把开头写得引人注目，勾起人的好奇心。要是结尾不是这样写，而是换一种思路，可能就更能与开头相呼应了，你说呢？"既然你的话没有损害对方的自尊心，那么他当然会冷静且虚心地考虑你的意见。

说什么固然重要，但怎么说更为关键，人的情绪常常蒙蔽人的眼睛，使人看不透语言背后的真相，只能对对方的用语做字面上的理解。因此你完全可以表面上说些他爱听的话，而把真正的意图隐藏在这些话里，也就是"话里有话"，让他心甘情愿地跟着你的思路走。

一位顾客在一家地毯商店，看上了一款地毯。

顾客问道："这种地毯多少钱？"

店老板立即热情地回答道："每平方米24.8元。"

顾客听完话，什么都没说就走了。显然，他觉得价格有点高。

店老板的一位朋友一直在一旁观察，这时他说："你的推销方式太陈旧了，应该换一种方式。"于是，他试着以营业员的口吻说："先生，这地毯不贵。让您的卧室铺上地毯，每天1角钱就够了。"

店老板大为不解，朋友忙解释道："假设卧室地毯需要10平方米的话，要248元；地毯寿命为5年，共计1800多天，不就是每天1角多钱吗？一支香烟钱都不到。"

店老板一拍大腿，恍然大悟地说："高！你这一招一定灵。"

果然，店老板换了一种表达方式，商店的生意就好多了。

第十四章
开口有技巧，换个说法更靠谱

在许多场合，说话双方的言辞并非永远都是锋芒毕露、直截了当的，有时也需要委婉含蓄、旁敲侧击。可谓“直道好跑马，曲径可通幽”，各有妙处。有时候，用动听入耳的言辞，温和委婉含蓄的语气，平易近人的态度，曲折隐晦的暗语，更能使对方理解自己，信任自己，从而达到说服的目的，产生出奇制胜的效果。

(1)委婉曲折可以用来劝谏

委婉曲折地劝谏可以避免因直接叙述给对方造成伤害而形成对抗，能让对方接受我们的观点，取得共同的认识。

之所以要采用委婉曲折的方式，“为尊者讳”是一个重要原因。古人对于君父尊长的所作所为不敢直说，而要采取拐弯抹角、委婉曲折的方式来表达。

公元前613年，楚庄王熊旅继位，但当时的朝政由斗克和公子燮把持，楚庄王只是一个傀儡。

楚庄王在继位后的头三年时间里，日夜饮酒作乐，并下了一道命令：有来劝谏者处死。眼看朝廷政事混乱不堪，国势日益衰微，大臣成公贾冒死求见了楚庄王。楚庄王一见成公贾便大声责问道：“你难道不知道我禁止劝谏的命令吗？”成公贾故作惊惶地答道：“大王之令我岂会不知？我是来出谜语为大王助兴的。”楚庄王一听，改怒为喜地说：“你说说看吧。”成公贾说：“南山上有一只大鸟，三年里站在大树上不飞不动也不叫，不知道这是什么鸟。”楚庄王沉思了一会儿说：“三年不飞，一飞冲天；三年不鸣，一鸣惊人。这是一只不同凡响的鸟。你的意思我懂了，你下去吧！”从此以后，楚庄王一改往日的颓废作风，亲理朝政，提拔贤能，除奸杜佞，国势蒸蒸日上。

在古代，臣子看到君王有过失，进谏时都要讲究说话的含蓄。如果大臣有损“龙颜”，是要杀头的。因此，聪明的成公贾用委婉的方式，令楚庄王愉快地接受了他的劝谏。

有一次，秦王和中期发生了争论，结果中期赢了，秦王输了。事后，中期若无其事、大摇大摆地走出了皇宫。秦王大怒，暴跳如雷，决心要把中期杀掉，以解心头之恨。这时，秦王身边有个和中期要好的人对秦王说："中期这个人实在是个暴徒，一点也不懂规矩。不过，幸好他遇到了大王这样贤明的君主。如果遇到桀、纣那样的暴君，他早就没命了！"

秦王一听，也就不好再加罪于中期了。

在秦王盛怒的情况下为中期辩护，实在需要智慧，如果直言劝说秦王不要杀中期，只能是火上加油，适得其反。因此，中期的朋友采用了委婉曲折的方式，简单的几句话却蕴藏着丰富的含义。既有对中期的指责，又有对若杀中期秦王就是暴君的暗示，还有不杀中期则是贤君的称赞，使得秦王的火气一下子就平息了下来。

汉武帝的乳母在宫外犯了罪，汉武帝想依法处置她，乳母就向东方朔求助。东方朔说："你如果想获得解救，就在将被抓走的时候，不断回头注视他，千万不可说什么，这样或许还有一线希望。"

乳母听从东方朔的建议，在经过汉武帝面前时，一步三回头。这时东方朔在汉武帝旁边对乳母说："你也太笨了，皇帝现在已经长大了，哪里还需要你的乳汁养活呢？"

汉武帝听了，面露凄然之色，最终赦免了乳母的罪过。

东方朔为乳母辩护使用的也是委婉曲折的方式。他间接地、含蓄地告诫汉武帝不要忘记乳母的养育之恩，远比直接规劝武帝不要治乳母的罪要好得多。

(2)委婉曲折可用于嘲讽

由于含义的复杂性，对方真正完全领会语句的本义时，就已经失去了反击的机会,并且因为表达的间接性,对方又不好发作。这就如同一把软刀子,对方只好默默地独自承受着伤痛。

在公园里,栏杆外盛开的月季沉甸甸地垂下来。一个小伙子紧挨着姑娘讨好她说:“你是世界上最美丽的姑娘。你看,那鲜花在你面前都羞得抬不起头来了,而只有我,才配做烘托你的绿叶。”

姑娘用手指着旁边的仙人掌说:“不!你看,那仙人掌为什么还直挺挺地站在我的面前?”

“怎么能用呆头呆脑的仙人掌来和你相提并论呢?它皮厚,身上净是刺,令人讨厌!”

姑娘莞尔一笑:“是啊,那它为什么还不知道害羞呢?”

姑娘表面是说仙人掌,实际上表达了对对方不知羞耻的厌恶之感。

(3)委婉曲折还可用于避讳的需要

对于某些事情,我们不愿意直接说出来的时候,可以采用这种方式。

女儿借了父亲的车子出去和小伙子幽会,结果却出了一点小小的车祸。后来小伙子问:“你父亲对此说了些什么?”

“你要我把坏字眼省掉吗?”

“是的。”

“好。那他就什么话也没有说。”

这个姑娘不愿直说父亲净说坏话,而改说“什么话也没说”,反而给人一种宽大为怀的感觉。

(4)含蓄的几种表达方法

关于含蓄的表达,大致有如下几种方法:

第一,仔细研究事物之间的内在联系,利用同义词语来表达自己的思想,就可达到含蓄效果。

第二,用外延边界不清或在内涵上极其笼统概括的语言来表达自己的思想,就可达到含蓄效果。

第三,有许多修辞方式,如比喻、借代、双关、暗示等,就可达到含蓄的效果。

第四,有些事情,不必直接点明,只需指出一个较大的范围或方向,让听者根据提示去深入思考,寻求答案,就可达到含蓄的效果。

第五,通过侧面回答对方的问题,可以达到含蓄的效果。

使用含蓄的方法一定要注意,含蓄不等于晦涩难懂。它的表现技巧首先是建立在让人听懂的基础上,同时要注意使用范围。如果说话晦涩难懂,便无含蓄可言;如果使用含蓄的话不分场合,便会引起不良后果。

6.学会主动认错和道歉

一句道歉可以创下全球单店月销售量第一纪录,一句道歉可以终结香港报业大战,一句道歉可以结束商业事件民族主义化,一句道歉可以保住总统职位,一句道歉可以挽回一个商业帝国……道歉,这种维护人际关系的非常重要的方法,也被市场经常性地视为商业策略和危机公关的一种技巧。

作为一个生活在一定社会关系中的人,谁也避免不了在交往中伤害别人或被别人伤害。尽管大多数伤害是无意的,但学会道歉或学会接受道歉,仍然是开启恢复关系大门的金钥匙。

道歉不仅仅是说一句“对不起”那么简单。我们向别人道歉,就是承认我们的所作所为伤害了别人或者有可能伤害别人,希望能予以弥补。

有时候,人们也因为害怕承担责任而不愿道歉。有人害怕,即使自己道了歉，对方也不会领情；也有人害怕，道歉可能会暴露自己的缺点，从而失去别人的尊重，毁了自己的名声；还有人害怕报复。正因为这些顾虑确实有可能发生，才使道歉变得更有意义。

道歉是一种重要的社会礼仪，它需要人们拿出勇气，表现自己谦虚的一面，同时它也要求一定的技巧。

1998年1月17日，美国总统克林顿在保拉·琼丝提出的性骚扰诉讼中向陪审团秘密做证。做证时，他被问及他与曾任白宫实习生的莱温斯基是否发生过性关系，克林顿断然否认。但越来越多的证据证明克林顿撒了谎。1998年8月，克林顿被迫承认绯闻，并向人民道歉，向内阁道歉，向妻子和家人道歉。8月17日晚10时整，克林顿在白宫地图室面色沉重地向全国发表了约5分钟的电视讲话，就自己在莱温斯基性丑闻案中误导美国人民而向全国人民道歉，并对所发生的事情负全部责任。

克林顿道歉之后，妻子希拉里原谅了他。克林顿为绯闻案做证的4小时录像带在9月21日公开播出后，反而引起美国百姓对克林顿的同情，民众对克林顿的支持度上升了6个百分点。

但绯闻案的调查并未因此画上句号，克林顿继而受到众议院的弹劾和参议院的审查，但他并未因此下台，而是继续第二任总统任期。1999年2月13日，克林顿在白宫玫瑰园再次发表了一项道歉声明，他说："对自己引发这些事件的所作所为和因此而给国会和美国人民增加的沉重负担，我是如此深深地感到抱歉。"

美国人原谅了这个绯闻总统。他道歉了，就证明他在"反省错误"。他们觉得，他们宁可要一个有缺陷的人性化的总统，也不要一个没有人情味的国家领袖。

4年之后，克林顿的自传《我的生活》，首印全美发行150万册，还没上市就被预订一空。

由此可见，人必须学会道歉。道歉最关键的两个基本点就是目的和态度。

只有当你的歉意是发自内心的，而且你愿意为此承担责任的时候，对方才会感觉到你的诚意，你道歉的目的才能达到。

俗话说："人非圣贤，孰能无过。"我们都是普通人，犯错在所难免，既然我们都不想搞僵与别人的关系，那么我们就应该学会主动认错和道歉。

另外，当一个人认为自己可能会被人指责时，不妨先发制人地数落自己一番。人的心理是很奇特的，当对方发觉你已先道歉时，便不好再对你多加指责了。

美国著名的人际关系大师卡耐基在《美好的人生》一书中，讲了他的一段经历。

从卡耐基家步行一分钟，就可以到达森林公园。他常常带着一只叫雷斯的小猎狗到公园散步。因为他们在公园里很少碰到人，又因为这条狗友善，从不伤人，所以卡耐基常常不为雷斯系狗链或戴口罩。

有一天，他们在公园里遇见了一位骑马的警察，警察严厉地说："你为什么让你的狗跑来跑去而不给它系上链子或戴上口罩？你难道不晓得这是违法的吗？"

"是的，我晓得。"卡耐基低声说，"不过，我认为它不至于在这儿咬人。"

"你不认为！你不认为！法律是不管你怎么认为的。它可能在这里咬死松鼠，或咬伤小孩。这次我不追究，假如下次再被我碰上，你就必须跟法官解释了。"

卡耐基的确照办了。可是，他的雷斯不喜欢戴口罩，他也不喜欢它那样。一天下午，他和雷斯正在一座小坡上赛跑，突然，他看见那位执法大人正骑在一匹棕色的马上。

卡耐基想，这下栽了！他决定不等警察开口就先发制人："先生，这下你当场逮到我了。我错了，我有罪。你上星期警告过我，若是再带小狗出来而不替它戴口罩，你就要罚我。"

"好说，好说。"警察回答的声调很柔和，"我晓得在没有人的时候，谁都忍不住要带这样一条小狗出来溜达。"

"的确忍不住。"卡耐基说道，"但这是违法的，我还是感到愧疚，实在对不起。"

“哦,你大概把事情看得太严重了。”警察说,“我们这样吧,你只要让它跑过小山,到我看不到的地方,这件事情就算了。”

就像那位警察对待卡耐基和他的爱犬一样。如果我们免不了会受到责备,何不自己先道歉呢?听自己谴责自己总比挨别人批评好受得多吧。你要是知道某人准备责备你,你就自己先把对方可能责备你的话说出来,对方十有八九会以宽大、谅解的态度对待你的。